国際貿易論の包絡線

The Envelope of International Trade Studies

木村福成
清田耕造
安藤光代
小橋文子

[編著]

慶應義塾大学出版会

はじめに

　本書は，木村福成教授の慶應義塾大学経済学部のご退職を記念して出版するものである。木村教授は，ウィスコンシン大学にて経済学博士号（Ph.D.）を取得後，ニューヨーク州立大学オルバニー校を経て，1994年に慶應義塾大学経済学部に着任された。それ以来30年間，国際貿易論および開発経済学の専門家として，義塾の教育と研究に多大な貢献をされてきた。また，2008年に設立された国際研究機関である東アジア・アセアン経済研究センター（ERIA）の立ち上げにもご尽力され，長きにわたり，チーフエコノミストとして，東アジア地域の研究や政策論を牽引されてきた。木村教授の研究領域は，国際貿易論の実証分析，政策論であり，とくに，東アジアを中心とする国際的生産ネットワークのメカニズムと拡大・深化，グローバリゼーション下における東アジアの開発戦略，経済のグローバル化に対応する国際通商政策のあり方について，一貫して研究を続けている。

　本書には，木村教授自身の論考に加え，学部の研究会や大学院で木村教授の指導を受け，現在研究者として活躍している12名の論考が収められている。本書は2部構成となっている。第I部では，木村教授のグローバリゼーションと東アジアに関する論考とともに，国際経済学を俯瞰する視点や，国際貿易論の実証分析，政策論の論考を収録している。具体的には，「グローバリゼーションと東アジア」，「『国際経済学』と『国際経営学』を跨いだキャリアから見えてきたこと」，「機械産業における国際的生産ネットワークと通商政策」，「米中貿易紛争が多国籍企業活動に与えた影響」，「経済制裁の限界—経済学的視点からの再検証」，「データから見る『脱グローバル化』」，「日本の自由貿易協定の評価」という7つのタイトルの章からなる。これらのタイトルからもわかるように，より広い視点から，昨今特に注目されてい

iv

る通商政策がらみのトピックや様々な政策論につながるテーマを幅広く扱っている。

　一方，第 II 部では，国際貿易論の範疇を超えるトピックや，国際貿易論以外の分野にも応用されうるテクニカルな議論，そして，マーケティング，ソーシャルイノベーションといった経済学の枠を越えた分野の論考を収録している。具体的には，「経済の複雑性と所得水準」，「貿易モデルのカリブレーション―モデルとデータのギャップをどう埋めるか」，「貿易・家計パネルデータの利用課題」，「グリーン貿易と低炭素経済」，「ポイントデーと値引きデーのプロモーション効果」，「これからの『社会の変え方』を探して―ソーシャルイノベーションの二つの系譜とコレクティブ・インパクト」という 6 つのタイトルの章からなる。ここでは，よりテクニカルなものも含め，国際経済学分野の実証研究にとどまらず，経済学以外の領域まで網羅しており，さらなる多様性を生み出している。

　応用経済学分野で理論を学んでいると，包絡線定理（Envelope Theorem）を用いた証明が度々登場する。国際貿易論の学習においても，その土台となるヘクシャー＝オリーン・モデルで要素価格や要素賦存量の変化が貿易パターンにどのような影響を与えるか分析する際の有用なツールとなる。この「包絡線（Envelope）」とは，曲線族のすべての曲線に接し，かつ，曲線族のいずれかの曲線との接点となっているような曲線のことである。本書に見られる多様性は，木村教授の教えがまるで「包絡線」のように，それぞれの分野で研究に邁進する門下生たちをつなぎ，支えていることを象徴している。

　最後に，本書の刊行に際し，慶應義塾大学出版会の永田透氏にご尽力賜ったことに感謝申し上げる。また，本書は，慶應義塾経済学会の退職記念出版助成を受けており，ここに記して深謝の意を表する。

2025 年 1 月吉日
　　　　　編者・発起人として　　　　清田耕造，安藤光代，小橋文子

目　次

はじめに　iii

第Ⅰ部　俯瞰的な視点から
―国際貿易論の実証研究から政策論まで―

第1章　グローバリゼーションと東アジア　　3
木村　福成

はじめに　3
第1節　技術進歩が先導するグローバリゼーション　　4
第2節　東アジアの開発戦略　　5
第3節　米中対立とIPNs　　8
第4節　ルールに基づく国際貿易秩序の維持　　12
第5節　サービスが主導する開発モデルの可能性　　15
おわりに　19

第2章　「国際経済学」と「国際経営学」を跨いだキャリアから見えてきたこと　　23
入山　章栄

はじめに　23
第1節　木村先生と経済学との出会い　　24
第2節　経営学への転向を志しての留学　　26
第3節　アメリカでの院生・研究者としてのサバイバル　　28
第4節　最初の研究は国際経済学の手法でホームラン　　30
第5節　次なる成果も国際経済学の手法のおかげ　　36
第6節　世界の経営学の現状と，経営学との違い　　39
第7節　経済学者は経営学にもっと貢献できる　　42

第3章　機械産業における国際的生産ネットワークと通商政策　45

安藤　光代

はじめに　45

第1節　機械産業における東アジア IPNs の特徴　46

第2節　COVID-19 と東アジア IPNs　48

第3節　米中貿易紛争と東アジア IPNs　51

第4節　機械産業における日本と米国の FTA 戦略　58

おわりに　60

第4章　米中貿易紛争が多国籍企業活動に与えた影響　65

早川　和伸

はじめに　65

第1節　多国籍企業の動向　67

第2節　推定フレームワーク　71

第3節　推定結果　73

おわりに　77

第5章　経済制裁の限界──経済学的視点からの再検証　79

久野　新

はじめに　79

第1節　制裁の「脅し」の有効性：理論的枠組み　80

第2節　ロシアに対する制裁の脅し：有効性の検証　81

第3節　経済制裁の有効性とその決定要因　84

おわりに　88

第6章　データから見る「脱グローバル化」　91

小橋　文子

はじめに　91

第1節　使用するデータと分析方法　93

第2節　貿易データから見るグローバルな経済統合の進展　94

第3節　国際サービス供給データによる再検討　103

おわりに　107

第7章　日本の自由貿易協定の評価　109

山ノ内　健太

はじめに　109

第1節　貿易創出効果の決定要因　111

第2節　分析方法　113

第3節　分析結果　117

おわりに　124

第Ⅱ部　さらなる多様性へ
──国際貿易論の応用研究から実践論まで──

第8章　経済の複雑性と所得水準　129

清田　耕造

はじめに　129

第1節　複雑性の計測法　131

第2節　ECI と所得水準　136

第3節　結論　146

第9章　貿易モデルのカリブレーション
──モデルとデータのギャップをどう埋めるか　151

渡部　雄太

はじめに　151

第1節　多国籍企業のデータとモデルのギャップ　153

第2節　理論モデル　156

第3節　反実仮想の特徴づけ　163

第4節　定量化　167

おわりに　170

第 10 章 貿易・家計パネルデータの利用課題　173

マテウス・シルバ・シャンギ

はじめに　173

第 1 節　国際貿易分野のパネルデータ　173

第 2 節　家計パネルデータ　178

おわりに　186

第 11 章 グリーン貿易と低炭素経済　189

林　晉禾

はじめに　189

第 1 節　文献レビュー　191

第 2 節　OECD 諸国における環境物品と環境特許の状況　192

第 3 節　データと方法　196

第 4 節　実証分析結果　198

おわりに　204

第 12 章 ポイントデーと値引きデーのプロモーション効果　209

中川　宏道

はじめに　209

第 1 節　ポイント販促に関する先行研究のレビュー　210

第 2 節　本研究の内容　213

第 3 節　分析データとモデル　217

第 4 節　分析結果　218

第 5 節　考察　223

第13章　これからの「社会の変え方」を探して
　　　　──ソーシャルイノベーションの二つの系譜とコレクティブ・
　　　　インパクト　229

　　　　　　　　　　　　　　　　　　　　　　　　　　井上　英之

　はじめに　229
　第1節　ソーシャルイノベーションとは？　　230
　第2節　「社会起業」ブームとその背景　　237
　第3節　ソーシャルイノベーション，二つの系譜　　241
　第4節　エクイティの実現にむけて　　248
　おわりに　253

第 I 部

俯瞰的な視点から
―国際貿易論の実証研究から政策論まで―

第1章

グローバリゼーションと東アジア

木村　福成

はじめに

　今回，慶應義塾大学経済学部からの定年退職を迎えるに当たり，私の元学生の研究者たちが集い，退職記念論集を編んでくれるという望外の光栄を得ることとなった。学部・大学院で私の授業やセミナーに来ていた学生諸君が，それぞれの関心を突き詰め，国際貿易論あるいは経済学にとどまらずさまざまな専門分野の研究者となってくれたことは，本当にありがたいことである。本章では，すばらしい仲間に感謝しつつ，これまでの自らの研究成果を振り返り，さらに現在取り組んでいる研究課題について書いてみたい。

　私が研究者人生の中で一貫して取り組んできた研究テーマは「グローバリゼーションの力を活かした新興国・発展途上国の開発戦略構築」であった。1982年，東京大学法学部卒業後に就職した（財）国際開発センター（IDCJ）では，省庁委託の政府開発援助（ODA）関連のさまざまな調査研究を行う一方，国際協力事業団（JICA）委託の地域総合開発計画プロジェクトも複数進行中であった。それらの関係で，東南アジア諸国を皮切りにラテンアメリカ諸国，中東諸国などで開発の現場を見て回る機会に恵まれた。さらにIDCJでは一橋大学名誉教授の大川一司氏が率いる開発戦略研究が進行中で，私も当時普及し始めたパソコンを駆使して表計算で研究活動の末端に参加することができた。その後1986年から91年までウィスコンシン大学に留学し，ユーザーの視点から経済学を学んだ。そして1991年からのニューヨーク州立大学オルバニー校勤務を経て，1994年に慶應義塾大学経済学部に迎えて

いただいた。時はちょうど東アジアで輸入代替的開発戦略が放棄され国際的生産ネットワーク（IPNs）の構築が始まった頃で，私の研究のための大きな未開拓地が眼前に広がっていた。その後 2008 年に設立された東アジア・アセアン経済研究センター（ERIA）でチーフエコノミストを務め，理論上のコンセプトを政策体系に落とし込むことができたのは，大変ありがたいことであった。

　Academic literature と政策論との間には常にギャップが存在し，それがやがては経済学者とエコノミストという 2 つの異なる職業となっていくのではないかとの見解もよく耳にしてきた。一方で，両者の間に有効な相互フィードバックが働けば，真の意味で経済学ならではの社会的貢献が可能となる。私が経済学の現実世界における適用可能性を常に模索しながら研究を続けてこられたのは，慶應における理論も実証も政策論も大事にする恵まれた研究環境のおかげである。以下の小論では，学術論文とは成り切れていない，つまり経済学的検証という意味では十分でない，そういう知見についても，重要度に応じて言及していきたい。

第 1 節　技術進歩が先導するグローバリゼーション

　2008 年に勃発した世界金融危機以降，さまざまな文脈でグローバリゼーションの終焉が語られるようになった。しかしそこでは，世界全体として各国の対外部門，特にモノの貿易の国内経済に対する相対的な大きさが必ずしも拡大していないという点に着目した議論がほとんどである。世界全体が内向き志向となっていることが対外部門の相対的な縮小をもたらしているとの見方は必ずしも正しくない。過去 15 年を見れば，対外依存が特異なほど高かった中国が次第に国内経済を相対的に大きくしていったこと，先進国グループの経済が低成長となって対外部門の拡大が見られなかったことなどで，世界全体の「スローバリゼーション」のほとんどは説明できる。個々の新興国・発展途上国では，対外部門の拡大をテコに経済発展を遂げてきた国も数多く存在する。今後地政学的緊張を背景にサプライチェーンのデカップリングがどこまで進むのかについてはまた後段で議論するが，新興国・発展途上

国にとっては経済発展のためにいかにグローバリゼーションの力を利用していくかは引き続き重要な政策課題である。

新興国・発展途上国の視点から貿易，直接投資（FDI）といった実物面のグローバリゼーションを見るならば，世界全体の対外部門の大きさも確かに大事な要素の1つであるが，それは小国が単独でコントロールできる問題ではない。彼らにとってそれ以上の関心事は，グローバリゼーションがどのような国際分業を可能にしているか，またそれを活かしていくためにはどのような条件が整わなければならないかである。グローバリゼーションを根本のところで規定しているのは技術進歩である。技術進歩はモノ，サービス，資本，人，データ，技術などの可動性（mobility）を高め，それによって新たな形態の国際間取引や国際分業が生み出されていく。1990年前後から本格化した生産工程・タスクを単位とする国際分業（第2のアンバンドリング），2010年代以降のデジタル化されたサービスの貿易および個人を単位とする国際分業（第3のアンバンドリング）はその顕著な例である。それらの新たな国際分業に積極的に関与して経済発展を加速することはできないか，それが新興国・発展途上国が直面している問題である。そこでは，地理上の位置関係や資源賦存などの初期条件に加え，政策も重要な要素として登場してくる。

第2節　東アジアの開発戦略

1980年代後半以降，北東アジアと東南アジアを含む東アジアの発展途上国における開発戦略の焦点となったのが，生産工程・タスクを単位とする国際分業，IPNsへの積極的な参加であった（Ando and Kimura 2005, Kimura 2006）。この開発モデルは，これまでに明確な成功例もあり，何をしなければならないかもかなりの程度はっきりわかっており，今でも低所得経済から低位中所得経済，高位中所得経済と階段を上がっていくために有効なモデルである。東南アジア諸国連合（ASEAN）内でもこのモデルをさらに積極的に使っていける国もあるし，またインド，バングラデシュをはじめとする南アジア諸国，政治さえ安定すれば十分にポテンシャルのある中東・北アフリカ，メキシコ以南のラテンアメリカなど，このモデルを使えそうな国・地域

も多い。

1980年代初めまでは輸入代替型工業化戦略全盛の時代であった。しかし東アジアでは，韓国・馬山，台湾・高雄，マレーシア・ペナンを皮切りに輸出加工区モデルが一定の成功を収め，また繊維・衣料産業を中心に労働集約的な製造業も先進国への輸出に成果を上げつつあった。つまり，産業・生産工程によっては，輸入障壁を設けなくても工業化を開始できることが示されていた。東アジアの工業化は，輸入代替型の重工業と輸出志向型の労働集約型工業が共存する「複線型成長」を遂げていた（今岡・大野・横山1985）。そして，1980年代半ばのマレーシア，タイの経済不調を契機に，まずは東南アジア諸国，続いて中国が，積極的な外資導入に踏み切り，自ら進んで貿易自由化・円滑化を進めていくこととなる。フェンスによって物理的に仕切られていた輸出加工区が国内経済とのリンクを求めて bonded factory，bonded trucks といった形で国内に浸透し始め，輸出品製造のための輸入関税払い戻し制度（duty-drawback）が導入され，外資系企業からの要望に応える形で実質的な貿易自由化・円滑化が進んでいった。その結果として，1990年代には東アジアにおいて電気・電子産業のIPNsが成立することとなる。その後，アジア通貨危機以降の自由貿易協定（FTAs）によって，貿易障壁が残っていた自動車や製鉄などについても貿易自由化がほぼ完成することとなる。

IPNsに参加できる国・地域とできない国・地域はかなりはっきりと分かれる傾向にある。参加の可否を決める条件については，Jones and Kierzkowski（1990）が提示したフラグメンテーション理論によって整理することができる。企業が生産を地理的にフラグメントするには，第1にフラグメントされた生産ブロックにおける生産コストが下がること，第2に離れて置かれた生産ブロック間をつなぐサービス・リンク・コストが高くなりすぎないことが必要である。第1の条件については，特に先進国・途上国間の分業の場合には労働生産性当たりの賃金格差が1つの決め手となるが，その他に電力供給など経済インフラ整備などによる立地の優位性も重要な要素となる。第2の条件に関しては，貿易・投資の自由化・円滑化などの制度的連結性に加え，輸送インフラ整備などの物理的連結性も重要となってくる。Baldwin（2016）は，第2のアンバンドリングを可能にしたのは通信技術の進歩であるとして

いる。確かに 1980 年代には，国際電話，テレックス，電報の世界からファクシミリ，電子メール，インターネットへの急激な転換が見られ，それが国境をまたぐ精緻な工程間・タスク間分業が成立するための 1 つの条件となった。しかし，新しい通信技術の導入が東アジアで特に早かったわけではない。東アジアが顕著な成功を収めた背景には，積極的な外資系企業の誘致，民間企業とのコミュニケーションに基づく立地の優位性向上とサービス・リンク・コストの低減があった。ASEAN および東アジアの経済統合において，貿易自由化と並行して連結性が強調されたことは，同地域において達成すべき国際分業の形態を政策決定者がよく理解していたことを示している。ASEAN が最初の連結性マスタープラン（ASEAN 2011）を作成する際には，ERIA が核となる 2 章分のドラフティングを行っており，連結性概念の周知・定着に貢献したことも，書き添えておきたい。

　ここまでは貿易・投資の自由化の延長線上で語られることであるが，開発戦略としてはもう一歩踏み込み，生産ブロックの誘致と並行して産業集積形成も進めていかねばならない。100％輸入・100％輸出の輸出加工区，あるいは米国とメキシコとの間の越境生産共有では，一定程度の雇用は創出されるが，地場系企業への技術移転・漏出はほとんど起こらず，人的資源開発も進まない。東アジアの地場系企業にとってより進んだ技術へのアクセス・チャンネルとして特に重要なのは現地での外資系企業との取引であった（Kimura, Machikita, and Ueki 2016）。ここでは，外資系企業から地場系企業への技術の「漏出」にとどまらず，ときには意図的な技術「移転」も起きる。Product innovation まで行けるかどうかは議論があるとしても，少なくとも process innovation（生産性向上）までは目に見える効果が期待できる。そして重要な点は，企業内ではなく企業間取引，とりわけ外資系企業と地場系企業の取引がほとんど例外なく 1 つの産業集積の中の短距離で設定されることである。さらには，産業集積そのものが立地の優位性を強化することとなり，産業構造に安定性がもたらされる。一定の人口規模以上の国においては，継続的な経済開発を目指すのであれば，効率的な産業集積の形成は必須となる。

　産業集積形成のためには，たとえばバンコク首都圏にみられるように，2 時間以内で部品・中間財を確実に届けられる半径 100km 程度の大都市郊外

地域における輸送網，コンテナ船のための大型港湾，電子部品等の輸送のための空港，さらに拡大する経済活動を支える電力等の経済インフラ供給が必要となる。これらを実現するには，大規模な都市・郊外インフラ投資が不可欠である。必要な政策を機を逸せずに手当てしていくことが，下位中所得経済から上位中所得経済へとステップアップしていくために必要な戦略となる。

　以上の開発戦略は，ERIA において作成してきたアジア総合開発計画（Comprehensive Asia Development Plan：CADP）の中心的概念枠組みとして，多くの政策提言のベースとなってきた（ERIA 2010, 2015, 2022）。

　発展途上国側から見たグローバル・ヴァリュー・チェーン（GVCs）導入への懸念の１つは，海外から入ってくる外資系企業がしっかり根を張ってくれずに foot-loose なのではないかということにある。しかし，GVCs のうち特に緊密なネットワークを組んでいる IPNs については，さまざまな自然災害や経済危機に直面しても，他の貿易リンクと比べ，途切れにくく（robust）かつ一旦途切れても復活しやすい（resilient）ことが明らかとなっている[1]。IPNs は確かにショックの伝播チャンネルともなりうるわけであるが，一方でショックに対し頑健な性格も持ち合わせている。これは，IPNs の核心部が関係特殊的な取引から成っており，そのような取引関係を構築するには一定のサンクコストを支払う必要があるため，ショックが一時的なものとみなされる場合には取引関係を維持しようとするからと考えられる。ここで重要なのは，企業がショックを一時的なものとみなすかどうかという点である。ショックが長く続くと考えるのであれば，IPNs の再編成が起きることになる。

第３節　米中対立と IPNs

　2017 年に米国において第１期トランプ政権が成立して以降，米中対立は激化の一途をたどっている。それに伴う政策環境の変化は一時的なものとい

---

[1]　このことは貿易データを用いた一連の実証研究によって明らかにされている。たとえばアジア通貨危機については Obashi（2011），世界金融危機や東日本大震災については Ando and Kimura（2012），Okubo, Kimura, and Teshima（2014），新型コロナについては Ando, Kimura, and Obashi（2021）参照。

うよりはある程度長い間続いていくものと受け止められており，したがって
IPNs にも改変の動きがある。特に IPNs に影響を与えているのが関税戦争と
ハイテク輸出管理強化である。米中以外の第三国たとえば ASEAN 諸国に
はどのような影響が及んでいるのだろうか。

　まず，関税戦争について見てみよう。2018 年 7 月に始まった米中間の関
税戦争は，二国間貿易に対して 4 次にわたって関税をかけ合うという形で進
行した。最終的にはほぼ全ての米中間貿易に対して 5-25% の関税がかけら
れることとなった。その後，一部は緩和されているが，大部分の関税は課さ
れたままとなっている。

　二国間の関税戦争の経済効果は，三国の国際貿易モデルにあてはめれば，
二国間 FTA の場合とちょうど正反対になる。A 国と B 国が二国間関税戦争
を行うと，第三国である C 国には 2 つの影響が及ぶ。第 1 に，A 国と B 国
は負の貿易創出効果を被るので，そのスピルオーバーとして C 国も負の影
響を受ける。第 2 に，C 国はもともと AB 間で貿易されていたものを代わり
に輸出するという正の貿易転換効果を享受できるかも知れない。この 2 つの
負と正の影響，どちらが大きいかは，C 国のビジネス環境やサプライチェー
ンの中での位置付けなどによって決まってくる。

　米中関税戦争の経済的影響については，数多くの実証研究がなされてきた。
主要な結論は次の 2 点である。第 1 に，米国の輸入における関税パススルー
率は極めて高い。すなわち，もし中国からの輸入品に 25% の関税がかけら
れるのであればその輸入品の米国内での価格も 25% 上がっている。トラン
プ氏は "I'm a tariff man." と言い，関税はいいものだ，国庫にお金が入って
くると言ったが，その歳入は実質的には米国内の消費者が払っていたことに
なる。第 2 に，いくつかの第三国は正の貿易転換効果を享受できた（Nicita
2019, Fajgelbaum, et al. 2024）。特に米国への輸出を伸ばしたのは，台湾，メキ
シコ，欧州連合（EU），ベトナムであった。正の貿易転換効果については一
般均衡モデルによるシミュレーションも行われている。Kumagai, et
al.（2023）は，アジア経済研究所で開発した Geographical Simulation Model
を用い，西側諸国と東側諸国が関税戦争を行った際の中立国，たとえば
ASEAN への影響を求めた。それによれば，東西間の関税が相当高くなって

も ASEAN は正の効果を得られるとの結果が得られた。

　ここでの議論では，第三国が中立を守ることができ，東とも西ともこれまで通り貿易できることが前提となっていることに注意してほしい。ASEAN諸国は米中対立の中でも積極的に中立を守ろうとしており，米中どちらともつながりながら表現は悪いが「漁夫の利」を得ていこうと積極的に投資誘致等を進めている。米国は2024年9月から中国からの電気自動車（EVs）その他の輸入について高関税をかけ始めており，第2期トランプ政権が発足するとさらに激しい関税戦争となっていく可能性も高い。そうした中，引き続き関税が米中二国間貿易のみに課され，第三国たとえば ASEAN 諸国が中立を保つことができるならば，引き続き正の貿易転換効果を得るべく動いていくべきだろう。ただし，トランプ氏は第三国からの輸入に対しても関税を課すと言っているし，また関税を通常の原産地規則ベースではなく企業国籍ベースや使用する中間財を基準に課すようなことが行われるならば，第三国にも負の影響がもたらされる危険性もある。

　また，米欧が異なる理由付けをしながらも中国からの EVs に高関税を課そうとしているが，そこで行き場を失った在庫品が ASEAN 等に洪水のように押し寄せてくる可能性もある。同様の可能性はソーラーパネルや鉄鋼などにも見られる。いわゆる過剰生産問題である。安価な EVs の輸入は，自動車を生産してこなかった国にとってはありがたいことだろうが，これまで自動車産業を育成してきた国たとえばタイにとってはどのように対処するかが政治問題ともなってくるかも知れない。

　ハイテク輸出管理強化についてはどうであろうか。米国は2018年8月以降，安全保障の観点から輸出管理を強化し始め，次第にその範囲を拡大していった。画期となったのは2020年8月のファーウェイ向け通信機器関連部材についての輸出管理強化と，2022年10月のスーパーコンピュータ，先端半導体に関連する輸出管理強化であった。後者はその後，オランダと日本の半導体製造装置に関する輸出管理強化へと波及していった。

　輸出管理強化の経済効果分析は難しい。目的が先端技術流失の阻止ということなので，それ自体の経済効果を計測することはできない。実際にどのような輸出が自己規制されたのか，あるいは輸出許可を求めたが差し止められ

たのかといった詳しい情報は，公表されていない。さらに，輸出元が米国以外であっても管理を適用するといういわゆる「域外適用」も課されている。輸出管理以外にも，直接投資の制限や技術者等の移動制限なども施行されている。筆者とその共著者は，まずは輸出管理強化がどの程度対中輸出を減少させたのかを把握するために，細品目分類まで降りた貿易データを用いてDiDを用いた一連の実証研究を行った[2]。そこでわかったのは，輸出管理強化は確かに行われているのであろうが，その管理はHS6桁あるいは9-10桁の細品目分類よりさらに細かい範囲にとどまっているということである。ただ，ハイテク輸出管理強化は今後さらに広い範囲で行われていくであろうとの観測もあり，将来への不安から対中輸出よりもむしろ対中直接投資等において影響が見えるようになっている可能性もある。中国経済不調の影響をコントロールするのは難しいが，2023年の中国への対内直接投資は国際収支ベースの暫定値で前年比81.7％減少したと伝えられている。

　ASEAN諸国について見ると，米国の輸出管理の域外適用がかかったというケースは報告されていない。おそらくASEANにはまだ先端半導体関連のプラントは置かれていないということなのだろう。一方，半導体ヴァリューチェーンの組み替えが試みられる中，ASEAN諸国のいくつか，特にマレーシアとベトナムでは，半導体関連の対内直接投資の誘致が大々的に進められており，GVCs内の位置付けをアップグレードしようとの試みが進行している。さらにハイテクの部分に食い込んでいくとすれば政治的立場を明らかにしていく必要も生じてくるかも知れないが，当面は生産体制組み替えの波に乗っていける可能性がある。

　以上のように，第三国，特にASEAN諸国の側から見ると，米中対立も全て悪いことばかりではない。経済は，どこか一部に規制がかかっても，経済原理に基づきすぐに抜け道を見つけてくる。ASEAN諸国が全面的に西側

---

[2]　Ando, Hayakawa, and Kimura（2024a, 2024b）と Hayakawa, Kimura, and Yamanouchi（2024）ではそれぞれ，（i）米国による2020年のファーウェイ向けエンティティリストに基づく輸出管理強化，（ii）米国による2022年の半導体製造に関連する輸出管理強化，（iii）日本等による2023年の半導体製造装置についての輸出管理強化の，対中輸出に対する影響を分析している。

にコミットするということは起きそうもないわけで，日本としても中立を保とうとする ASEAN を実質的に支持し，健全な経済をできるだけ広い範囲で確保するよう努力していくべきだろう。

第4節　ルールに基づく国際貿易秩序の維持

　地政学的緊張の文脈で導入されている先進諸国および中国の貿易・産業政策のかなりの部分は，既存の貿易政策規範，とりわけ世界貿易機関（WTO）による政策規律との整合性が疑われるものとなっている。特に米国の諸政策はあからさまにルールを逸脱しているものが多い。それら一連の動きが世界全体の「ルールに基づく国際貿易秩序」を弱体化させつつある。

　特に米中関係についてはこれからさらに対立が深まり，さまざまな規制が課される経済の範囲が拡大していく可能性が高い。しかし，全ての第三国がどちらの味方をするのか立場を明確にしなければならないような事態は想定しづらく，また米国を含む西側諸国と中国が完全にデカップルすることも考えにくい。そうであるならば，制約がかかってくる経済がある程度大きくなっていくことを止めることはできないとしても，「その他経済」については貿易政策規範を保全して活力ある経済活動を維持していく必要がある。

　特に ASEAN が誇る機械産業の IPNs は，複雑でかつ長いサプライチェーンでつながり，時間に正確で信頼性の高いリンクが必要となるため，貿易ルールの揺らぎの影響は大きい。Ando, Kimura, and Yamanouchi（2022）で機械貿易に関するグラヴィティ方程式を用いた分析で明らかにしたように，ASEAN 諸国は，輸出入国の経済規模や二国間の距離などを勘案した「世界標準」と比べ，輸出側は247％，輸入側は182％と，日中韓と比べてもはるかに高い機械貿易へのコミットメントを示している（2019年）。米中対立の余波を受けながらも，ルールに基づく国際貿易秩序をできる限り広範に保持していこうとするインセンティブは強いはずである。

　まずは WTO を盛り上げていかねばならないわけだが，1つの大きな障壁は上級委員会問題である。上級委員会は2審制の WTO 紛争解決の第2審に当たり，通常は7名の委員から成り，1件当たり3名が審理に当たることに

なっている。第1期トランプ政権以降，米国が委員の就任・再任をブロックしているために委員数が減少し，2020年にはついに委員がいなくなり，審理ができない状態が続いている。そのため，第1審のパネルで結論が出てもそれに不服の一方が停止中の上級委員会に上訴して審理を止めてしまうという「空上訴」が起きてきている。そのようなケースが2023年末までに24件積み上がってしまっている。さらに，2020年以降，WTO紛争解決に持ち込まれる案件数が1年当たり1桁に減少してしまっていることも懸念される。

　空上訴となってしまっている案件にはインドのICT製品向け関税（DS584）やインドネシアのニッケル輸出禁止（DS592）なども含まれており，グローバル・サウスと呼ばれている国々にも貿易政策規律の緩みが影響してきていることがわかる。たとえばインドネシアの場合，経済産業省通商政策局（2024）が指摘しているように，多種多様な輸入制限措置，鉱物資源に関する輸出規制およびローカルコンテント要求，通信機器やテレビなどについてのローカルコンテント要求など，多くの疑わしいケースが報告されている。しかし，インドネシアの人々がWTO約束に対する意識を全くなくしてしまったわけではない。諸政策の経済効果やWTOルールとの整合性はかなりの程度オープンに議論されており，論点の存在はしっかりと認識されている。

　上級委員会問題については，頑なな米国の対応を考えると，根本的な解決にはなかなか至らないのかも知れない。しかし，当面の代替案ということであれば，多国間暫定上訴仲裁アレンジメント（MPIA）の参加国を増やしていくという方法もある。MPIAは欧州連合（EU）のイニシアティブで始まったもので，紛争当事国が双方ともMPIAの参加国であれば実質的に上級委員会の代替として第二審の役割を果たそうとするものである。アジア・太平洋では日本（2023年3月から），オーストラリア，中国，香港，マカオ，ニュージーランド，パキスタン，フィリピン（2024年5月から），シンガポールがメンバーとなっている。IPNsが張り巡らされているASEAN等でもっと参加国を増やしていくことも大いに意味がある。たとえばインドネシアは，自ら空上訴とした案件もある一方で，EU等を相手としている紛争案件も抱えており，参加する利点もあるだろう。

　また，メガFTAs等のイニシアティブを拡大・深化させることでルールに

基づく国際貿易秩序を維持・強化していくという方法もある。たとえば地域的な包括的経済連携（RCEP）は IPNs が展開される東アジア地域全体をカバーしており，中国もメンバーであるわけで，毎年の閣僚会議，合同委員会，4 つの委員会，事務局から成る制度的枠組みを有効に使って経済的威圧（economic coercion）のリスクを減らす仕組みとしても活用できるはずである。インド太平洋経済枠組み（IPEF）は，貿易，サプライチェーン，クリーン経済，公正な経済という 4 つの分野のうち 2 つ目のサプライチェーンについては 2024 年 2 月，3 つ目と 4 つ目についても全体を束ねる IPEF 協定と合わせ本年 10 月に発効している。1 つ目の貿易については交渉妥結の見通しが立たないこと，第 2 期トランプ政権下でも米国が IPEF に残るかどうか不安視されるなど，IPEF の将来は見通しにくい。しかし，サプライチェーン協定は，「重要物資」の突然の供給途絶に共同して備えようとするもので，「重要分野・重要物品」の特定は参加国の提案に基づくものとなっており，有効に使っていける可能性がある。

　環太平洋パートナーシップ（TPP）の加盟国拡大も，国際貿易秩序の維持に貢献しうる。TPP は特に東アジアにおいては自由化度および国際ルールのレベルの高さという点で群を抜いている存在であり，そこに加盟することは自由な貿易・投資を目指すものとしての決意を明確に示すものとなる。2023 年 11 月に原加盟の 11 ヵ国の全てについて発効し，2024 年中には最初の新規加盟国として英国が加わる。9 月にインドネシアが正式に加盟を申請したことが注目される。同国は 2045 年までに先進国入りすることを 1 つの目標としており，現在，EU とカナダとも FTA 交渉を行っている。TPP 加盟交渉は，先着順ではなく，加入希望エコノミーが TPP の全ての義務を遵守する準備があると全ての既加盟国が認めた時点で初めて開始される。通商政策上さまざまな問題を抱えているインドネシアであるが，TPP 加盟申請をきっかけによりクリーンな政策体系へと転換していってほしい。

　インドネシアは，本格的に先進国入りを目指す姿勢を示すために，2024 年 2 月，経済協力開発機構（OECD）への加入交渉も開始した。タイもそれに追随し，6 月に加入交渉に入っている。OECD は通商ルールを専門とする機関ではないが，先進国となるためになすべき政策改革を詳細に指導すると

いう意味で，やはりルールに基づく秩序をサポートする役目を果たしうる。グローバル・サウスの国々の中には，既存のルールを新旧植民地主義に根ざす先進国によって押しつけられたものとして，それに反発することを最大公約数として団結しようとする動きもある。ASEAN 諸国等が，立派な先進国になろうという願望を抱き，自由な貿易・投資を支持する勢力をグローバル・サウス内に作っていってくれることは，大いに歓迎すべきであろう。

第5節　サービスが主導する開発モデルの可能性

　機械産業の IPNs を中心に据えた東アジアの開発戦略は，急速でかつ inclusive な経済成長を実現するという意味で，大きな成功を収めてきた。産業・業種単位の国際分業からタスク単位の国際分業へと進化することによって，先進国の有する技術が新興国・発展途上国の労働と結びつくことが可能となり，それが南北の所得格差の「大収束（great convergence）」を生んだというのが Baldwin（2016）の主張である。さらに新興国・発展途上国の国内でも，製造業は関連サービス業とともに比較的教育水準の低い人々のための雇用を大量に生み出し，そこでも inclusiveness を実現した。このような経済成長を支える制度的・物理的連結性についても詳細な政策シナリオを書くことが可能となり，製造業，特に IPNs を中心に据えた開発戦略は 1 つの完成されたモデルとなった。

　しかし，機械産業を中心とする IPNs は世界全体には広がっていかなかった。東アジア以外の多くの発展途上地域では，むしろ premature deindustrialization（Rodrik 2016）が起きてきてしまっている。一方，デジタル技術はイノベーションの性格を大きく変貌させつつある。また，世界のどこの国でも人々の教育水準は大きく改善されてきている。しばしば非貿易財と呼ばれてきたサービスも次第に国境を越えて取引されるようになってきている。そうした中，サービス業を中心に据えた開発戦略が書けるのかどうかが問われるのは自然な流れである。ここでは特に，人口が多くかつ天然資源に恵まれていない新興国・発展途上国を念頭に考えてみよう。

　製造業との比較で検討すべき点は 3 つある。イノベーション，雇用と inclusiveness，そして外貨稼得である。

　第1のイノベーションに関しては，まず，前世紀から今世紀にかけての大きな変化について見ていかねばならない。ここでいうイノベーションとは，研究開発（R&D）等によって生み出された技術（体系化された知識，アイデア）のストックから特定の技術を選び出し，それを経済社会に適用（deployment）することを指す。20世紀は製造業がイノベーションを席巻した時代だった。製造業企業のR&D支出は大きく，長期的な視野のもとで多くの技術が生み出され，イノベーションの原資となった。産業別に見れば，ほとんどの特許は製造業で生み出され，また製造業で用いられた。その他の産業では，製造業で生み出された特許が利用された。サービス業はR&Dも小さかった。タスク単位の国際分業が始まってからは，発展途上国の地場企業の主要な技術へのアクセスチャンネルが進出してきた外資系企業との取引となった。発展途上国の開発戦略としても，まずは製造業を盛り立てることが自然な流れであった。

　その状況を大きく変えたのが，世紀の変わり目あたりから加速したデジタル技術の導入である。Bower and Christensen（1995）の用語法を用いれば，イノベーションがincrementalなものからdisruptiveなものへと大きく比重を移した。Incremental innovationは製造業において典型的に見られる。既存のモノやサービスを少しずつしかし継続的に改善しようとするもので，しばしば長期的な視野のもとでの巨額のR&D支出を伴う。したがって，low-risk low-returnとも言える。それに対しdisruptive innovationは，新しいモノやサービスの導入や新規市場の開拓が目指され，参入障壁は低いが多くの試行錯誤がなされ，high-risk high-returnである。デジタル技術はdisruptive innovationが活躍する場を大幅に拡大した。

　新興国・発展途上国のイノベーション政策も変貌を遂げつつある。先行した韓国，台湾，シンガポール，中国では国を挙げてR&Dを増やすことに多大な努力を傾けた。一方，後発のマレーシア，タイなど多くの国では政府が意図したほどR&D・GDP比率を伸ばすことができず，むしろICTソフトウェア，ハードウェア投資に重きを置くようになった。まずはdisruptive innovationの機会を捉えるところに重点を置き，先進国でのイノベーションを

積極的に模倣し現地化する creative imitation を促進した。デジタル技術による新たなサービスの導入や新規市場の開拓は，既存サービスの既得権益が薄く政府規制も未発達な新興国・発展途上国の方がむしろ早いという現象も観察された。人口構成が若いことも 1 つの助けとなった。

　新興国・発展途上国としては，当面，disruptive innovation を使える場面では機会を逃さず捉えていくことが重要である。しかし，中長期的に考えた時，disruptive innovation が経済成長の核となり続けてくれるのか，incremental innovation の基盤なしに真の意味での先進国となれるのかは，議論の余地がある。製造業なしの経済成長を考えた場合，ICT セクターがデジタル技術の導入を受け持つだけで十分なのか。サービス業が GDP の大きな部分を占めているのは事実だが，それが国全体のイノベーションを中長期にわたって推し進めていってくれるのか。これらはさらに検討すべき問題である。

　第 2 は雇用と inclusiveness である。製造業の 1 つの特徴は，関連のサービス業と合わせ，比較的教育水準の低い人々のための雇用を大量に創出することにある。特に国際分業の中で労働集約的な業種あるいは生産工程が置かれている時には，この特徴が強く発現する。都市・郊外部における産業集積の形成が始まると，農村部からの労働移動が起こり，それが都市と農村の所得格差を縮小する動きとなる。これは，資源豊富国において貧しい人たちの雇用を創出できずに所得格差が拡大しがちであるのと対照的である。サービス業は伝統的には過剰労働力をインフォーマルセクターとして吸収する役割を担っており，低生産性の経済活動に多くの人をとどめてしまうという意味で inclusiveness には貢献してこなかった。

　しかしこの事情もある程度変化しつつあるのかも知れない。サービス業の中にも ICT サービスのように高生産性の部分も生まれてきている。国全体の教育水準もどの国でも顕著に上がってきており，製造業に頼る場面も減ってくる可能性もある。しかし問題は，どのくらいの規模の雇用創出が生み出せるかである。極端な例であるが，ICT セクターの成長が目覚ましいインドの場合でも，その直接・間接の雇用創出は量的には限定されており，都市部と農村部の所得格差縮小には役立っていないように思われる。特に人口規模の大きい国においては，この雇用創出の問題がサービス主導の開発戦略の説

得力を減衰することになってしまうのかも知れない。

　もちろん製造業の方も，デジタル・トランスフォーメーションの中で国際分業を大きく改変していく可能性もある。ロボットなど information technology はタスクの数を減らし生産の集中を生む傾向がある一方，communications technology の方は地理的に生産を分散させる力となる。低賃金労働がいつまで国際競争力の源泉となり続けるか，各種労働と機械の代替・補完関係はどうなるかなど，新興国・発展途上国が IPNs の中にとどまる方法を考える上で検討すべき課題も多々存在する。

　第3は外貨稼得である。世界経済とリンクしていくためには，いずれかの産業が外貨を稼いでくれる必要がある。資源稀少国にとっては製造業が輸出で稼ぐというのが自然な選択だろう。一方，サービス業は伝統的には非貿易財（nontradables）と呼ばれ，国境を越えて取引されるものはごくわずかと理解されてきた。

　この点についてもある程度事情は変わってきた。新興国・発展途上国であっても外貨を稼げるサービス業が出てきた。1つは観光業である。世界的に人の動きが盛んになる中，観光業がかなりの外貨を稼いでくれるかも知れない。また，サービス業に従事するさまざまな人材を「輸出」することも国によってはそれなりの規模となる。そして期待されるのはデジタル化されたサービス（digitalized services）の輸出である。

　1つの大きな流れはサービス業における GVCs の発達である。インターネットを介在させることにより，サービス業においても第2のアンバンドリングが起こり，タスクを単位とする国際分業が盛んに行われるようになってきた。ICT サービスあるいはその他サービスに従事する労働者の場合でも，南北間の賃金格差は大きい。それが1つの動機となって，先進国から一部の新興国・発展途上国にさまざまなタスクが委託されるようになってきた。最初はコールセンターのような単純なものから始まり，次第に難しい business processing operations（BPOs）へと技術水準の梯子を登っていくモデルができてきている。特にインドやフィリピンなど英語にも堪能な人材が豊富なところで，長足の進歩が見られる。さらには，第3のアンバンドリング，すなわち人を単位とする国際分業も，Upwork などのフリーランサーのための国

第1章　グローバリゼーションと東アジア　　*19*

際間マッチングプラットフォームを通じて始まっている。

　新興国・発展途上国におけるこのようなサービス業の国際分業に対する期待は大きい。こういった機会は大いに享受できるよう，さまざまな制度整備を進めていかねばならない。単にインターネットの接続速度の話ではなく，ICT 関連企業の育成，関連人材の育成，社会保障と税制の整備など，政府が手当てすべきことはたくさんある。そして問題は，こういったサービス業が十分な外貨を稼いでくれるかどうかである。これは，サービス業の GVCs がどこまで大きくなれるのかにかかっている。

　以上のように，サービス主導の開発戦略の可能性についてはさらなる多方面からの検討が求められている。

おわりに

　本稿では，これまでの私の学術研究の系譜の一部を紹介し，また現在関心を持っている研究課題についてもさわりの部分を書かせていただいた。私の研究活動の基礎にあるのは，1）経済的インセンティブと市場の力への信頼，2）グローバリゼーションの力の重視，3）政策効果の一般均衡的理解の重要性，4）ルールに基づく国際貿易秩序の尊重であった。加齢は全ての人に平等にやってくるが，まだまだやれそうな仕事もたくさんあるので，一歩一歩進んでいきたい。

参考文献

今岡日出紀，大野幸一，横山久編（1985）『中進国の工業発展：複線型成長の論理と実証』研究双書 No. 337，アジア経済研究所.

経済産業省通商政策局編（2024）『2024 年版不公正貿易報告書：WTO 協定及び経済連携協定・投資協定から見た主要国の貿易政策』経済産業省.

Ando, Mitsuyo, Kazunobu Hayakawa, and Fukunari Kimura. (2024a) "Supply Chain Decoupling: Geopolitical Debates and Economic Dynamism in East Asia." *Asian Economic Policy Review*, 19(1), pp. 62-79.

Ando, Mitsuyo, Kazunobu Hayakawa, and Fukunari Kimura. (2024b) "The Threat of

Economic Deglobalization from Cold War 2.0: A Japanese Perspective." *Asian Economic Papers*, 23(1), pp. 46–65.

Ando, Mitsuyo and Fukunari Kimura. (2005) "The Formation of International Production and Distribution Networks in East Asia." In T. Ito and A. K. Rose, eds., *International Trade in East Asia (NBER-East Asia Seminar on Economics, Volume 14)*, Chicago: The University of Chicago Press, pp. 177–213.

Ando, Mitsuyo and Fukunari Kimura. (2012) "How Did the Japanese Exports Respond to Two Crises in the International Production Networks? The Global Financial Crisis and the East Japan Earthquake." *Asian Economic Journal*, 26(3), pp. 261–287.

Ando, Mitsuyo, Fukunari Kimura, and Ayako Obashi. (2021) "International Production Networks Are Overcoming COVID-19 Shocks: Evidence from Japan's Machinery Trade." *Asian Economic Papers*, 20(3), pp. 40–72.

Ando, Mitsuyo, Fukunari Kimura, and Kenta Yamanouchi. (2022) "East Asian Production Networks Go Beyond the Gravity Prediction." *Asian Economic Papers*, 21(2), pp. 78–101.

Association of Southeast Asian Nations (ASEAN). (2011) *Master Plan on ASEAN Connectivity*. Jakarta: ASEAN.

Baldwin, Richard. (2016) *The Great Convergence: Information Technology and the New Globalization*. Cambridge, MA: The Belknap Press of Harvard University Press.

Bower, J. L. and C. M. Christensen. (1995) "Disruptive Technologies: Catching the Wave." *Harvard Business Review*, 73(1) (January–February), pp. 43–53.

Economic Research Institute for ASEAN and East Asia (ERIA). (2010) *The Comprehensive Asia Development Plan*. Jakarta: ERIA.

Economic Research Institute for ASEAN and East Asia (ERIA). (2015) *The Comprehensive Asia Development Plan 2.0 (CADP 2.0): Infrastructure for Connectivity and Innovation*. Jakarta: ERIA.

Economic Research Institute for ASEAN and East Asia (ERIA). (2022) *The Comprehensive Asia Development Plan 3.0 (CADP 3.0): Towards an Integrated, Innovative, Inclusive, and Sustainable Economy*. Jakarta: ERIA.

Fajgelbaum, Pablo, Pinelopi Goldberg, Patrick Kennedy, Amit Khandelwal, and Daria Taglioni. (2024) "The U.S.-China Trade War and Global Reallocations." *American Economic Review: Insights*, 6(2), pp. 295–312.

Hayakawa, Kazunobu, Fukunari Kimura, and Kenta Yamanouchi. (2024) "The Trade Effects of Export Control Regulations in Japan." Submitted to *Journal of the*

第1章　グローバリゼーションと東アジア　　*21*

Japanese and International Economies.

Jones, R. W. and H. Kierzkowski. (1990) "The Role of Service in Production and International Trade: A Theoretical Framework." In R. W. Jones and A. O. Krueger eds., *The Political Economy of International Trade*: *Essays in Honor of Robert E. Baldwin.* Oxford: Basil Blackwell.

Kimura, Fukunari. (2006) "International Production and Distribution Networks in East Asia: Eighteen Facts, Mechanics, and Policy Implications." *Asian Economic Policy Review*, 1(2), pp. 326-344.

Kimura, Fukunari, Tomohiro Machikita, and Yasushi Ueki. (2016) "Technology Transfer in ASEAN Countries: Some Evidence from Buyer-Provided Training Network Data." *Economic Change and Restructuring*, 49(2), pp. 195-219.

Kumagai, S., K. Hayakawa, T. Gokan, I. Isono, S. Keola, K. Tsubota, and H. Kubo. (2023) "The Impact of 'Decoupling' on the Global Economy: An Analysis by IDE-GSM." *IDE Square*, IDE-JETRO (in Japanese).

Nicita, Alessandro. (2019) "Trade and Trade Diversion Effects of United States Tariffs on China." UNCTAD Research Paper No. 37, UNCTAD.

Obashi, Ayako. (2011) "Resiliency of Production Networks in Asia: Evidence from the Asian Crisis." In S. J. Evenett, M. Mikic, and R. Ratnayake, eds., *Trade-Led Growth*: *A Sound Strategy for Asia.* Bangkok: United Nations Economic and Social Commission for Asia and the Pacific (ESCAP), pp. 29-52.

Okubo, Toshihiro, Fukunari Kimura, and Nozomu Teshima. (2014) "Asian Fragmentation in the Global Financial Crisis." *International Review of Economics and Finance*, 31, pp. 114-127.

Rodrik, Dani. (2016) "Premature Deindustrialization." *Journal of Economic Growth*, 21(1), pp. 1-33.

第2章

「国際経済学」と「国際経営学」を跨いだ
キャリアから見えてきたこと

入山　章栄

はじめに

　筆者は，現在は早稲田大学で経営学を研究する経営学者である。もともと30年近く前には，慶應大学で木村福成先生の指導のもとで国際経済学を学んでいたが，その後で経営学に転向した（特に，国際的なビジネス活動を分析する「国際経営学」が専門の一つである）。他方，本書で他の章を執筆される方は，多くが経済学者だ。経営学と経済学は似て非なる研究領域であるが，その違いをご存知ない方も多いのではないだろうか。

　そこでよい機会なので，本章では純粋にアカデミックな研究論文ではなく，筆者のこれまでの研究者としてのキャリアを振り返りながら，「国際分野」に限定せず，広く経済学と経営学の関係性と違いについて私論を展開したい。その上で筆者の結論として，「実証研究としての貢献を重視する国際経済学，特に貿易論や多国籍企業研究が専門の経済学者は，ぜひ経営学の学術誌への投稿も検討していただきたい」という主張をさせていただく。

　本章の構成は以下の通りである。前半（第1節～第3節）は，僭越ながら，筆者の慶應大学経済学部での学部生時代からアメリカの大学院に留学するまでについて振り返る。ここでは，いかに筆者が木村先生にお世話になったかを書かせていただきたい。次に本章の中盤（第4節，第5節）で，アメリカで経営学の博士号を取得し，経営学の学術誌に論文を掲載するようになるまでを振り返る。ここでは，筆者の国際経済学を学んでいたときの経験が国際経営学に応用できたため，その研究内容を紹介しながら，早めに業績につな

がった背景を述べたい。

　そして本章の終盤（第6節，第7節）では，アメリカと日本で経営学の最前線で研究活動を行う中で見えてきた経営学と経済学の違いと，その活用方法について論じていきたい。いずれにせよ筆者のここまでのキャリアにおいて，筆者は木村先生に多大なる「academic indebtedness（学問的な恩恵）」を感じており，それを少しでもお返しすることができれば，という気持ちで本章を書くことにする。

第1節　木村先生と経済学との出会い

　筆者は，1992年に慶應義塾大学の経済学部に入学した。一般受験で入学し，当時はこの手の学生は多くが，大学に入る時には「受験勉強で燃え尽きている」ため，筆者も例に違わず入学してからは思いきり遊んでおり，一切勉強しなかった。実は，筆者の入学希望の本命は早稲田大学の政治経済学部（政治コース）だったのだが不合格で，「たまたま合格した」慶應の経済学部に入った。結果，入学時にはそもそも経済学がどういう学問かも全くわからない状態であった。

　最初の2年間は日吉で毎日のように雀荘に入り浸り，危うく留年しかけるような状況だった。そして2年生から3年になる頃に，ちょうど木村先生がアメリカから帰ってこられたばかりで，三田キャンパスで行われたゼミナール紹介のイベントでお話されたのを聴いた。当時は，特に新任の教員だけが自己紹介を含めて学生の前で話すルールがあり，それで木村先生が話をされたのである。初めて木村先生をみた筆者の印象は，「海外帰りで，日本語が英語より苦手くらいの，バリバリに世界で戦ってきた人」という印象で，他の教授からは感じられない雰囲気を感じた。それがかっこいいなという理由で，木村研究会を志望することを決めた。実際，木村ゼミはたいへんな人気で，倍率も3倍くらいはあったはずだ（おそらくその学年で一番倍率が高かった）が，運よく合格することができた。

　そして木村ゼミの一期生としての活動が始まった。印象的だったのが，海外でしか教えた経験のない木村先生は，日本の私立大学生のレベルを理解し

第2章　「国際経済学」と「国際経営学」を跨いだキャリアから見えてきたこと　　25

ていないのか，いきなり我々3年生に海外のトップレベルの経済学の論文を
読ませるのである。当時は DeepL も Google 翻訳もなく，英語と数式だら
けで訳のわからないものを，平気で学部3年生に読ませたのだ。

　しかし実は，筆者は木村先生がしてくれたのとまったく同じことを，いま
早稲田大学の社会人大学院で行っている。筆者の担当するゼミの学生は30,
40代の社会人学生が中心で，多くは都内の大手企業やスタートアップ企業
で働く人たちだ。彼ら彼女らに，海外の経営学のトップ学術誌の論文をその
まま英語で読ませ，議論している。まさに30年前に木村先生が筆者にして
くれたことを，そのまま社会人学生向けにやっているのである。

　いま思うと，木村先生の方針は「とにかく学生に世界最先端のものに触れ
させる」ことだったのではないかと思う。最先端のものは当然，難しい。し
かし，もし仮にそれが十分に理解できなくても，「これが世界の最先端なの
だ」という感覚は学生に残る。筆者も早稲田で社会人の30,40代に「世界
の経営学の最前線では，あなたの会社・仕事の問題意識に関連することでは，
こういう研究がありますよ」という感覚と視点を提供しているわけだ。

　加えていうと，当時の木村ゼミでは，我々学生が読んでわからないところ
を木村先生に質問すると，たまにだが，木村先生が「ごめん，それ俺もわか
らない」と素直におっしゃることに驚いたことも覚えている。我々学生から
みると当時の木村先生は「神」に等しいわけだが，「えっ，神でも知らない
ことがあるのですか」みたいな感じになる。ただ，いま自分が研究者の端く
れとなってわかるのは，「学問はわからないことのほうが多い」ということ
だ。どんな最前線の研究者も人間であり，たいしたことは知らないのだ。そ
こで素直に「わからない」と木村先生が言ってくれたので，そのこと自体が
素晴らしいことだし，そうすると「木村先生がわからないのなら，これは世
界の本当に最先端なのだな」と実感できたのである。

　ちなみに筆者は，近年はメディアから取材を受けることも多いのだが，そ
のときにこの経験をよく話す。なぜなら「最先端はかっこいい」からだ。最
先端に触れ，それをかっこいいと思ったり，憧れたりすることが，大きなモ
チベーションになるのではないだろうか。子供たちは草野球でお腹が出たオ
ジさんたちの野球を見て，「自分もプロ野球選手になろう」とは思わない。

大谷昇平選手やイチロー選手がメジャーリーグで活躍するのを見て，あるいは時に失敗するのを見て，プロに憧れるわけだ。そういう意味で，筆者にとって当時の木村先生は明らかに経済学の世界での大谷・イチローだったので，やっぱりかっこいいなと単純に思っていたのであろう。結果的に自分も学者になったことを考えると，筆者にとって木村先生の影響はとても大きかったということだ。

　正直，そのようなハードなゼミの演習に対して，脱落しかけているゼミ生も少なからずいた。ただ筆者はこの理由で経済学の勉強が面白くなってしまった。学部の最初の2年間は日吉でまったく勉強していなかったのに，ゼミに入ってからは夏休みにも一人で国際貿易論の教科書をコツコツ読んでいた。木村ゼミ1期生の中にも，筆者以外にコツコツと勉強を続けた人がいて，その中では筆者と清田耕造氏の二人が純粋な学者としてのキャリアをいま作っている（別にそれが偉いというわけではないが）。

第2節　経営学への転向を志しての留学

　やがて筆者は慶應大学院の修士課程（経済学）に進み，さらに同期だった清田氏は修士課程修了後に，博士課程に進んだ。一方で筆者は，「何かこのまま博士課程に行くのは違うな」と違和感を感じ，修士課程修了後は三菱総研という会社に入社した。しかし，やはり働いて2年目ぐらいのときに海外留学志向が強くなり，アメリカの博士課程へのチャレンジを決意した。

　このような流れだったので，筆者は当初は，アメリカの大学院の「経済学」の博士課程への入学を目指した。木村先生にも推薦状を書いていただいた。そして三菱総研に入って3年目に実際に受験して，ジョージタウン大学とカリフォルニア大学デイビス校から合格通知をもらった。

　しかし合格通知が来て2，3週間ずっと考えたあげく，筆者はこのタイミングでアメリカに行くのを取りやめたのである。なぜかというと，先ほども触れた，修士課程のころから自分の中に出てきた「違和感」が膨らんできたからだ。それは，「本当に自分は経済学で一生身を立てたいのか」という疑問であった。

第2章　「国際経済学」と「国際経営学」を跨いだキャリアから見えてきたこと　　27

　当時は，日本で東京大学，一橋大学，慶應大学などの経済学者を志す修士課程の学生が，アメリカの大学院の博士課程に多く行きだした頃であった。今振り返ってみると，筆者はひねくれ者なので，人がやっていないことをやりたがるタイプであった。結果，他人と同じ方向性は嫌だな，他の人とは違う方向性はないかなと，知らず知らず考えていたのだ。

　そのときにたまたま三田の図書館で，『ストラテジック・マネジメント・ジャーナル』という，海外の経営学のトップ学術誌を目にする機会があった。そして，驚いた。

　その学術誌を見ると，日本で持たれている事例分析中心の経営学のイメージと違い，欧米のトップクラスの経営学は，企業データを使って統計分析を行っている。筆者も，統計データをコネクリ回すのは大好きであった。また当時は国際貿易論でも，「多国籍企業の行動」に注目が集まり出していた。日本だと慶應大学の佐々波楊子先生や，そのお弟子さんだったウォンさんなどの共同研究が知られていた。つまり，「経済学だけではもしかしたら十分に説明しきれない企業の行動を，統計データで分析するのは面白そうだな」「だとしたらこれは経営学の世界に進むべきでは」と考えたわけである。その当時，経営学で海外博士号を目指す日本人はきわめて少なかった（この現状はいまもあまり変わらない）。

　しかも，欧米の経営学の実証研究は統計分析中心だが，理論は自然言語表記（すなわち英語）であることも好印象だった。筆者は，経済学の理論の重要性は当然理解しているが，経済学の理論は数学モデルで，正直，自身の数学能力に限界を感じていた。そういう意味で，「経営学は，自分が好きな統計分析を使って企業行動を分析し，しかも理論は自然言語。さらに，海外の博士課程に経営学で進学する日本人は非常に少ない」ということで，「これはいい」と判断し，急遽，経済学でアメリカに行くのをやめて，専攻を経営学に変更して再受験することを決めたのである。

　そこで三菱総研に就職してから4年目，また木村先生のところに行き，「すみません，今度は経営学で博士課程を受験します」と言って，再び推薦状を書いていただいた。するとこの4年目は，志望したアメリカの経営大学院のすべてから不合格となったのである。

いま思えばだが，筆者はもともと経済学出身なので，経営学の知識がない。そこで志望動機のエッセイを書いても，うまく大学院側に伝わらないのは当たり前だった。加えて当時，要求される TOEFL や GRE のスコアも，経済学よりも経営学の大学院の方が高かったのである。

いずれにしてもそういう理由で二回目の海外の大学院受験はすべて落ちて，さすがに筆者も途方に暮れたのを覚えている。でも，もう1回だけやってみようと思い，また木村先生のところに行って，「すみません，全部落ちました」と言って，「来年，もう1回だけチャレンジしたいので，また推薦状を書いていただけないしょうか」とお願いしたら，木村先生はあっさり「いいよ」とおっしゃってくださったのである。幸い，次の年にチャレンジして，米ピッツバーグ大学の経営学の博士課程に合格することができた。

このように，木村先生は筆者に3年連続で，一度も嫌な顔はされず推薦状を書いてくださったのである。これには本当に心から感謝している。

なお，筆者は木村先生以外にも，日本の経済学大学院生時代に「恩師」と言える方が3人いる。まず，当時の早稲田大学教授だった浦田秀次郎先生にはたいへんお世話になった。筆者は大学院修士課程の2年生の頃から浦田先生の研究のお手伝いをさせていただき，浦田先生の好意で共著論文も書かせていただいた。筆者の人生初の学会発表は，浦田先生との共著論文を英語で発表するものだった（とてつもなく緊張したのを覚えている）。また当時の慶應大学教授でいらした佐々波楊子先生にもたいへんお世話になった。加えて，修士課程のときは木村先生が今でいう准教授であり正式な指導教官をお願いできなかったので，深海博明先生に指導教官をお願いし，これまたたいへんお世話になった。こういった先生方も，木村先生とのご縁を契機に繋がらせていただいたということになる。

第3節　アメリカでの院生・研究者としてのサバイバル

2003年夏に渡米して，ピッツバーグ大学経営大学院の博士課程に入学した。そこから最初の2年間は，生活は楽しかったものの，大学院の勉強は苦闘の連続だった。アメリカの博士課程はコースワークと言って最初の2年間は眠

第2章 「国際経済学」と「国際経営学」を跨いだキャリアから見えてきたこと　29

れないくらい大量の勉強をさせられる，ということは事前に知っていた。しかし筆者の場合，何が大変だったかというと，英語でのコミュニケーションである。経済学はある意味で応用数学なので，英語が苦手でも数学ができれば，なんとか喰らいつくことができる（世界で最も普及している「共通言語」は，英語ではなく数学だ）。

　一方で先に述べたように，経営学の理論は自然言語ベースなので，大学院のセミナー（授業）やディスカッションで深い議論をされると，英語がカタコトの筆者はほとんど理解できなかったのである。

　いま思うと当たり前なのだが，自然言語とはいえ，世界レベルの経営学では，経営理論はかなり厳密に記述され，議論されている。それまで応用数学的な経済学を学んでいた筆者は，この認識が弱く，はっきり言えば経営学をなめていたといえる。結果，いざ大学院の授業になったら教授と同級生の深い議論にまったくついていけず，最初の1年はかなり辛かったのを覚えている。

　一方で，筆者は木村ゼミ時代に，木村先生からいくつかの教えを受けていて，それを愚直に守っていた。その一つが，「ミーティングや会議に出たら，しゃべらないやつに存在価値はない」というものだった。つまり，出席していても発言をまったくしない人は，その場に何の貢献もないから，いないも同然だ，ということである。

　アメリカの経営大学院の博士課程のセミナーは，教授の他にだいたい学生は少なくて3人，多くても5，6人で行われることが多い。筆者は木村先生の格言は愚直に守ったので，とにかくどの授業でも絶対に発言することだけは心がけた。ただ，問題は筆者の話す英語が教授にも同級生にも伝わらないことであった。

　幸いなことに，その時の同級生の一人に，ジョナサン・ピントという優秀なインド人学生がいて（現在は英インペリアル・カレッジの教授），彼だけがなぜか筆者の英語を理解してくれた。「みんな，アキエはこう言いたいみたいだよ」などとフォローしてくれたおかげで，なんとか周囲に理解してもらったのである。いずれにせよ，こうやって発言はするから存在感を残すことができ，なんとかコースワークも生き延びた。ここでも木村先生の言葉が活き

たわけである。

2008年に博士号を獲得し，ニューヨーク州立大学バッファロー校のビジネススクールでアシスタント・プロフェッサーのポジションを得た。1990年代前半に木村先生が慶應に来る前に勤めていたのがニューヨーク州立大学系列のオルバニー校であったことを考えると，ここでも一種の縁のように感じている。

筆者がアメリカに渡ったのが2003年。2008年に博士号を取得しニューヨーク州立大学バッファロー校に勤め始め，そして2013年に日本への帰国を決意した。延べ10年間アメリカに滞在したことになる。筆者はバッファローにいるときに家族でグリーンカード（永久在住権）を取得したのだが（博士課程の時に日本人女性と結婚），アメリカの大学は競争も大変で，バッファローは田舎，ご飯も美味しくない。一方，ちょうどそのころ日本では起業家が台頭し始めて面白い状況になってきたのをみて，経営学の研究をやるには，田舎のバッファローより東京の方が面白いはずだと考えて，帰国を決意した。幸い2013年から早稲田大学に赴任することになり，この決断はとても正しかったと実感している。

第4節　最初の研究は国際経済学の手法でホームラン

ここから本稿の中盤に入る。筆者のアメリカでの駆け出し研究者時代のエピソードから，経営学と経済学の関わりについて経験したことを紹介したい。特にここでは，経営学の中でも「国際経営学」の研究を進めるにあたり，「国際経済学」の知見が大いに役にたったエピソードを共有させていただく。

大学によって程度の違いはあるだろうが，一般にアメリカの大学院博士課程に入ると，学生には指導教官の教授が付く。学生は教授の助手をしながら，研究のやり方を学び，運が良ければその教授と共同研究をする。日本でいう「師匠と弟子」の関係である。

筆者の場合，指導教官が二人いた。中でもお世話になったのが，ラヴィ・マドハヴァンという，インド出身の教授だった（博士号はアメリカで取得）。マドハヴァン教授はたいへんな人格者で，最終的に研究面だけでなくプライ

ベートでも深い親交を今でも持たせていただいている（私の娘のミドルネームはマドハヴァン教授ご夫妻につけていただいた）。木村先生の指導を受けたときも浦田先生と共同研究をしたときもそうなのだが，筆者の強運はその都度の指導教官に恵まれてきたことだと思う。

2003年晩夏，マドハヴァン教授の研究室で彼と初めてミーティングしたときのことは，いまも覚えている。彼はその時に，自分がいま興味のある研究テーマとして，「ベンチャーキャピタルの国際化」を挙げたのである。

今ではよく知られる言葉になったが，「ベンチャーキャピタル（以下，VC)」とは，新興のスタートアップ企業に投資をする企業，投資家，ファンドのことである。一般にVC投資は，非常にローカル性の高いビジネスである。なぜなら，VC投資家は投資先のスタートアップ起業家の資質やビジネスモデルを深く見極め，また互いに信頼関係を醸成する必要があるので，頻繁に彼ら彼女らと直接会って話さないといけないからだ。さらに投資した後には「ハンズオン」と言って投資先を手伝う場合もあり，やはり距離が近い方が好ましい。実は密な関係性が重要なのだ。特に当時（1990年代〜2000年代初頭）はzoomなどのオンラインコミュニケーション手段も貧弱だったから，これはなおさらのことであった。

実際，ハーバード大学の著名なポール・ゴンパース教授とジョシュ・ラーナー教授らによる当時の研究によると，アメリカではVC企業とその投資先スタートアップ企業のあいだの物理的な距離は中央値で59マイル（94km）くらいと提示されている[1]。広大なアメリカでの94kmは，非常に短い距離だ。やはりVC投資はローカル性が高いのである。

ところがマドハヴァン教授によると，直近のデータを見ると，ローカル性が高いはずのVC投資がなぜか急速に国際化しつつあるというのである。国際化するということは，遠くの離れた国のスタートアップにVC企業が投資することだから，VC投資が持つローカル性と逆行する流れといえる。「アキエ，この興味深い現象を私は研究したい」とマドハヴァン教授は，最初のミーティングで言ったのである。

---

1) Gombers and Lerner（1999）

実は，その時すでにマドハヴァン教授は，この現象を説明する仮説を持っていた。それは「国際的な移民ネットワーク」が影響しているのではないか，というものだ。先に述べたように，VC企業と投資先の間に必要なのは，深い，密な人と人の関係性である。だから直接顔を合わせての交流が大事なので，ローカル化するようになる。ということは，そのVC企業が海外に投資をするようになったのであれば，それは国と国の間で，直接顔を合わせるのと変わらないくらいの深い人的な関係性が築かれていることを意味する。すなわち，VC企業本国と投資先の国のあいだに，移民ネットワークなどを通じて強い人的な関係が蓄積されていれば投資が行いやすくなる可能性がある，ということだ。

　例えば，アメリカとインドの間がまさにそうである。1980年代，90年代にインドからアメリカに留学してきた人たちがそのままアメリカで起業して成功し，その後は母国のインドにもたまに戻りつつ両国を往復する，という事例が多く出てきている。すると，「人の移動」を経由しないと移転されないインフォーマル情報などが両国の間で渡り合うようになり，また人的ネットワークを通じた信頼関係も構築される。結果として，人的な関係が重要なVC投資を後押しする可能性がある，ということだ（経営学では，これを「embededness［埋め込み］」といった理論で説明するのだが，この説明はここでは省略する）。

　アメリカのVC企業からインドのスタートアップ企業への投資は伸びているが，それには両国の間にこのような人的ネットワークが発展しつつあり，それが貢献している可能性がある，ということなのだ。アメリカと台湾，イギリスとインドの間も同じようなことが言える。このように「国家を超えた移民ネットワークの累積が国際的なVC投資の拡大に寄与する」という仮説を，マドハヴァン教授は検証したがっていたのである。しかし，彼は統計分析の専門家ではないのでその手法を模索している，ということであった。

　ここで筆者の経済学時代の知見が，いきなり役にたった。というのは，最初のミーティングでマドハヴァン教授からこの問題意識をきいて，筆者がすぐその場で提案したのが「グラヴィティ・モデル」の活用だったからだ。このモデルは，国際経済学の実証研究では，いまや普通に使われているアプ

第2章　「国際経済学」と「国際経営学」を跨いだキャリアから見えてきたこと　　*33*

ローチである。

　グラヴィティ・モデルは大雑把に言えば，被説明変数に両国間の経済取引（例えば貿易額や直接投資額）を使い，説明変数に両国間の距離を入れた上で，GDP などの両国の経済規模，そして必要であれば，さらに両国間の経済取引に寄与しそうな他の変数を加える，というアプローチだ。今回のケースの場合，このモデルの被説明変数を国家間の VC 投資にして，説明変数に国家間の移民のデータを加えればマドハヴァン教授の仮説は検証できるはず，と筆者は提案したのである。

　この提案は受け入れられ，筆者は博士課程に入っていきなりすぐにマドハヴァン教授とこのプロジェクトを始めることになった。世界中の国際間のVC 投資のデータを得るのは難しいので，「VentureXpert」というデータベースを使いながら，特にアメリカの世界各国に対する対外，対内 VC 投資を分析対象にした。これらを被説明変数にして，説明変数には（技術者など高度なスキルを持った）移民の蓄積データを使った。統計分析の結果はマドハヴァン教授の仮説通り，両者にはプラスの関係が確認されたので，この分析を論文にした。そして，『ジャーナル・オブ・インターナショナル・ビジネス・スタディーズ』という，国際経営学で世界ナンバーワンの学術誌に投稿したところ，（何度かの Revise & Resubmit を経て）掲載が決まったのである。表1に，この論文で掲載したグラヴィティモデル分析の結果を示している[2]。

　経済学同様に，海外の経営学でも研究者が業績を作る上で一番重要なのは，いかにランク上位の学術誌に査読論文を掲載できるかに尽きる。その点で，筆者はいきなり「ホームラン」を打ってしまったのだ。繰り返しになるが，この論文は，国際経済学のグラヴィティ・モデルで使う変数を，VC 投資と移民に置き換えただけである。いま思うと，分析手法は内生性の問題も対処できていないし，本職の経済学者からは粗く見えるはずだ（後で述べるが，経営学は経済学よりも実証研究の厳密性が遅れがちである）。それでも，国際経済学の手法を国際経営学に持ち込むことで，いきなりトップ学術誌への掲載を果たした。いま思うと奇跡のような話なのだが，慶應大学，大学院時代の

---

[2]　Madhavan and Iriyama（2009）Table2

表1 ランダム効果回帰分析の結果：米国ベンチャーキャピタルの海外投資決定要因（1982～2002）

	1	2	3	4	5	6	7	8	9	10
DIS	−4.54	−1.15	1.64	1.17	1.19	1.17	1.11	1.06	1.08	1.00
	(4.16)	(0.25)	(1.86)	(1.82)	(1.75)	(1.65)	(1.53)	(1.55)	(1.96)	(1.87)
Year effect?	Yes	Yes	Yes	Yes	Yes	Yes	Yes	Yes	Yes	Yes
GDP		0.15***	0.05***	0.05***	0.04***	0.04***	0.04***	0.04***	0.05***	0.04***
		(0.02)	(0.01)	(0.01)	(0.01)	(0.01)	(0.01)	(0.01)	(0.01)	(0.01)
FDI			50.03***	48.92***	48.83***	48.61***	48.23***	48.15***	48.47***	48.30***
			(2.10)	(2.12)	(2.10)	(2.07)	(2.01)	(2.03)	(2.21)	(2.19)
TTC				0.53*						
				(0.21)						
TTC_{t-1}					0.54*					
					(0.21)					
TTC_{t-2}						0.56**				
						(0.21)				
TTC_{t-3}							0.56**			
							(0.20)			
TTC_{t-4}								0.59**		
								(0.21)		
TTC_{t-5}									0.70*	
									(0.27)	
TTC_{t-6}										0.72**
										(0.27)
TTC_{t-7}										
TTC_{t-8}										
TTC_{t-9}										
TTC_{t-10}										
TTC_{t-11}										
TTC_{t-12}										
TTC_{t-13}										
TTC_{t-14}										
TTC_{t-15}										
Overall R^2	0.116	0.173	0.459	0.462	0.462	0.462	0.465	0.465	0.466	0.466
χ^2	216.3***	277.6***	959.2***	981.6***	997.1***	1025.1***	1079.8***	1066.9***	933.6***	949.4***
$\Delta\chi^2$	–	60.2***	680.6***	21.4***	–	–	–	–	–	–
No. of host nations	71	71	71	71	71	71	71	71	66	66
No. of observations	1289	1289	1289	1289	1282	1275	1269	1251	1233	1219

第2章　「国際経済学」と「国際経営学」を跨いだキャリアから見えてきたこと　　*35*

表1（続き）

	11	12	13	14	15	16	17	18	19
DIS	0.98	0.92	0.82	0.76	0.77	0.72	0.67	0.66	0.76
	(2.03)	(2.04)	(2.04)	(2.01)	(1.99)	(1.98)	(1.94)	(1.89)	(1.81)
Year effect?	Yes	Yes	Yes	Yes	Yes	Yes	Yes	Yes	Yes
GDP	0.05***	0.05***	0.05***	0.05***	0.04***	0.04***	0.04***	0.04***	0.04***
	(0.01)	(0.01)	(0.01)	(0.01)	(0.01)	(0.01)	(0.01)	(0.01)	(0.01)
FDI	48.36***	48.30***	48.26***	48.12***	48.03***	47.89***	47.76***	47.59***	47.32***
	(2.25)	(2.27)	(2.27)	(2.27)	(2.27)	(2.27)	(2.27)	(2.25)	(2.23)
TTC									
TTC_{t-1}									
TTC_{t-2}									
TTC_{t-3}									
TTC_{t-4}									
TTC_{t-5}									
TTC_{t-6}									
TTC_{t-7}	0.80**								
	(0.31)								
TTC_{t-8}		0.85**							
		(0.32)							
TTC_{t-9}			0.90**						
			(0.34)						
TTC_{t-10}				0.96**					
				(0.35)					
TTC_{t-11}					1.04**				
					(0.36)				
TTC_{t-12}						1.12**			
						(0.37)			
TTC_{t-13}							1.20**		
							(0.38)		
TTC_{t-14}								1.28***	
								(0.39)	
TTC_{t-15}									1.37***
Overall R^2	0.466	0.466	0.466	0.466	0.467	0.467	0.467	0.467	0.468
χ^2	907.4***	898.2***	894.5***	895.9***	895.6***	893.6***	899.9***	908.7***	929.5***
$\Delta\chi^2$	–	–	–	–	–	–	–	–	–
No. of host nations	65	65	65	65	65	65	65	65	65
No. of observations	1205	1192	1179	1166	1154	1141	1128	1115	1100

*, **, and *** denote significance at the 5% level, 1% level, and 0.1% level, respectively.

Standard deviation is in parentheses.

Dummy variables for years between 1983 and 2002 are indicated in "Year effect". "Yes" denotes that at least one of these year dummies has a significant coefficient at the 5% level.

$\Delta\chi^2$ denotes the change of chi-square by adding a variable. This estimate is not applicable for models 5-19 because of sample size change. The data for VCOUT were multiplied by 1000 to improve table viewability.

ゼミや木村先生の指導で学んでいた国際経済学の知識が，アメリカの経営学の博士課程で役に立ったわけだ。

第5節　次なる成果も国際経済学の手法のおかげ

　同じような経緯で，経営学の上位学術誌に論文を掲載したことがもう一度あるので，次にその話をさせていただきたい。

　前節で紹介した研究はピッツバーグ大学の博士課程時代のことだったが，2008年にニューヨーク州立大学バッファロー校に職を得たころ，筆者は先の研究の延長ができないか，と考えていた。

　ここで筆者が持っていた問題意識は，「VC投資のローカル化とグローバル化の関係性を別の角度で捉えられないか」ということだった。そこで思いついたのは，「ローカル性の強いVC投資が国際化するのであれば，そこで重要なのは，『A国とB国の関係性』よりも，『A国のある地域とB国のある地域の関係性』なのではないか」ということであった。

　例えば，VC投資の文脈で重要なのは，「アメリカとインド」とか「アメリカとドイツ」の関係ではなく，「アメリカのシリコンバレーとインドのバンガロール」とか「アメリカのテキサスとドイツのハンブルグ」など，都市と都市の関係のほうが重要ではないかということだ。つまり国際的なVC投資において重要なのは，国境をこえたローカルとローカルのつながりであり，いわゆる「フラットな関係」ではない。特定の地域と地域だけが突出した関係性を持つのだから，むしろイメージとしては「ギザギザ」と言える。そこで，この考え方を「Spiky Globalization（ギザギザした国際化）」と名付けたのである。

　筆者はこの仮説をそのまま統計で検証したかったのだが，アメリカについては地域別（州別）のVC投資データが取れるのだが，それ以外の国では地域別のVC投資データが取れない。そこで折衷案として，アメリカ中心に考えて，「カリフォルニア州と台湾」とか，「マサチューセッツ州とイギリス」「ニュージャージー州とイスラエル」といった，アメリカの特定の「州」と，海外の特定の「国」の間のVC投資で通常より強い関係性が確認できれば，

第 2 章 「国際経済学」と「国際経営学」を跨いだキャリアから見えてきたこと　*37*

それは Spiky Globalization といえるのではないか，と考えたのである。

　では，その「アメリカの州と海外の国の間の VC 投資の関係性」をどう計測するか。ここで筆者が使ったのが，国際貿易論の実証研究で使われる「インテンシティー・インデックス (intensity index)」である。先にも述べたように，筆者は慶應大学の修士課程時代に早稲田大学の浦田先生の手伝いをしており，そこで貿易と直接投資のデータを使ってインテンシティー・インデックスを計算したことがあった。この指数が VC 投資にも使えるのでは，と思いついたのだ。具体的に，この VC 投資研究でのインテンシティー・インデックスは（1）式のように表現できる。

$$VCINT_{i,j} = (VC_{i,j}/VC_{i,world}) / (VC_{us,j}/VC_{us,world}) \qquad (1)$$

　詳しい説明は避けるが，この指数は 1 のとき「ニュートラル」であり，1 より大きいほど，「他の平均的なアメリカの州と海外の国の関係性よりも高いバイアスを持って VC 投資が行われている」と捉えられる。逆に 1 より小さいと，平均より関係性が低いことになる。マドハヴァン教授に加えて，筆者のニューヨーク州立大学バッファロー校時代の同僚だったヨン・リー氏をプロジェクトに誘って，この分析を行った。

　そこで出てきた結果の一部が，表 2 である [3]。タテ軸が国際的な VC 投資が多い国を，ヨコ軸にはアメリカの各州をとっている。これをみていただくと，世界各国とアメリカの各州とのあいだで，特定の国と州が傑出してインテンシティー・インデックスが高いことがわかる。例えば，台湾はカリフォルニア (CA) との結び付きが圧倒的に強い (2.02)。台湾は他のアメリカの州とのインテンシティー・インデックスは 1 以下なので，台湾は VC 投資においてカリフォルニア州（おそらくシリコンバレー）との関係が偏って強いことがわかる。実際，さまざまな事例調査でも，両国・地域の関係性は深いことがよく知られている。

　他にわかりやすいのは，イスラエルとニュージャージー州 (NJ) の関係だろう (2.43)。当時，イスラエルはバイオベンチャーが強く，一方でニュー

---

3)　Iriyama, Yong and Madhavan (2010) Table1 の部分。

表 2 米国地域（州）と海外外国間の VC フローのインテンシティー・インデックス

Rank of nations/economies	Rank of U.S. regions	1 CA	2 MA	3 NY	4 TX	5 NJ	6 PA	7 CT	8 DC	9 IL	10 WA	11 MD	12 CO	13 FL	14 NC	15 MN	16 VA	17 GA	18 MI	19 OH	20 RI
1	U.K.	0.77	1.20	1.09	0.86	1.01	1.84	1.17	0.55	1.02	1.26	1.10	1.05	1.45	1.16	0.86	0.94	0.91	2.92	1.74	1.00
2	CANADA	0.78	1.23	0.72	1.50	0.90	1.24	0.91	0.35	1.99	2.36	1.67	1.25	1.30	1.11	1.10	1.86	1.41	0.89	1.39	0.84
3	ISRAEL	0.90	1.19	1.09	1.09	2.43	0.60	0.45	0.35	0.75	0.35	1.41	0.57	0.54	1.11	2.09	1.70	1.18	0.58	0.65	0.17
4	GERMANY	0.88	1.53	0.67	1.50	1.67	0.69	0.83	0.55	0.98	1.10	0.57	1.29	0.90	1.09	0.14	1.11	1.15	0.61	0.27	1.58
5	FRANCE	1.24	1.00	0.69	0.70	0.63	0.53	1.46	1.39	1.23	0.46	0.24	1.13	1.06	1.46	0.27	0.28	0.29	0.64	0.35	3.33
6	JAPAN	1.44	0.69	0.91	0.87	0.33	0.45	0.76	0.33	0.11	1.30	1.20	1.19	0.76	0.61	0.95	0.66	0.34	0.00	0.61	0.26
7	TAIWAN	2.02	0.34	0.15	0.54	0.65	0.36	0.22	0.15	0.46	0.09	0.38	0.40	1.14	0.69	0.43	0.00	0.16	0.00	1.38	0.00
8	CHINA	1.35	0.20	1.57	0.38	0.00	0.13	1.44	3.42	1.00	0.41	1.15	0.88	0.12	0.32	0.16	0.16	0.17	1.79	1.21	0.00
9	SINGAPORE	1.67	0.40	0.64	1.21	0.41	0.28	0.51	0.43	0.62	0.22	0.56	0.82	0.80	0.32	1.00	0.88	0.36	0.24	0.32	0.83
10	SWITZERLAND	1.00	1.00	0.68	0.90	0.92	1.18	0.27	0.27	0.93	2.14	1.40	0.49	1.94	1.84	0.52	3.29	2.66	0.50	1.35	1.30
11	NETHERLANDS	0.65	1.42	0.78	1.13	1.43	2.05	1.09	0.70	1.43	0.62	0.65	3.54	1.38	1.86	2.11	0.61	1.47	0.00	0.00	1.92
12	AUSTRALIA	1.49	0.62	0.61	0.36	0.07	0.45	1.83	0.11	0.34	0.95	0.00	0.89	0.17	0.20	1.47	0.44	3.66	0.60	0.41	0.00
13	INDIA	0.97	0.34	2.22	0.36	1.12	0.63	1.09	3.09	0.23	0.41	0.57	0.15	0.68	0.41	0.63	0.89	1.16	0.61	0.82	0.00
14	HONG KONG	1.25	0.36	1.42	0.93	0.74	0.25	2.61	0.93	0.32	0.78	0.00	1.06	0.00	0.58	1.79	0.31	0.33	0.43	2.90	0.00
15	SWEDEN	0.87	0.90	1.49	0.66	1.24	1.22	1.47	1.83	1.02	1.24	1.71	0.90	0.25	1.23	0.00	0.00	0.35	1.82	0.00	0.79
16	BELGIUM	1.12	1.10	0.37	1.34	1.23	0.17	1.00	0.20	1.45	0.76	3.91	1.92	0.00	1.87	1.55	0.82	1.70	0.00	0.75	1.94
17	SOUTH KOREA	1.40	0.47	0.95	1.00	0.44	0.00	0.85	4.09	0.22	1.88	0.83	0.29	0.99	0.40	0.00	0.43	0.00	0.00	0.00	0.00
18	IRELAND	0.76	0.83	1.09	0.16	0.81	8.39	0.47	0.48	1.95	0.00	1.23	0.97	0.00	1.33	1.37	0.00	0.00	0.00	0.89	2.29
19	DENMARK	1.23	0.69	0.43	0.36	2.78	0.67	2.16	0.55	0.00	1.70	0.35	0.00	0.00	4.05	3.14	0.00	0.00	0.75	0.00	0.00
20	BRAZIL	0.25	1.33	2.69	2.31	0.00	0.48	0.57	1.75	0.89	0.00	0.75	1.97	1.34	2.15	0.00	0.59	2.44	0.00	0.00	2.79

Note: We collected the VC data from *VentureXpert*. We aggregated the VC bilateral flows over 1995–2006 for each U.S. region–foreign nation pair and generated the bilateral intensity index according to Equation 1.

ジャージー州はバイオベンチャーの集積地であった。このように分析結果からは，明らかにアメリカの特定の州と特定の国との間で強いバイアスのある関係性が存在する，ということが示されたのである。つまり Spiky Globalization と言えるのではないか，ということだ。

さらに筆者たちは，このインテンシティー・インデックスを先ほども出てきた各国とアメリカの州の間の移民データでも計測し，そしてこれを説明変数，一方で VC 投資のインテンシティー・インデックスを被説明変数としたグラビティ・モデルを作って回帰分析を行った。結果，やはり両者にはプラスの関係があることが示されたのである。

この研究成果を論文にして，『ストラテジック・アントレプレナーシップ・ジャーナル』というアントレプレナーシップ（いわゆる起業論）のランク上位の学術誌に投稿したところ，こちらもかなりスムーズに掲載が決まった。ホームランとまでは言えないが，SEJ はかなり上位の学術誌なので，三塁打くらいの成果とは言えるだろう。

またしても，国際経済学の手法を経営学の文脈に置き換えた研究で，結果を出せたのである。筆者にとっては慶應大学のゼミ，大学院修士課程時代に国際経済学から学んだものが，その後の経営学での初期のキャリアに寄与しているのである。似て非なる学術領域を渡り歩いた，プラスの成果といえる。

第 6 節　世界の経営学の現状と，経営学との違い

ここまで読んでいただければ筆者が 20 代で国際経済学を学んでいたことが，後に経営学に転向した時に大きくプラスに寄与したことが理解していただけたのではないだろうか。この経験から，二つの学術領域を跨いできた研究者として，両者の違いや今後の可能性を整理してみたい。まず広範な経営学と経済学の違いについて特に理論面について述べ，その後で実証研究の側面について述べる。

まず理論については，拙著『世界標準の経営理論』（入山 2019）で経営学と経済学の関係を丁寧に紹介しているので参照していただきたい。同書で述べたのは，経営学は明確に応用分野である，ということだ。一方，経済学は

「人はどのようにものを考え，行動するのか」ということにしっかりとした基板を持った分野である。経営学はその経済理論を「借りて」使っているのだ（実際に，Theory Borrowing という）。

経営・ビジネスは，結局は人と組織が行うことである。現実の人・組織の考え，行動は曖昧だ。だからこそ，「人は根本的にものごとをどう考えがちなのか」についてしっかりとした基盤が必要になる。（古典的な）経済学なら，それは「合理性」ということになる。合理性という基盤があるからこそ，研究者全員が一定の前提を共有し，また数学モデルが可能となる。一方の経営学は，ビジネス・経営という現象面をなぞる学問で，この基盤が曖昧になりがちなのだ。そこで世界標準の経営学では，経済学，心理学，社会学という別の学術分野から理論を借りているのが現状だ。

詳しくは『世界標準の経営理論』をお読みいただきたいが，まず経営学では，経済学をベースにした経営理論が多くある。例えば「SCP（structure-conduct-performance）」がその代表だ。SCP は経済学の産業組織論がベースになっている。他にも，取引費用理論やエージェンシー理論など，いわゆる「組織の経済学」もよく応用される。

経営学の中でも，心理学を重視する研究者のあいだでは，認知心理学の応用が盛んである。経済学でも行動経済学が台頭してきているが，経営学ではハーバード・サイモンなどを祖に持つ認知心理学をそのまま応用している。日本のビジネス界で有名になった「両利きの経営」などが，これにあたる（ちなみに「両利きの経営」という日本語訳を作ったのは筆者である。英語では「Ambidexterity」という）。

次に，社会学ベースである。日本で持たれているイメージと異なるかもしれないが，アメリカの社会学研究は，日本の社会学に比べて「科学化」が進んでおり，トップクラスの研究者は『サイエンス』に論文を載せるほど厳密な研究をする。特に最近は，ソーシャル・ネットワークに関する研究などが盛んだ。経済学でも最近は「ソーシャル・キャピタル」という概念が使われるようだが，元々シカゴ大学のロバート・コールマンなどの社会学者が提示したものだ。

いずれにせよ世界標準の経営学は，経済学，心理学，社会学から理論的な

考えを借りてきているのである。

では次に，実証研究はどうだろうか。先に述べたように，筆者は経営学の実証研究のレベルの成熟度は経済学よりもかなり遅れていると理解している。しかし，ここまでのことを考えると，この理由も納得もいくのではないだろうか。

なぜなら，そもそも経営学は学際領域で，依拠する理論ドメインが複数ある。そして異なる理論アプローチの検証には，異なった実証研究の手法が使われるのが通常だ。つまり経営学は，かなり広範な，多様な実証研究アプローチが同居する学問領域なのである。経済学の「計量経済学（エコノメトリクス）」のように，その分野独自の手法を深く追求するようにはなっていない。結果，こちらも他分野の実証研究を後追いするため，どうしてもレベルが遅れがちになるのである。

まず，経済学ベースの理論を使う経営学者は，やはりエコノメトリクスを実証研究で使うことが多くなる。例えば筆者が博士課程に進学し出したころから，経営学でも内生性や因果推論の問題が検討されるようになってきた。いうまでもなく経済学では，これらの問題の処理には非常に厳密な手段が採用される。経営学でも重要視されてはいるが，IV（操作変数）の妥当性など様々な点で，経済学より「緩い」印象を筆者は持っている。最近では『オーガニゼーション・サイエンス』という経営学のトップ学術誌が因果推論を重視しており，DiD（Difference-in-differences）などの厳密な手法を使って因果推論を行わない論文は採用しない流れに，ようやくなりつつある。

次に，心理学ベースの理論を使う経営学者は，質問表調査を行った上での共分散分析（因子分析や Structure Equation Model など）が多くなる。これは心理学では，「信頼」「モチベーション」「自己効力感」など，心理概念の特定化と定量化が重要なためだ。加えて，心理実験を用いた研究も非常に多い。

最後に社会学分野では，ソーシャル・ネットワークのデータなどを使って，それらのデータをエコノメトリクスや共分散分析に当てはめる手法などが多い。

加えていえば，世界標準の経営学では，インタビュー調査などの定性分析も未だに主要な研究手法として残っている。経営学はビジネス事象や人の心

理の深いところまでに肉薄する必要があり，場合によっては定性調査でない
とできない研究テーマも多いのである。とはいえ，近年の定性調査の作業は
むしろ定量分析より大変といってよく，場合によっては一つの研究で数百人
へのインタビューが行われるほどになっている。

　また近年の新しい手法としては，経済学と同様に経営学でも機械学習の導
入が始まっている。さらに神経科学の視点も取り込まれ出している。とはい
え fMRI で人の脳波の動きを観察するシンプルなものが多く，本場の神経科
学者から見るとかなり遅れている状況のようだ。

第7節　経済学者は経営学にもっと貢献できる

　さて，本章のここまでの議論をまとめてみよう

・経営学は多くの場合，理論表記に自然言語を使う。数学と比べると論理構
　成の厳密性は失われるが，他方で概念の定義など，自然言語ならではの難
　しさがある。
・経営学の理論の多くは，経済学，心理学，社会学からの借り物である。
・経営理論が他分野からの借り物であるため，実証研究手法も分散化してい
　る。定性調査も含めた実証研究のアプローチの多様さが，経営学の特徴と
　言える。
・結果，実証研究の厳密性や新しい手法の導入は，他分野の後追いになりが
　ちである。
・筆者の場合は，まさにこの「後追い」の状況をうまく活用し，経営学での
　業績につなげることができた。具体的には，グラヴィティ・モデルやイン
　テンシティー・インデックスなどを VC 投資に当てはめることで，研究者
　として駆け出しのころの業績を作った。

　この「実証分析の手法における経営学の後追い」の傾向は，経営学でも，
国際経営学でも，今後も続くはずだ。そこで筆者が期待したいのは，国際経
済学を専門とする研究者で，もしモチベーションがある方がいたら，ぜひ経

営学の学術誌にも投稿されてはどうかということである。

　ここまで述べてきたように，実証研究手法において経済学は常に経営学の先を行っている。中でも理論の貢献よりも，実証面での貢献が大きい研究，特に企業レベルデータを使った研究は，経営学のトップ学術誌に掲載される可能性が十分にある。

　実際，最近は経済学者が，経営学のトップ学術誌に投稿する頻度は明らかに増えている。例えば『マネジメント・サイエンス』はもともと経営学のトップ学術誌だが，最近はむしろ経済学者の方が掲載人数が多いかもしれない。さらに，先に述べた国際経営論のトップ学術誌である『ジャーナル・オブ・インターナショナル・ビジネス・スタディーズ』にも，経済学者が論文を掲載することも多い。逆に筆者の場合，いまは経営学者であるが，経済学の学術誌である『ジャーナル・オブ・ジャパニーズ・アンド・インターナショナル・エコノミーズ』に論文を共著で掲載したこともある[4]。

　このように，特に実証的貢献の強い研究領域において，経済学と経営学の垣根は少しずつ下がってきているようにみえる。筆者の私見では，特に国際経済学（貿易，直接投資，多国籍企業の分野）では今後それがさらに期待できる。今度は，国際経済学における FDI や貿易フローの分析手法を，国境を超えた PE 投資，M&A，VC 投資にあてはめていけば，かなり面白い研究ができるのではないだろうか。まさに筆者がそうやって，経営学でキャリアを築いて来たのだから。

　筆者からみると，最大の壁は学者の知見や能力以上に，経済学者のインセンティブだろう。経済学者もやはり「コミュニティが経済学界の中で閉じがち」だから，経済学の学術誌への掲載が評価されがちで，経営学学術誌への掲載は周囲から評価されにくいはずだ。とはいえ先に述べたように，世界では経営学のトップ学術誌に論文を掲載する経済学者も増えている印象で，今後はこの垣根も下がっていくことが期待できる。

　今後は，日本の国際経済学者と国際経営学者のあいだで，共同研究が進んでいく未来を期待したい。木村ゼミで，木村先生のもとで国際経済学を学ん

---

[4]　Ushijima and Iriyama（2015）

だのがキャリアのきっかけでここまでやってきた「経営学者」としては，特にそれを思う次第である。

参考文献

Grombers and Lerner（1999）*The venture capital cycle*. Cambridge, MA: MIT Press.

Madhavan, Ravi and Akie Iriyama（2009）"Understanding global flows of venture capital: Human networks as the "carrier wave" of globalization," *Journal of International Business Studies* 40, pp. 1241-1259.

Iriyama, Akie, Yong Li and Ravi Madhavan（2010）"Spiky globalization of venture capital investments: the influence of prior," *Strategic Entrepreneurship Journal* 4: pp. 128-145.

入山章栄（2019）『世界標準の経営理論』ダイヤモンド社.

Ushijima,Tatsuo and Akie Iriyama（2015）"The roles of closure and selloff in corporate restructuring," *Journal of the Japanese and International Economies*, 38, 73-92.

第3章

機械産業における国際的生産ネットワークと通商政策

安藤　光代

はじめに

　東アジア（北東アジアと東南アジアを含む）では，グローバル・バリュー・チェーン（GVCs）の精緻な形として，機械産業を中心とした国際的生産ネットワーク（IPNs）が，所得水準の異なる多くの国を巻き込む形で展開されている。新型コロナウィルス感染症（COVID-19）の世界的な蔓延を機に，グローバリゼーションの終焉が声高に叫ばれたり，米中貿易紛争の勃発以来，デカップリングの議論が盛んになっているが，果たして東アジア IPNs は実際どうなっているのだろうか。本章では，このようなリスクに直面した東アジア IPNs に関して，筆者が木村福成教授や他の研究者とともに行った実証研究を中心に，現在利用可能な貿易・企業関連の統計や計量分析の結果から明らかになっていることを紹介していく。

　本章の構成は以下の通りである。第1節では，コロナ禍直前のデータを元に，機械産業における東アジア IPNs の特徴を紹介する。第2節では，そのような東アジア IPNs への COVID-19 の影響について，第3節では，米中貿易紛争として追加関税や輸出規制強化の影響について議論する。また，ここでは，東アジアと北米の生産ネットワークをつなぐメキシコの役割についても言及する。第4節では，自由貿易協定（FTA）の原産地規則（ROO）に着目する。FTA をいかに活用するかは重要な政策論の一つであり，ROO は国際分業体制にも影響を与えうる。ここでは，両地域の生産ネットワークの主要なプレイヤーである日本と米国の FTA に焦点を当て，国際分業という視

点から機械産業の ROO における特徴や両国の FTA 戦略の違いについて議論する。

第1節　機械産業における東アジア IPNs の特徴

　東アジアでは，機械部品・中間財貿易が非常に活発である。図 3−1 は，2019 年における各国の総輸出額・輸入額に占める機械貿易の割合を，部品・中間財と完成品を区別して示したものであるが，東アジアの多くの国がこの図の左側に固まっている。つまり，機械部品輸出比率が，他の地域の国と比較しても高い[1]。しかも，輸出・輸入ともに部品・中間財比率が高い。これらの事実から，東アジアにおける輸出志向型のオペレーションや生産ネットワークの中での活発な双方向取引の存在が示唆される。

　一般に，生産工程レベルでの国際分業は，地理的に近い域内で形成される傾向にある。域外に広がれば，輸送費や通信費等の物理的費用が増し，生産工程間のコーディネートや望ましいタイミングでの部品調達もしづらく，質の高いロジスティクスリンクも不可欠となる。しかし，東アジア IPNs の場合，域内のみならず，域外とのつながりも強い。経済規模や地理的距離などの基本的な要素を考慮した上で機械貿易額を評価するために，Ando, Kimura, and Yamanouchi（2022, 2024）では，重力モデル分析から理論値を推計し，実測値と比較している。東アジアの場合，2019 年の機械輸出額は域内向けで理論値の 1.5 倍，北米向けで 2.1 倍，欧州向けで 1.5 倍と，域内・域外ともに実際の貿易額が理論値を大きく上回っており，域外向けがほぼ理論値水準かそれを大幅に下回っている北米や欧州とは対照的である（表 3−1）[2]。東南アジア諸国連合（アセアン）に限れば，北米向けで 3.4，欧州向けで 2.2

---

[1]　他の地域の途上国については，北米や欧州の生産ネットワークに参加しているメキシコや一部の中東欧諸国において部品輸出比率が高い。メキシコを除く中南米諸国に関しては，その多くで部品の輸入はある程度あるものの輸出はほとんどないことから，輸入代替型のオペレーションが示唆される。

[2]　2021 年の分析では，東アジアに台湾と香港が含まれることや分析対象国が 2019 年の分析と若干異なることに留意すべきだが，2019 年と比べ，東アジアの域内向けや北米向けの値は上昇している。

第 3 章　機械産業における国際的生産ネットワークと通商政策　　47

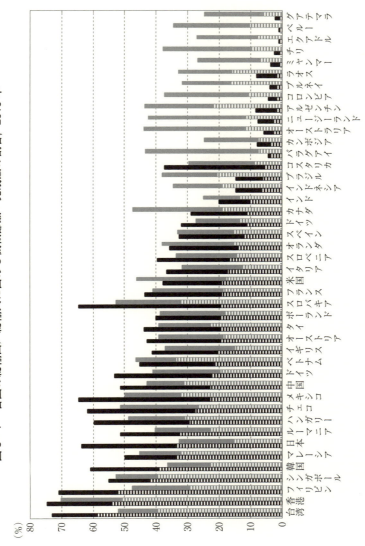

図 3-1　各国の総輸出／総輸入に占める機械部品・完成品の割合，2019 年

資料：UN comtrade を元に筆者作成。
注：台湾のみ 2021 年（BACI データ利用）。

表3-1　2019年における機械貿易マトリックス：実測値と理論値のギャップ

輸入国／輸出国	東アジア					北米	欧州	その他世界	合計
		中国	日本	韓国	アセアン				
東アジア	1.5	1.6	0.8	1.1	2.7	2.1	1.5	1.6	1.6
中国	1.2		0.6	0.9	2.2	1.8	1.4	1.5	1.4
日本	1.4	1.1		0.9	2.8	2.0	1.1	1.2	1.4
韓国	1.9	1.8	0.4		6.3	3.1	1.6	2.1	2.1
アセアン	2.4	2.1	2.1	3.7	2.7	3.4	2.2	2.3	2.5
北米	0.7	0.6	0.4	1.2	1.0	1.0	0.6	0.5	0.8
欧州	1.1	1.2	0.6	1.4	1.3	0.9	1.2	0.8	1.0
その他世界	0.5	0.5	0.3	0.6	0.9	0.4	0.4	0.5	0.5
合計	1.1	0.9	0.6	1.1	1.8	1.1	1.0	0.9	1.0

資料：Ando, Kimura, and Yamanouchi（2022）を元に筆者作成。
注：実測値を理論値で割ったもの。

といずれの値も一段と高い[3]。東アジア諸国は，域内のみならず，北米や欧州の生産ネットワークにとっても重要な供給者となっている。

　また，2019年における機械輸出の上位20ヵ国を産業別，部品・完成品別に見てみると，一般・電気機械，精密機械の部品では半分が，完成品でも3〜4割が東アジア諸国・地域である。コロナ禍以前の時点で，東アジアは，世界のなかでも，特にこれらの機械部品・完成品の供給者として重要な地位を築き，生産ネットワークを活用して高い国際競争力を維持していると言えよう。

第2節　COVID-19と東アジアIPNs

　コロナ禍では，ロックダウン政策や人の移動・対面取引の制限などの特殊性ゆえに，負の供給ショック，負の需要ショック，正の需要ショックという3つのショックが特徴的である（Ando, Kimura, and Obashi, 2021）[4]。このようなコロナ禍においても，東アジアIPNsは，過去のショックと同様，一時的

---

[3]　アセアンの北米向け機械輸出は，たった2年で理論値の3.4倍から4.6倍へと大幅増加している。

第3章　機械産業における国際的生産ネットワークと通商政策　*49*

な負の影響はあっても，むしろ頑強で強靭な性質を，つまり生産ネットワークの中では取引は途切れにくく，途切れたとしても復活しやすいという特性を呈している[5]。

　図3-2は，大規模な生産ネットワークが構築されている東アジア，北米，欧州の機械輸出の動向を示している。産業による違いはあるものの，いずれの地域も2020年4月〜5月を底としてV字回復しているが，なかでも東アジアは他地域より落ち込みがはるかに小さく，回復が速い。特に一般機械完成品は，ノートPCなどへの需要の急増を反映して，2020年4月の時点でコロナ禍前の水準を超え，同年7月には一般機械，電気機械，精密機械の完成品・部品のいずれもほぼコロナ禍前の水準に戻っている。また，もっとも負の影響が大きい輸送機器に関しても，北米や欧州では前年同月比で最大8割ほど減少したのに対し，東アジアでは約4割減にとどまっている。

　その背景にはどのような要因があるのか。日本の機械貿易を分析したAndo, Kimura, and Obashi（2021）では，貿易額が一時的に減少することはあっても生産ネットワークの中での取引関係は途切れにくいことが確認されている。企業は費用削減とリクスマネージメントを考慮しつつ，多大な固定費用をかけて取引関係を築き，生産ネットワークの最適化を図っている。同分析では，テレワークやステイホーム関連などCOVID-19ゆえに特需が生じた製品による正の需要ショックが，負の供給・需要ショックを部分的に相殺したことも明らかになっている。また，世界の主要国を対象とした分析で，COVID-19によって不確実性が急速に高まった時期において部品輸入の多元化が完成品輸出への負の影響を軽減したこと（Ando and Hayakawa, 2022）や，輸入国での電子商取引市場の発展が感染拡大による輸入減少を和らげたこと（Hayakawa, Mukunoki, and Urata, 2023）も統計的に明らかになっている[6]。

---

[4]　2020年前半における負のサプライチェーン効果（部品供給国の感染状況が完成品輸出国の輸出に与えた負の影響）については，Hayakawa and Mukunoki（2021）を参照してほしい。

[5]　アジア通貨危機，世界金融危機，東日本大震災の影響については，例えばObashi（2011），Ando and Kimura（2012），Okubo, Kimura, and Teshima（2014）を，頑強性・強靭性についてはMiroudot（2020）を参照のこと。

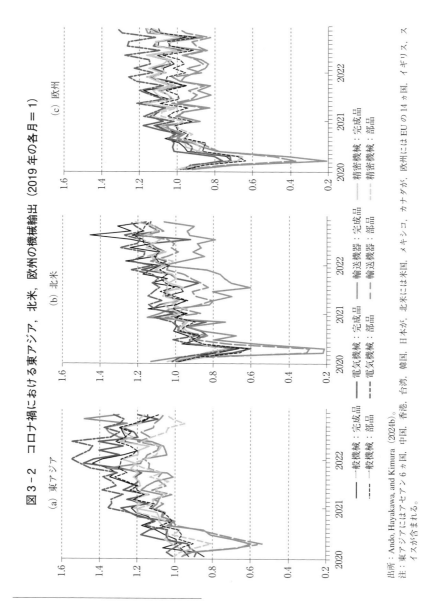

図3-2 コロナ禍における東アジア、北米、欧州の機械輸出（2019年の各月＝1）

出所：Ando, Hayakawa, and Kimura（2024b）。
注：東アジアにはアセアン6ヵ国、中国、香港、台湾、韓国、日本が、北米には米国、メキシコ、カナダが、欧州にはEUの14ヵ国、イギリス、スイスが含まれる。

---

6) フランス企業の統計を用いて中国における感染第1波の影響を分析したLafrogne-Joussier, Martin, and Mejean（2023）では、在庫量の多い企業ほど負の影響が小さかったことが示されている。

第3章 機械産業における国際的生産ネットワークと通商政策 *51*

　東アジアでは，操業規制の例外などといった生産ネットワーク重視の政策対応がとられたことや，他地域より感染拡大が抑えられていたことで負の供給・需要ショックが相対的に小さかったことに加え，正の需要ショック製品や電子商取引がしやすい製品による影響が大きかった。前節で述べたように，東アジアは，特にこれらの機械部品・完成品の供給者として，生産ネットワークを活用して国際競争力を維持しており，それが，コロナ禍での負の影響の抑制につながったと考えられる。

　2021 年になると，デルタ株の出現，コンテナ不足，半導体不足，構造的変化要因（電気自動車（EV）シフトの加速，5G スマートフォン（スマホ）の需要増，HDD 型から SSD 型ノート PC への需要移行など）といった新たな課題も発生し，東アジア諸国の中でも，一時的に輸出が下落した国・業種もある。しかし，他地域と違って，少なくとも東アジア全体としてはコロナ禍前を上回る水準を維持している。2022 年後半には多少スローダウンしているが，その主な要因としては，ノート PC 等による正の需要ショックの恩恵減少，メモリ IC 価格の大幅下落，スマホ輸出の減少（需要減少や中国の主要な工場のロックダウンに伴う供給不足），中国での感染拡大，多少なりとも地政学的緊張の影響などが考えられる[7]。とは言え，2022 年時点では，北米や欧州と比べ，依然として東アジアの好調さがうかがえる。

第3節　米中貿易紛争と東アジア IPNs

　2018 年 7 月以降，米国と中国はお互い相手国からの輸入に対して追加関税を課し，米中間の平均関税率は急激に上昇した。2019 年末の時点で中国の米国向け関税率は約 20%，米国の中国向け関税率は 25%弱に達している[8]。さらに，米国は，安全保障という名目で輸出側からの規制も強化し始めた。Ando, Hayakawa, and Kimura（2024a）が主張するように，少なくとも集計（業種）レベルでは，2022 年までに中国を切り離すようなサプライチェーン

---

[7]　2022 年後半の動向に関する詳細については，Ando, Hayakawa, and Kimura（2024b）を参照のこと。

図3-3 中国の主要貿易相手国・地域別機械貿易

(i) 輸出

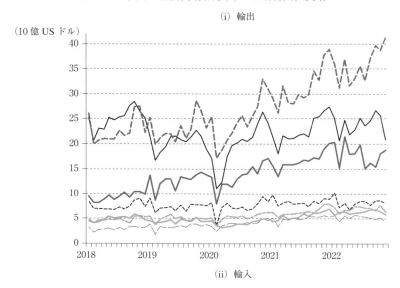

(ii) 輸入

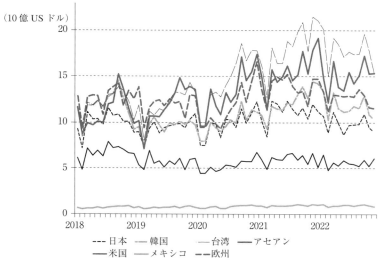

出所：Ando, Hayakawa, and Kimura（2024a）。

第3章　機械産業における国際的生産ネットワークと通商政策　　*53*

のデカップリングを示す明らかな証拠はない（図3-3）。ただし，本節で議論するように，特定企業や特定品目への影響は統計的に認められており，とりわけ2022年10月以降の影響が懸念されている。

3.1　追加関税の影響 [9]

　日本，韓国，台湾については，日本や韓国と異なり，台湾への影響は大きい。例えば，Hayakawa, Yamashita, and Yang（2024）では，中国の対米機械完成品輸出が減少したら中国への機械部品輸出はどうなるか，Yang and Hayakawa（2023）では，中国の代わりに対米輸出が増加するかを検証している。いずれのケースでも日本と韓国には大きな変化が認められなかったのに対し，台湾の場合，中国の対米完成品輸出が減少すると中国向け部品輸出は減少し，中国の代わりに米国向け輸出や中国からの中間財輸入が大きく増加した。

　このような違いの一要因として，中国における現地法人の役割の違いが挙げられる。日系や韓国系は主に中国市場向けの生産基地となっている。一方，台湾系の場合，例えば電気機械や情報通信機械産業では台湾系企業による輸出の7～8割（企業数ベース）が中国で生産されていることからも示唆されるように，中国が重要な輸出拠点になっている。そのため，一部生産ラインを台湾内に移して台湾から輸出するようになり，その生産に必要な中間財の中国からの調達が増えたと考えられる。

　アセアン諸国については，米国の対中追加関税対象品目に関して，中国からの輸入が増加した国と米国への輸出が増加した国があり，前者は米国への輸出の代わりに中国製品が流入した，後者は中国による輸出を代替したと考えられる（Hayakawa, 2022）。また，アセアンにおける直接投資（FDI）や外資系企業の活動の動向を見ると，日系現地法人の場合，進出企業数の増加傾

---

8)　自国民や自国産業への負担については，例えばAmiti, Redding, and Weinstein（2019, 2020），Fajgelbaum, Goldberg, Kennedy, and Khandelwal（2020），Mao and Görg（2020）で，追加関税分がそのまま消費者の負担になっていることや，中国から輸入した中間財を利用して米国で生産される下流製品の近隣諸国への輸出が減少したことなどが明らかになっている。

9)　本項は，安藤・早川（2023）の第2節の分析に基づいている。

向は確認できず，在アセアン製造業現地法人による北米向け販売の割合（総額ベース）も数％程度でほとんど変化がないことから，米中関税戦争を機に，際立って大きな生産・輸出拠点の変化が起きたとは言い難い。一方で，中国系企業などによるアセアン進出の影響は大きいかもしれない。製造業分野において中国や台湾のアセアン向け FDI は確実に増加傾向にある（図3-4）。とりわけベトナムでは中国系製造業企業の増加が顕著であり，例えば，中国本土や香港の在ベトナム製造業現地法人数は，2016 年から 2020 年の 4 年間

図3-4　アセアンの製造業分野における投資国別 FDI 流入額

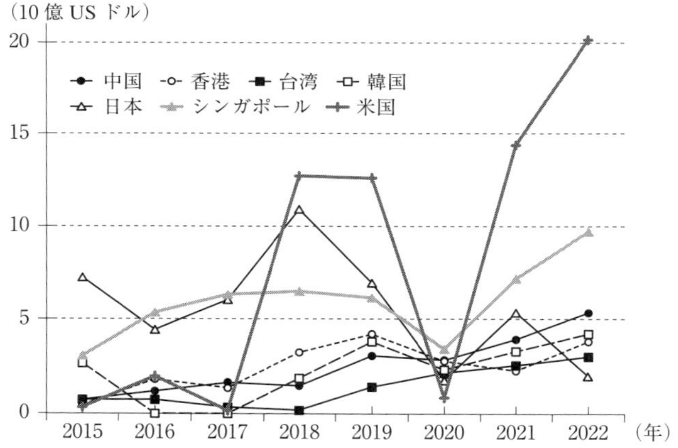

（10 億 US ドル）

資料：ASEANstats。

表3-2　ベトナムの製造業分野における企業国籍別企業数・従業員数

企業国籍	企業数			平均従業員数		
	2016	2020	増加率	2016	2020	増加率
中国本土	862	1,743	102%	304	386	27%
香港	57	125	119%	1,053	958	− 9%
台湾	1,559	1,758	13%	644	626	− 3%
日本	1,160	1,276	10%	472	421	− 11%
韓国	2,210	3,112	41%	527	406	− 23%
米国	104	126	21%	287	388	35%
シンガポール	96	101	5%	428	542	27%
その他	718	849	18%	442	398	− 10%

出所：安藤・早川（2023）。

第3章　機械産業における国際的生産ネットワークと通商政策　　*55*

で倍増している（表3-2）。第2節でアセアンの北米向け機械輸出が2019年からの2年間で理論値の3.4倍から4.6倍に急増していることに言及したが，直近の米国によるアセアン向けFDIの増加に加え（図3-4），中国系製造業企業などのアセアン進出も，アセアンによる米国向け輸出の拡大につながっているかもしれない。

3.2　輸出規制の影響

　米国の輸出管理規制（EAR）では，米国の安全保障・外交政策上の利益に反する顧客等のリスト（エンティティリスト：EL）に載っている者とEAR対象製品の取引をする場合，特定のライセンス条件に従うことが義務づけられている。2019年5月，このELに華為技術（ファーウェイ）グループが追加された。ファーウェイ等のサプライチェーンには日本の大企業も含まれていたが，米国原産品が25%以上含まれる「再輸出品」や米国の技術・ソフトウエアを用いて国外で製造された「直接製品」に該当するケースはまれだったこともあり，2019年に目立った影響は聞かれなかった。2020年5月と8月には，外国直接製品ルール（FDPR）が強化され，ファーウェイ等が生産または購入，注文する部品・装置の開発や製造に「直接製品」が利用される場合にも，事前許可が必要となった。ただし，規制対象はあくまで先端技術が必要な製品であり，輸出品目の技術水準によって個別に審査されるため，実際に不許可になったケースはごくわずかであった[10]。

　ここまでの規制強化の影響は限定的であったとは言え，特定品目においてサプライチェーンを介した間接的な影響が存在することは統計的にわかっている。例えば，Hayakawa, Ito, Fukao, and Ivan（2023）では，電話機関連製品について，輸入国における需要変化や日本における技術変化などの影響を除去した上で，米国のFDPR強化が日本の対中輸出に与えた影響を検証している。その結果，FDPR厳格化後，当該製品の中国向け輸出が2～3割減少

---

[10]　2020年11月9日から2021年4月20日までのファーウェイ向け許可申請は169件で，その69%が承認，28%が差し戻し，1.2%が却下であった。また，2020年12月にELに追加された中国最大の半導体メーカーであるSMIC向けの許可申請（同期間，206件）についても，91%が承認，8%が差し戻し，0.5%が却下であった。

したことが明らかになっている。また，Ando, Hayakawa, and Kimura（2024a）
では，Huawei P30 Pro スマホの部品の半分以上（1,631 点のうち 869 点）が日
本から供給されていることを踏まえ，2020 年 8 月以降のファーウェイ等への規制強化による日本の対中輸出への影響を検証している。その結果，スマホ等の通信装置の生産に必要な SC/IC 集約的な部品（先端技術を使ったスマホ用部品をイメージ）の日本の対中輸出は規制強化後に減少したことや，その輸出減少分が 2019 年の対中総輸出の 3.3% に相当することが明らかになっている。その一方で，先端技術を用いていないスマホ用部品の輸出が増加した可能性も示唆されている。

　より大きな影響が懸念されるのは，2022 年 10 月の規制強化である。米国は，中国を念頭に，最先端の半導体やその製造装置，先端コンピューティング，スーパーコンピュータなどの半導体関連製品に対する輸出規制をさらに強化した。これまではエンドユーザー（最終需要者）を個別に指定する仕組みだったため，規制の対象が特定企業に限定されていた。しかし，この規制強化によって，用途を示すだけで広く網をかけられるエンドユース（最終用途）規制になったため，中国にいる全ての企業が対象となった。また，規制対象品目に上記のような半導体関連製品が追加され，対象製品の中国への輸出は原則不許可となった[11]。

　半導体製造装置は日本にとって重要な輸出品である。当該製品については，日本，米国，オランダの 3 ヵ国だけで世界の輸出総額の 4 分の 3（2021 年）を占めており，中国はその主要な輸出先である[12]。そのため，米国は，日本とオランダにも同様の輸出規制の導入を働きかけ，2023 年，両国は合意し導入した。Ando, Hayakawa, and Kimura（2024b）では，2022 年 10 月の規制強化による米国の半導体製造装置輸出への影響を検証し，その結果，この規制強化によって半導体製造装置の米国の対中輸出が 16～36% 減少したこ

---

[11]　米国製の技術・ソフトウエアを用いて米国外で先端半導体やスーパーコンピュータを製造する場合にも，事前許可申請は原則不許可となった。

[12]　各国の半導体製造装置輸出における中国の割合とその順位は，それぞれ，日本で 36% と第 1 位，オランダで 14% と第 3 位，米国で 31% と第 1 位である（Ando, Hayakawa, and Kimura, 2024b）。

とを明らかにしている。また，同研究において，仮に輸出規制の導入によって日本にも同程度の影響があるとすると，2022年における日本の半導体製造装置輸出総額の5〜11%相当分が減少する可能性が示されている。ただし，日本が当該製品への輸出規制を導入（2023年7月）した後の対中輸出動向を見る限り，少なくとも1年は減少傾向にはないようである。

3.3　メキシコの役割

　本節の最後に，東アジアと北米の生産ネットワークをつなぐメキシコの橋渡し役について議論したい。ここまで述べてきた米中貿易紛争に加え，北米自由貿易協定（NAFTA）に代わる米国・メキシコ・カナダ協定（USMCA）におけるROOの厳格化，COVID-19を契機としたニアショアリング等への機運の高まりなどを背景に，メキシコの橋渡し役としての重要性が高まっている。メキシコの機械輸出を見ると，北米での国際分業体制を反映して，完成品，部品・中間財のいずれも，その8割前後が米国向けである（表3-3）。一方，輸入側では東アジアの割合が高い。2010年以降，中国を含めた東ア

表3-3　メキシコの機械貿易に占める米国と東アジアの割合（%）

	輸出		輸入					
	i) 部品	ii) 完成品	i) 部品			ii) 完成品		
	米国	米国	東アジア		米国	東アジア		米国
				（中国）			（中国）	
(a) 機械全体（HS84-92）								
2010年	79	74	42	(18)	46	36	(22)	44
2019年	79	79	43	(21)	44	44	(26)	36
2021年	81	78	47	(26)	40	50	(33)	32
(b) 電気機械（HS85）								
2010年	76	75	55	(22)	37	48	(35)	43
2019年	79	75	57	(23)	34	58	(40)	33
2021年	79	79	58	(28)	32	68	(49)	26
(c) 輸送機器（HS86-89）								
2010年	85	71	19	(5)	63	20	(2)	42
2019年	80	80	23	(10)	57	31	(11)	30
2021年	84	76	27	(14)	53	27	(10)	34

資料：BACIデータベースを元に筆者作成。
注：中国には香港も含まれる。

58

ジアのメキシコ向け部品輸出は増加しており，2021年時点で機械産業全体では約半分を，電気機械産業では約6割を東アジアが占めている。輸送機器産業では，産業の特性もあって5～6割は米国からの輸入だが，部品輸入における東アジアの比率は確実に上昇している[13]。

また，メキシコ向け機械輸出額の値は，2021年時点で，米国ですら理論値の1.8倍なのに対し，東アジア全体で5.5倍，日本で2.4倍，中国（香港を含む）で5.3倍，韓国で6.4倍，台湾で8.0倍，アセアンで10.4倍である（Ando, Kimura, and Yamanouchi, 2024）。東アジア各国のメキシコ向け機械輸出が，理論値よりはるかに大きく，いかに活発であるかがよくわかる。

なお，中国に着目すると，メキシコ向け機械部品輸出は2019年からの2年間だけでも21％から26％へと増加している。メキシコへのFDI流入総額に占める中国の割合は依然として小さいものの，製造業分野における中国のメキシコ向けFDIは増加傾向にある[14]。中国を含め，東アジアと北米のリンクにおいてメキシコの役割は貿易・FDIを通じて強化されている。

第4節　機械産業における日本と米国のFTA戦略

前節でUSMCAにおけるROOの厳格化について言及したが，最恵国待遇（MFN）関税率より低いFTA税率を利用するには，各FTAで定められたROOに基づいて，そのFTA加盟国・地域内で生産されたことを示す原産地証明の取得が必要となる。そのため，ROOは，必要な規則ではあるものの，条件が満たしにくいものであればFTA税率の利用は難しくなるし，恣意的に使われればROOを隠れ蓑にした保護主義的な手段にもなりうる。

Ando, Urata, and Yamanouchi（2023）によれば，東アジアと北米の生産ネットワークにおいて主要なプレイヤーである日本と米国のFTAにおける品目別原産地規則（PSR）は，とりわけ生産ネットワークが発展している機械産業で両国の違いが顕著である。PSRのうち実質的な変更があったと判断す

---

[13]　中国比率の増加の要因の一つに，EVシフトが挙げられる。

[14]　製造業分野におけるメキシコ向けFDIの動向については，Ando, Kimura, and Yamanouchi（2022, 2024）を参照のこと。

る基準として，関税分類（HS）の規定桁数での変更を要する関税分類変更基準（CTC）（HS2桁基準：CC，4桁：CTH，6桁：CTSH）や必要な域内原産比率を定めた付加価値基準（RVC）などが挙げられるが，日本のFTAでは，機械製品のほとんどに"CTH or RVC"か"CTSH or RVC"という単純な選択的タイプが採用されている（図3-5）。したがって，企業は，製品の性質，生産面での費用構造，情報開示の好み等を考慮してCTCかRVCかを選択できる。日本にとってFTAの利用可能性が高い輸出側の推計結果を見ると，CTHやCTSHは実際に貿易制限度が相対的に低く，このようなCTCと比較的統一的なRVC（HS6桁品目の7割以上で40％基準を採用）の単純な選択的タイプは，予想通り，貿易制限的効果が低いことが統計的に明らかになっている。機械産業においてMFN関税がほぼゼロである日本側と違い，MFN有税品目が多い相手国側にはPSRを厳しくするインセンティブが生じうる。しかし，日本やアセアン諸国は域内の生産ネットワークの重要性を意

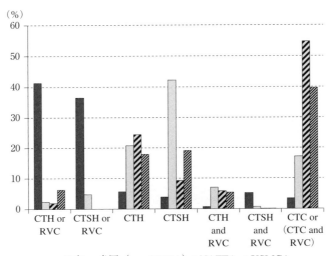

図3-5 機械産業における日本と米国の主なPSRタイプ

出所：Ando, Urata, and Yamanouchi（2023）。
注：non-MENAは中東北アフリカ以外のFTAを指す。ここでは単純化されたタイプを表示しているが，"CTC or（CTC and RVC）"にはさらに例外や許可品目など細かな条件が付随し，実際にはかなり複雑なタイプが多い。

識し，そのさらなる活性化のための FTA の活用を図ってきたために，日本の多くの FTA では，GVCs/IPNs フレンドリーな，より貿易制限度の低いPSR の設計が実現していると考えられる。

　一方，米国の FTA では機械製品の多くに特殊なタイプ（"CTC or（CTC orRVC)"）が適用されている。米国の "CTC or（CTC and RVC)" には，実際には，さらに例外や許可品目など細かな条件が付随し，かなり複雑な PSRになっているものが多い。このタイプは米国の輸出側において貿易制限性が高いことが統計的に確認されており，それが，MFN 平均関税率は全産業と機械産業であまり変わらないにもかかわらず，輸出側の FTA による貿易拡大効果が（全産業と比べて）機械産業で格段に低い要因の一つになっていると考えられる。また，NAFTA から USMCA に改訂された際，自動車産業を中心に，一部の品目の PSR でさらに厳しい条件が追加されたり，より満たしづらいような変更が加えられた。域内の国際分業さえも阻害しうる PSRも含まれている。米国は，貿易制限的で複雑な PSR を設計し，むしろ貿易保護の手段としているようである。機械産業における国際分業という視点から見ると，両国の FTA 戦略は明らかに対照的である。

おわりに

　ここまでの議論からも明らかなように，ここ数年，東アジア IPNs を取り巻く環境は大きく変容してきた。しかし，機械産業における東アジア IPNsは，コロナ禍においても頑強で強靭であり，また，米中貿易紛争に関しても，特定企業や特定品目への影響は確かに認められるものの，少なくとも集計レベルでは，2022 年時点でサプライチェーンのデカップリングを示すような明らかな証拠は見受けられない。とは言え，第 3 節でも言及したように，2022 年 10 月の米国による輸出規制強化は，それまでとは比べられないほどの影響が懸念されるような規制変更であることも事実である。米国の働きかけに応じて，日本も，2023 年 7 月に先端半導体の製造装置など 23 品目を輸出管理の規制対象に加えている。

　今後，輸出管理規制の影響はさらに大きくなるかもしれないが，規制対象

第 3 章　機械産業における国際的生産ネットワークと通商政策　　*61*

は必要最低限とし，対象外の分野においては，ルールに基づく国際貿易秩序
の確保が必要である。そういう意味でも，依然として FTA を効果的に活用
する意義はある。また，第 4 節で議論したように，ROO は GVCs/IPNs フ
レンドリーにも貿易保護の手段にもなり得る。大きなコストを払って FTA
を締結し，その効果に期待するならば，自由化の水準を上げるだけでなく，
複雑なタイプや貿易制限的なタイプを避け，よりシンプルで使い勝手の良い
ROO の設定が望まれる。

参考文献

Amiti, M., S. Redding, and D. Weinstein（2019），"The Impact of the 2018 Tariffs on
　　Prices and Welfare," *Journal of Economic Perspectives*, 33(4), pp. 187-210.

Amiti, M., S. Redding, and D. Weinstein（2020），"Who's Paying for the US Tariffs? A
　　Longer-Term Perspective," *AEA Papers and Proceedings*, 110, pp. 541-46.

Ando, M., and F. Kimura（2012）"How Did the Japanese Exports Respond to Two Cri-
　　ses in the International Production Networks? The Global Financial Crisis
　　and the Great East Japan Earthquake," *Asian Economic Journal*, 26(3), pp.
　　261-287.

Ando, M., F. Kimura, and A. Obashi（2021）"International Production Networks Are
　　Overcoming COVID-19 Shocks: Evidence from Japan's Machinery Trade,"
　　Asian Economic Papers, 20(3), pp. 40-72.

Ando, M., F. Kimura, and K. Yamanouchi（2022）"East Asian Production Networks Go
　　Beyond the Gravity Prediction," *Asia Economic Papers*, 21(2), pp. 78-101.

Ando, M., F. Kimura, and K. Yamanouchi（2024）"Factory Asia Meets Factory North
　　America: How Far Could Latin America Get Involved in Machinery Produc-
　　tion Networks?," *The Chinese Economy*, 57(4), pp. 246-275.

Ando, M. and K. Hayakawa（2022）"Does the Import Diversity of Inputs Mitigate the
　　Negative Impact of COVID-19 on Global Value Chains?," *The Journal of In-
　　ternational Trade and Economic Development*, 31(2), pp. 299-320.

Ando, M., K. Hayakawa, and F. Kimura（2024a）"Supply Chain Decoupling: Geopoliti-
　　cal Debates and Economic Dynamism in East Asia," *Asian Economic Policy
　　Review*, 19(1), pp. 62-79.

Ando, M., K. Hayakawa, and F. Kimura（2024b）"The Threat of Economic Deglobalization from Cold War 2.0: A Japanese Perspective," *Asian Economic Papers*, 23(1), pp. 46-65.

Ando, M., S. Urata, and K. Yamanouchi (2023) "Dissimilar FTA Strategies of Japan and the United States: An Analysis of the Product-Specific Rules of Origin," *Asian Economic Papers*, 22(3), pp. 97-126.

Fajgelbaum, P., P. Goldberg, P. Kennedy, and A. Khandelwal (2020), "The Return to Protectionism," *Quarterly Journal of Economics*, 135(1), pp. 1-55.

Lafrogne-Joussier, R., J. Martin, and I. Mejean (2023) "Supply Shocks in Supply Chains: Evidence from the Early Lockdown in China," *IMF Economic Review*, 71, pp. 170-215.

Hayakawa, K. (2022), "The Trade Impact of U.S.-China Conflict in Southeast Asia," IDE Discussion Papers 873, IDE-JETRO.

Hayakawa, K. and H. Mukunoki (2021) "Impacts of COVID-19 on Global Value Chains", *The Developing Economies* Volume 59, Issue 2, pp. 154-177.

Hayakawa, K., K. Ito, K. Fukao, and D. Ivan (2023), "The Impact of the Strengthening of Export Controls on Japanese Exports of Dual-use Goods," *International Economics*, 174, pp. 160-179.

Hayakawa, K., H. Ju, N. Yamashita, and C. Yang (2024), "Ripple Effects in Regional Value Chains: Evidence from an Episode of the US-China Trade War," *The World Economy*, 47(3), pp. 880-897.

Hayakawa, K., H. Mukunoki, and S. Urata (2023), "Can E-commerce Mitigate the Negative Impact of COVID-19 on International Trade?," *Japanese Economic Review*, 74, pp. 215-232.

Mao, H. and H. Görg (2020), "Friends Like This: The Impact of the US-China Trade War on Global Value Chains," *The World Economy*, 43(7), pp. 1776-1791.

Miroudot, S. (2020), "Resilience versus Robustness in Global Value Chains: Some Policy Implications," in Richard E. Baldwin and Simon J Evenett, eds, *COVID-19 and Trade Policy: Why Turning Inward Won't Work*, a VoxEU.org eBook, CEPR Press.

Obashi, A. (2011) "Resiliency of Production Networks in Asia: Evidence from the Asian Crisis," in *Trade-led Growth: A Sound Strategy for Asia*, S. J. Evenett, M. Mikic, and R. Ratnayake, eds., pp. 29-52.

Okubo, T., F. Kimura, and N. Teshima (2014), "Asian Fragmentation in the Global Financial Crisis," *International Review of Economics and Finance*, 31, pp. 114-27.

Yang, C. and K. Hayakawa (2023), "The Substitution Effect of U.S.-China Trade War on Taiwanese Trade," *The Developing Economies*, 61(4), pp. 324-341.

安藤光代・早川和伸（2023年）「東アジアの生産ネットワークと外的ショックの影響」馬田啓一・浦田秀次郎・木村福成編著『変質するグローバル化と世界経済秩序の行方－米中対立とウクライナ危機による新たな構図』文眞堂.

第4章

米中貿易紛争が多国籍企業活動に与えた影響[*]

早川 和伸

はじめに

　2018年7月以降，米国は通商法301条に基づき，幾度にも渡って中国からの輸入品に対して追加関税を課し，こうした一連の追加関税措置に対抗する形で，中国も米国からの輸入品に対して追加関税を課した。その結果，図4-1に示されているように，たった2年間で米中間の平均関税率は急激に上昇した。2020年2月，米中間で第一段階の経済・貿易協定が発効したこともあり，2020年以降にさらなる上昇は見られないが，貿易紛争前に比べて依然として高い水準が続いている。こうした関税による輸入規制に加え，米国は輸出管理規則の強化を通じて，米国から中国への先端製品の輸出も規制している。2020年以降は輸入規制よりも輸出規制が強まっている。

　こうした関税率の急上昇を背景に，多くの研究がその貿易効果を分析している。これまでの研究において，主に二種類の貿易効果が示されている。第一は，米中間の貿易に与えた，直接的な影響である。追加関税を課した品目について，米国の輸入が減少したことが Amiti et al.（2019, 2020），Fajgelbaum et al.（2020）などによって，中国の輸入が減少したことが Ma et al.（2021）などによって示されている。さらに，これら貿易額の減少は貿易量の減少により起きており，貿易単価は有意に変化していないことが示されている。貿易額の減少について，Handley et al.（2023）によると，米国の中国からの輸

---

[*]　本章の初出は『三田学会雑誌』116巻4号である。

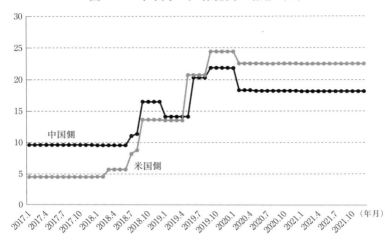

図4-1 米中間の平均関税率の推移（%）

出所：米国および中国の官報をもとに筆者作成。

入額の減少は，既存の貿易ペアにおいて取引額が減少したことよりも，貿易関係自体がなくなったことによる影響のほうが量的に大きい。一方，貿易単価が変化していないことは，追加関税分が輸入国側で負担されていることを意味する。とくに Cavallo et al.（2021）は，米国の輸入において，小売価格も変化が小さいことから，小売業者による負担が大きいことを示した。Jiao et al.（2024）による中国輸出企業 600 社に対するアンケートによると，この原因として，72%の企業が「さらなる価格低下を行うには利潤マージンが既に低すぎる」と回答している。

第二は，第三国と米中との間の貿易に与えた，間接的な影響である。Hayakawa et al.（2024）と Yang and Hayakawa（2023）によると，米国側の追加関税は，日本や韓国の米国向け輸出や，中国向け中間財輸出に大きな変化をもたらしていない。一方で，台湾については，中国向け中間財輸出は減少しているが，米国向け輸出，さらには中国からの中間財輸入が増加していた。こうした違いの理由の一つに，中国における現地法人の役割の違いが挙げられる。在中国の日系，韓国系現地法人は主に中国市場向けの生産基地となっている。一方，台湾系現地法人は主として米国市場向けの輸出基地となって

いるため，追加関税によって中国からの対米輸出が難しくなった。その結果，一部生産ラインを台湾内に移して台湾から輸出するようになり，その生産に必要な中間財をすべて台湾内で調達しきれないために中国からの部品調達が増えたと考えられる。

またASEAN諸国については，米国が中国に追加関税を課した製品に関して，一部のASEAN諸国から米国への輸出が増加していることが明らかになっている（Hayakawa 2022）。さらに，そうした品目ほど，中国からの輸入も増加しており，米国による追加関税の回避を目的とした中国からの迂回輸出が含まれていることを示唆している。同様にAlfaro and Chor（2023）は，米国において中国からの輸入が減っている品目ほど，ベトナムとメキシコからの輸入が増えていることを示した。とくに，ベトナムからの輸入増加は，より上流，労働集約度が低い，追加関税が高い品目で増加している一方，メキシコからの輸入増加はより下流，労働集約度が高い，追加関税が高い品目で増加していた。

以上の米中貿易紛争に関する一連の研究に対して，本章では多国籍企業活動に対する影響を分析する。上記の通り，多くが貿易に対する影響を分析した研究であり，多国籍企業活動に焦点を当てた研究はほとんどない。しかしながら，Brainard（1997）をはじめとする関税回避（Tariff jumping）仮説の文献で示されているように，中国の関税が上昇すれば，米国企業は代わりに現地生産・販売を拡大させているかもしれない。そこで2012年から2020年までの日米欧企業による海外現地法人の売上額を分析することで，米中貿易紛争後，米国が中国市場アクセスおいて相対的に現地販売を増加させているかを実証的に分析する。

本章の構成は以下の通りである。次節では多国籍企業の販売動向を概観する。第2節で実証分析のフレームワークを説明した後に，第3節で推定結果を紹介する。最後に結論を述べる。

第1節　多国籍企業の動向

本節では，日欧米諸国の多国籍企業の動向，具体的には売上額の傾向を概

観する。米国の統計は，商務省経済分析局による，「U.S. Direct Investment Abroad（USDIA）」の「Activities of U.S. Multinational Enterprises（MNEs）」から入手する。これは回答義務のある統計であり，米国人が直接，間接に10%以上の議決権を持つ海外事業所の情報が含まれている。欧州の統計は，ユーロスタットの「Foreign affiliates of EU enterprises‐outward FATS（fats_out）」から入手する。欧州各国居住者が，直接，間接に50%以上の議決権を持つ海外事務所が対象であり，従業員数や売上額に対する質問は回答義務を有する。日本の統計は経済産業省による，「海外事業活動基本調査」から入手する。日本側出資比率が10%以上の外国法人，日本側出資比率が50%超の海外子会社が50%超の出資を行っている外国法人が対象である。一般統計のため回答義務はないが，回答率は75%程度となっている。

これら3ヵ国・地域における，2012年から2021年までの，投資国，ホスト国，年別の海外現地法人売上額を用いる。産業は製造業に限定する。いずれの統計においても，ゼロに近いなど，秘匿されている観測値は分析上，欠損値として扱う。ゼロと記録されている観測値については，そのまま分析用データセットに含める。また，これら各国・地域の統計に加え，OECDのAMNEデータベースも補完的に利用している。具体的には，各国・地域の統計で秘匿されているが，AMNEデータベースにデータが示されている場合は，そのデータを分析用データセットに含めている。ただし，AMNEデータベースで報告されている統計は，50%超の出資を行っている海外子会社に限定されているため，米国系事業所を中心に，今回用いている各国・地域の統計とわずかに定義が異なる。

図4-2は，海外現地法人の全世界売上額に占める，中国およびメキシコにおける売上額シェアの推移を示している。中国は，中国本土に加え，香港を含む。日米に加え，欧州企業としてドイツのシェアを描いている。まず中国については，絶対値として，日本のシェアが圧倒的に高い。米独は10%程度であるのに対して，日本は20%超であり，日系海外現地法人の売上額が，中国に偏っている様子が分かる。また，期間を通じて23%程度で安定していたが，2020年以降，26%程度に上昇している。一方，絶対値としては日本よりも10%ポイント程度低いものの，米独における中国シェアは期間を

第4章　米中貿易紛争が多国籍企業活動に与えた影響　69

図4-2　海外現地法人の全世界売上額に占める，中国およびメキシコにおける売上額シェア（製造業，%）

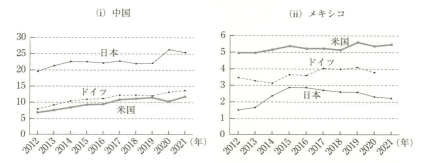

出所：「U.S. Direct Investment Abroad」（米国商務省経済分析局），「Foreign affiliates of EU enterprises - outward FATS（fats_out）」（ユーロスタット），「海外事業活動基本調査」（経済産業省）を用いて筆者計算。

通じて上昇しており，2012年から2021年にかけて5%ポイントほど上昇した。このように，米中貿易紛争の最中でも，中国での売上シェアを増加させている。

　メキシコは，これまで中国を米国市場向け輸出基地としていた企業にとって，米国による中国向け追加関税を避ける生産地として注目されている。国境を接する隣国として，米国が最も高いシェアを示しているが，中国向けのシェアに比べると小さく，5%程度である。近年では，ドイツで4%程度，日本で2%となっているが，中国向けのシェアに比べると3ヵ国間で大きな違いはない。米国では2019年以降，わずかに上昇が見られ，ドイツでは2015年以降，徐々に増加傾向を示している。日本では2012年から2015年まで増加傾向にあったが，その後，わずかに低下が続いている。このように，少なくとも2021年時点までは，米中貿易紛争により，メキシコへの生産シフトが起きたとは言えない。

　次に，図4-3はASEAN 4ヵ国における売上額シェアを示している。ASEANは，メキシコ同様，米国による追加関税を回避する生産地として注目を浴びている。ここではとくにインドネシア，マレーシア，シンガポール，タイの4ヵ国について図示している。最も注目を浴びているベトナムについ

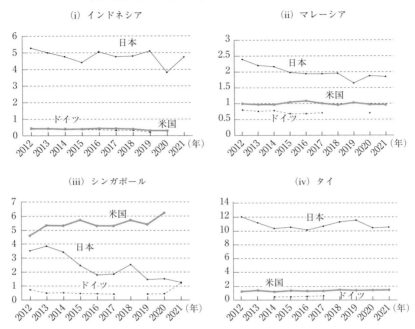

図4-3 海外現地法人の全世界売上額に占める，ASEANにおける売上額シェア（製造業，%）

出所：「U.S. Direct Investment Abroad」（米国商務省経済分析局），「Foreign affiliates of EU enterprises - outward FATS（fats_out）」（ユーロスタット），「海外事業活動基本調査」（経済産業省）を用いて筆者計算。

ては，欧米のデータでベトナムでの売上額が欠損値になっているため，扱わない。地理的，文化的距離の近い日本が，シンガポールを除くと最も高いシェアを示している。とくにタイでは10%程度となっている。しかしながら，日本のASEANにおける売上額シェアが，近年，特別に上昇しているという傾向は見えない。シンガポールにおいては，米国が日本よりも高いシェアを示し，また日本は低下傾向が見られる一方で，米国はわずかながら上昇傾向にある。以上，全体としては，近年，特別にASEANシフトが起きているようには見えない。

以上の分析では，各国での海外現地法人の売上額を標準化するために，全世界での売上額を用いてきた。図4-4では，当該国での海外現地法人の売

図4-4　中国向け売上額に占める，海外現地法人の売上額シェア（製造業，%）

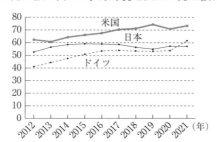

出所：「U.S. Direct Investment Abroad」（米国商務省経済分析局），「Foreign affiliates of EU enterprises – outward FATS（fats_out）」（ユーロスタット），「海外事業活動基本調査」（経済産業省），Global Trade Atlas を用いて筆者計算。

上額と当該国向け輸出額の合計額を用いる。海外現地法人が現地市場向け販売のみ行っているならば，本指標は当該国市場に対して，輸出と現地生産・販売のいずれのチャネルを主に用いているかを示すことになる。輸出額の統計は Global Trade Atlas（S&P Global）より入手する。貿易統計における HS コードの 16 類から 24 類，および 28 類以降をまとめて製造業とみなす。図 4-4 では中国向けを対象にしている。近年ではいずれの国も 50% を超えており，現地販売のほうが輸出よりも多い。とくに米国は 2014 年以降，増加傾向にあり，近年では 70% を超えている。一方，日本は 2018 年以降，わずかに減少傾向にある。ドイツは 2016 年までは上昇傾向にあり，その後はしばらく変化がなかったが，2021 年に大きく上昇している。以上より，図 4-2 とともに，米中貿易紛争下において，米国企業による中国での現地販売の拡大が観察されている。

第2節　推定フレームワーク

本節では，米国による中国向け販売が，米中貿易紛争後，どのように変化したかを回帰分析する。製造業に限定し，以下の式を推定する。

$$\frac{FDI_{ijt}}{FDI_{ijt} + Export_{ijt}} = \beta \cdot US_i \cdot CN_j \cdot D2018_t + \gamma \cdot RTA_{ijt} + u_{it} + u_{jt} + u_{ij} + \epsilon_{ijt}$$

FDI_{ijt} は i 国の j 国における現地法人の t 年における売上額を示し，$Export_{ijt}$ は i 国から j 国への t 年における輸出額を示す。つまり，被説明変数は，i 国の企業が j 国市場において，輸出に比べ，どれだけ現地生産・販売を通じて販売しているかを示す。以後，この変数を FDI シェアと呼ぶこととする。US_i は国 i が米国であれば 1 を取るダミー変数，CN_j は国 j が米国であれば 1 を取るダミー変数，$D2018_t$ は 2018 年以降であれば 1 を取るダミー変数である。この交差項により，2018 年以降，米国企業による中国市場へのアクセスがどのように変化したかを調べる。以後，i 国を自国，j 国を相手国と呼ぶ。

このように FDI シェアを被説明変数に用いた研究は，関税回避の文献で多く見られる。はじめに述べたように，米中貿易紛争では，2018 年以降，米国が中国製品に対して追加関税を課し，それに対抗して中国も米国製品に対して追加関税を課している。そのため，米国企業は 2018 年以降，中国に輸出する際には追加関税を支払う必要があり，多くの先行研究が示すように，輸出は減少している。そこでもう一つの販売チャネルである，在中国の現地法人による現地販売の魅力が相対的に高まり，これが代わりに増加していることが期待される。つまり，β は正に推定されることが期待され，それは米中貿易紛争が FDI シェアを上昇させていることを意味する。

その他の変数は以下の通りである。RTA_{ijt} は自国と相手国の間に t 年に地域貿易協定（RTA）が結ばれていれば 1 を取るダミー変数である。RTA により特恵関税率が利用できるようになることで，輸出額が増加するはずであり，被説明変数である FDI シェアは低下する。したがって，γ は負が期待される。u_{it}，u_{jt}，u_{ij} はそれぞれ自国×年の固定効果，相手国×年の固定効果，国ペアの固定効果である。自国×年の固定効果は自国における生産コスト（賃金など），相手国×年の固定効果は相手国における需要規模や生産コスト，そして国ペアの固定効果は時間に対して平均的な輸送コストなどをコントロールすることが期待される。この式を最小二乗法（OLS）により推定する。

FDI シェアに関するデータは前節と同様のソースから入手している。前節で述べたように，海外現地法人の売上額には欠損値が多い。これが欠損していない国ペア・年に限定して推定を行う。そうした国ペア・年には海外現地法人の売上額がゼロの観測値も含まれるが，結果として輸出額がゼロの観測

第 4 章　米中貿易紛争が多国籍企業活動に与えた影響　　73

値は含まれていない。したがって，本分析で用いるデータセットでは，FDI
シェアはゼロにはなりえるが，1 にはならない。28 ヵ国の自国，46 ヵ国の
相手国，2012 年から 2020 年の 9 年を含む。

自国：　AT, BE, BG, CY, CZ, DE, DK, EE, ES, FI, FR, HR, HU, IE, IT, JP,
　　　　LT, LU, LV, MT, NL, NO, PL, PT, SE, SI, SK, US
相手国：AR, AT, AU, BE, BR, CA, CH, CL, CN, CZ, DE, DK, EG, ES, FI, FR,
　　　　GB, HU, ID, IE, IL, IN, IT, JP, KR, LT, LU, MA, MX, MY, NL, NO,
　　　　NZ, PH, PL, PT, RU, SE, SG, SI, SK, TH, TR, US, VN, ZA

　また，FDI シェアにより，相手国市場に対する輸出と現地販売のチャネルの
相対的な貢献を測ろうとしているが，海外現地法人の売上額には，当該進出
国市場向けのみならず，母国や第三国への輸出から得られる売上額も含んで
いる。進出国における低生産コストを目的とした投資が多い場合，この問題
はとくに顕著である。最後に RTA ダミー変数は，Egger and Larch（2008）
の改訂版から入手している。

　本分析における推定値は，米中貿易紛争が与える影響に関する因果関係を
捉えているわけではないことに注意が必要である。さらに，米国に関する交
差項の係数も，米国の FDI シェアに対する絶対的な効果の大きさを示して
いるわけではなく，日本や欧州に対する影響に比べ，どのように乖離してい
るかを示している。米中間の追加関税措置は，在日欧企業にとって直接的な
影響を与えるものではないが，激しさを増す米中貿易紛争がそれら企業に対
してどのような心理的，商業的な影響を及ぼすかは自明ではない。日欧企業
が FDI シェアをどのように変化させるか分からないが，推定値はこれらの
変化に比べた，米国における FDI シェアの変化を捉えている。

第 3 節　推定結果

　推定結果が表 4-1 の（I）列に示されている。交差項の係数は正に有意に
推定されており，2018 年以降，米国から中国への FDI シェアは 7％ポイン

ト程度上昇している。つまり，米中関税戦争後，米国企業は中国市場に対して，輸出ではなく，現地販売を相対的に増加させており，関税回避仮説と整合的な結果になっている。RTAダミーの係数も正に有意に推定されており，3％ポイント程度上昇している。先に述べたように，RTAはFDIシェアを低下させることを期待していたが，逆の結果を得たことになる。これは，Baek and Hayakawa（2022）が日本を対象に示したように，RTAが海外進出に伴う固定費を大きく減少させていることを示しているのかもしれない。これにより，輸出に比べ，現地販売が増加している。

表4-1にはさらに2種類の分析結果が示されている。（II）列では，日本およびドイツを自国とした場合の交差項も加え，米国との違いを調べている。米国の交差項の係数は変わらず7％ポイント程度の有意な上昇を示している。日本の交差項の係数は有意でない一方，ドイツの交差項の係数は正に有意に推定されており，3％ポイント程度の上昇が見られる。したがって，ドイツ企業も，その他欧州企業に比べると，近年，中国に対するFDIシェアを増加させている。

表4-1　海外現地法人売上額シェアに対する推定結果（OLS）

	（I）	（II）	（III）	（IV）
US*CN*D2018	0.0736***	0.0747***	0.0697***	0.0786***
	[0.0117]	[0.0126]	[0.0141]	[0.0125]
RTA	0.0321**	0.0320**	0.0344*	0.0117
	[0.0155]	[0.0156]	[0.0188]	[0.0200]
JP*CN*D2018		−0.007		
		[0.0152]		
DE*CN*D2018		0.0259**		
		[0.0127]		
相手国	全て	全て	高所得	低所得
観測値数	7,999	7,999	5,396	2,793
自由度調整済決定係数	0.979	0.979	0.977	0.982

注：被説明変数はFDIシェアであり，全推定において，自国×年，相手国×年，国ペアの固定効果をコントロールしている。標準誤差は国ペアでクラスタリングしている。（III）列では相手国に高所得国と中国を含み，（IV）列では相手国に低所得国と中国を含む。
***，**，*はそれぞれ統計的有意水準1％，5％，10％を表す。

（III）列と（IV）列では，中国以外の相手国を高所得とそれ以外に分け，別々に推定している。いずれも中国を相手国として含む。相手国における生産コストが低いと，相手国市場への現地販売を目的とした投資ではなく，自国や第三国向け輸出額を含む可能性が高まることに対応した推定である。とくに低所得国における現地法人は後者を目的としている可能性が相対的に高い。しかしながら，両列とも，米国の交差項の係数は有意に推定されており，いずれも 7-8% ポイントの上昇を示している。

これまでの推定では，2018 年以前と以後を比較した。次に，米国の中国市場アクセスが時系列でどのように変化しているかを連続的に調べるために，以下の式を推定する。

$$\frac{FDI_{ijt}}{FDI_{ijt} + Export_{ijt}} = \sum_{\substack{k=2012 \\ k \neq 2017}}^{2021} (\beta_k \cdot US_i \cdot CN_j \cdot D(k)_t) + \gamma \cdot RTA_{ijt} + u_{it} + u_{jt} + u_{ij} + \epsilon_{ijt}$$

$D(k)_t$ は t 年が k 年であれば 1 を取るダミー変数である。2017 年の係数をゼロと基準化している。図 4-5 は交差項の係数の時系列変化を図示したものである。米国の中国向け FDI シェアは，2020 年にわずかに低下しているものの，2013 年以降，2019 年まで一貫して上昇している。したがって，これ

図 4-5 米国の交差項の係数推移

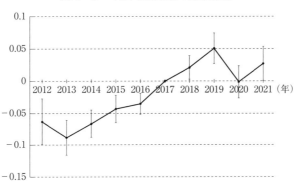

資料：筆者による推定値。
注：縦線は 95% 信頼区間を示す。

までの推定結果が，米中貿易紛争に起因したFDIシェアの上昇というよりは，2010年代の米国の一貫した傾向として，中国市場での現地化が進んだ結果かもしれない。ただし，米中貿易紛争以前において，いかなる要因が現地化を促しているのかは明らかではない。

　以上の分析により，米国の中国向けFDIシェアの増加を確認したが，この増加が輸出の減少によるのか，現地販売の増加によるのか，もしくはいずれも減少するが現地販売の減少のほうが程度が小さいのか，区別できない。そこで，次のように，現地販売額と輸出額をそれぞれ被説明変数にした式を擬似ポワッソン最尤法（PPML）で推定する。

$$FDI_{ijt} = \exp(\beta_1 \cdot US_i \cdot CN_j \cdot D2018_t + \gamma_1 \cdot RTA_{ijt} + u_{it} + u_{jt} + u_{ij}) \cdot \epsilon_{ijt}$$
$$Export_{ijt} = \exp(\beta_2 \cdot US_i \cdot CN_j \cdot D2018_t + \gamma_2 \cdot RTA_{ijt} + u_{it} + u_{jt} + u_{ij}) \cdot \epsilon_{ijt}$$

推定結果は表4-2に示されており，輸出額に対する結果が（I）列，現地販売額に対する結果が（II）列に示されている。結果として，米国は2018年以降，中国向け輸出を有意に減少させており，在中国現地法人の売上額は有意に増加している。多くの固定効果を入れているため，被説明変数のバリエーションに応じて，いくつかの観測値が推定から除外されるが，とくに現地販売額における推定において，除外された観測値数が多い。そこで，現地販売額における推定に含まれた国ペア・年に限定し，輸出額を対象に推定し

表4-2　輸出額，海外現地法人売上額に対する推定結果（PPML）

	（I） Export	（II） FDI	（III） Export
US*CN*D2018	− 0.2110***	0.1041***	− 0.2073***
	[0.0310]	[0.0374]	[0.0313]
RTA	0.0807***	0.1152**	0.0807***
	[0.0288]	[0.0534]	[0.0294]
観測値数	7,999	4,232	4,232
擬似決定係数	0.999	0.997	0.999

注：被説明変数はFDIシェアであり，全推定において，自国×年，相手国×年，国ペアの固定効果をコントロールしている。標準誤差は国ペアでクラスタリングしている。
***，**はそれぞれ統計的有意水準1%，5%を表す。

た結果が（III）列に示されている。（I）列と変わらず，米国は 2018 年以降，中国向け輸出を有意に減少させている。

おわりに

　本章では米中貿易紛争後，米系を中心に，多国籍企業の中国における現地生産・販売がどのように変化しているかを実証的に分析した。その結果，米国企業は現地販売を輸出に比べて増加させていることが明らかになった。ただし，この増加傾向は米中貿易紛争以前から観察されており，特別，米中貿易紛争後に加速したという事実はない。そのため今後の課題としては，米中貿易紛争に起因した変化をより捕捉することであろう。そうした変化の特定に際して，貿易に対する分析では，品目レベルの追加関税率の違いなどが利用されているが，多国籍企業の売上額データは，産業レベルになると欠損がますます多くなる。さらに，産業分類も非常に粗い。したがって，貿易に対する分析とは異なった方法を模索する必要がある。

参考文献

Alfaro, Laura and Davin Chor（2023）"Global Supply Chains: The Looming 'Great Reallocation'," NBER Working Papers 31661, National Bureau of Economic Research, Inc.

Amiti, Mary, Stephen J. Redding, and David E. Weinstein（2019）"The Impact of the 2018 Tariffs on Prices and Welfare," *Journal of Economic Perspectives*, 33(4), pp. 187-210.

Amiti, Mary, Stephen J. Redding, and David E. Weinstein（2020）"Who's Paying for the US Tariffs? A Longer-Term Perspective," *AEA Papers and Proceedings*, 110, pp. 541-546.

Baek, Youngmin and Kazunobu Hayakawa（2022）"Fixed Costs in Exporting and Investing," Discussion papers 22023, Research Institute of Economy, Trade and Industry（RIETI）.

Brainard, S. Lael（1997）"An Empirical Assessment of the Proximity-Concentration Trade-off between Multinational Sales and Trade," *American Economic Re-*

view, 87(4), pp. 520-544.

Cavallo, Alberto, Gita Gopinath, Brent Neiman, and Jenny Tang (2021) "Tariff Pass-Through at the Border and at the Store: Evidence from US Trade Policy," *American Economic Review: Insights*, 3(1), pp. 19-34.

Egger, Peter H. and Mario Larch (2008) "Interdependent Preferential Trade Agreement Memberships: An Empirical Analysis," *Journal of International Economics*, 76(2), pp. 384-399.

Fajgelbaum, Pablo D., Pinelopi K. Goldberg, Patrick J. Kennedy, and Amit K. Khandelwal (2020) "The Return to Protectionism," *Quarterly Journal of Economics*, 135(1), pp. 1-55.

Handley, Kyle, Fariha Kamal, and Ryan Monarch (2023) "Supply Chain Adjustments to Tariff Shocks: Evidence from Firm Trade Linkages in the 2018-2019 U.S. Trade War," NBER Working Papers 31602, National Bureau of Economic Research, Inc.

Hayakawa, Kazunobu (2022) "The Trade Impact of U.S.-China Conflict in Southeast Asia," IDE Discussion Papers 873, Institute of Developing Economies.

Hayakawa, Kazunobu, Ju-hyun Pyun, Nobuaki Yamashita, and Chih-hai Yang (2024) "Ripple Effects in Regional Value Chains: Evidence from an Episode of the US-China Trade War," *The World Economy*, 47(3), pp. 880-897.

Jiao, Yang, Zhikuo Liu, Zhiwei Tian, and Xiaxin Wang (2023) "The Impacts of the U.S. Trade War on Chinese Exporters," *The Review of Economics and Statistics*, 106(6), pp. 1576-1587.

Ma, Hong, Jingxin Ning, and Mingzhi Xu (2021) "An Eye for an Eye? The Trade and Price Effects of China's Retaliatory Tariffs on U.S. Exports," *China Economic Review*, 69: 101685.

Yang, Chih-hai and Kazunobu Hayakawa (2023) "The Substitution Effect of U.S.-China Trade War on Taiwanese Trade," *The Developing Economies*, 61(4), pp. 324-341.

第 5 章

経済制裁の限界
──経済学的視点からの再検証

久野　新

はじめに [1]

　2022 年 2 月に始まったロシアのウクライナ侵攻から 2 年 9 ヵ月が経過した。ロシアがウクライナ国境付近に多くの兵士を集結させていることにつき，米国政府が初めて公に懸念を示したのは 2021 年 11 月 5 日であった [2]。翌 12 月以降，米国と欧州連合（EU）は，もしもウクライナに侵攻するならば前例のないほど強力な経済制裁を科すとロシアに繰り返し警告した [3]。しかし，こうした制裁の「脅し」にもかかわらず，翌年 2 月 21 日，プーチン大統領はウクライナ東部への派兵を決定した。

　以降，米国，EU およびその加盟国，日本を含む西側の有志国（以下「西側諸国」）は予告どおりロシアに制裁を科し，2025 年 1 月現在もこれを続けている。しかしながら，制裁の結果としてプーチン氏の権力基盤が揺らいでいる兆しは依然として見られず，ロシア軍がウクライナから撤退する動きも確認されていない。それどころか，国際通貨基金（IMF）が 2024 年 10 月に発表した経済見通しによれば，2024 年のロシアの実質国内総生産（GDP）

---

1)　西側諸国が 2022 年末までに発動した対ロシア経済制裁の個別措置の概要とその予備的な評価については，久野（2022）を参照のこと。
2)　日本経済新聞「米「ロシア軍が異常な活動」ウクライナ国境付近で」2021 年 11 月 6日。
3)　日本経済新聞「ウクライナ侵攻なら対ロ制裁　米国務長官が警告：2 日にロシア外相と会談へ」2021 年 12 月 2 日。

成長率は 3.6％と高く，失業率も 2.6％と非常に低い水準となることが見込まれている（IMF 2024）。この間，経済制裁に期待される役割も徐々に変化してきた。当初は，ウクライナ侵攻を食い止める抑止の手段として，そしてウクライナ侵攻後は，ロシア経済を大きく混乱させ，プーチン大統領の権威を失墜させる手段として期待されていた。現在では，ロシアの継戦能力を長期的に奪うための手段として期待されている。

制裁標的国（targeted country，以下「標的国」）が企む「望ましくない行動」を事前に抑止し，またはその行動を撤回させる手段として期待されていた対ロシア経済制裁は，なぜ十分な成果をあげることができなかったのだろうか。また，一般的に，経済制裁の「脅し」や発動が効果を発揮するためにはどのような条件が必要なのだろうか。今回のロシア制裁の経験から，日本はどのような教訓を引き出すべきなのだろうか。本章では，経済学の視点からこれらの問いを考察する。

第 1 節　制裁の「脅し」の有効性：理論的枠組み

経済制裁を発動する国（sanctioning countries，以下「発動国」）にとって理想的な状況とは，「制裁を科す」と脅すだけで，実際には制裁を発動することなく標的国が「望ましくない政策」を撤回する状況だろう。前述のとおり，2021 年末以降，米国と EU は「ウクライナへの侵攻があれば同志国とともに強力な経済的措置で対抗する」とロシアに対して繰り返し警告してきた。しかし，プーチン大統領はウクライナ侵攻を選択し，西側諸国は自国経済にも大きな負担を強いる制裁を発動せざるを得ない状況に追い込まれた。西側諸国による制裁の「脅し」はなぜ効果を発揮できなかったのだろうか。Eaton and Engers（1999）は，ゲーム理論の枠組みを用いて，経済制裁の「脅し」が成功するために満たすべき条件として，以下の 3 つを提示している。

第一に，制裁が実施された場合に標的国が「望ましくない政策」を実施することが割に合わない状況が生まれることである。つまり，脅しが成功するためには，制裁が発動された場合に「望ましくない政策から得られる利得」を上回る損失を被ってしまう，と標的国に思わせる必要がある。今回のケー

スに当てはめると，西側諸国が制裁を発動した場合，「ウクライナ侵攻によって得られる戦略的利益」が「制裁による損失」によって帳消しにされる，とロシアが認識していたかが焦点となる。

　第二に，制裁の実施が発動国自身にとっても割に合うことである。つまり，制裁の脅しが実際に実行されるためには，「制裁が成功した場合に発動国が得る利得」が，「制裁に伴い発動国自身が被る損失」を上回る必要がある。今回のケースでは，ウクライナ侵攻を抑止することで西側諸国が得る利得が，制裁によって被る損失（いわゆる「返り血」）を上回るかどうかが問題となる。西側が浴びる返り血としては，たとえばロシアとの貿易が規制・縮小されることで，西側諸国の消費者や企業が物不足や価格上昇に直面するといった影響が考えられる。もしも返り血の規模が大きすぎる場合，そうした制裁の実施は発動国内で政治的な支持を得ることが困難となり，実行に移されないか，不完全な形での実施にとどまる可能性がある。

　第三に，発動国と標的国が互いの損得勘定を正しく理解していることである。特に，発動国が標的国にとっての戦略的利益を過小評価したり，制裁が標的国にもたらす損失を過大評価していた場合，提示する制裁メニューは抑止力として不十分なものとなる。以上の3つの条件のうち，いずれか1つでも満たされなければ，制裁の「脅し」はその有効性を失うこととなる。

第2節　ロシアに対する制裁の脅し：有効性の検証

　以下では，前節で提示した枠組みを用いて西側諸国によるロシアへの「脅し」が機能しなかった理由について考察する。

2.1　第一の条件

　まず，第一の条件，すなわち西側諸国が予告していた経済制裁のメニューが，ロシアにとってウクライナ侵攻を割に合わないものとするほどの政治経済的コストをもたらし得たか否かについて検討する。前提として，以下の理由からロシアにとってウクライナ侵攻の戦略的価値は極めて大きかったと考えられる。

第一に，北大西洋条約機構（NATO）は加盟国間での集団的防衛を義務づけているため，領土紛争を抱えた国を新規加盟国として迎え入れることは事実上困難である。換言すれば，ロシアはウクライナ侵攻を実行することで「ウクライナのNATO加盟」という安全保障上の脅威を阻止することが可能となる。第二に，2014年に親ロシア派のヤヌコヴィッチ政権が崩壊して以降，ウクライナでは親欧米化が進行し，ロシアの影響力は徐々に低下していた。ウクライナを侵攻することで，ロシアはウクライナ東部の親ロシア地域を中心に影響力や領土を拡大することが可能となる。第三に，いわゆる「特別軍事作戦」の実施は，ロシア国民の愛国心を刺激し，プーチン政権の求心力を高めるという副産物を得られるかもしれない。

　では，侵攻前に西側諸国が示唆していた制裁メニューは，極めて大きな戦略的価値を伴うウクライナ侵攻を諦めさせるほど十分な損失をロシアに与えうる内容だったのだろうか。米国がロシアに対する経済制裁を初めて公の場で示唆したのは2021年12月1日，NATO外相理事会におけるブリンケン国務長官（当時）の発言であったが，その内容は「これまで控えてきた影響力の大きい経済措置を含め，断固として対応する」といった抽象的な表現にとどまっていた[4]。その後，西側諸国は段階的に制裁案を公表した。たとえば，民間軍事会社ワグネルに対する資産凍結・渡航制限，ロシアのSWIFT（国際銀行間通信協会）からの排除，半導体などハイテク製品のロシアへの輸出規制，さらにはプーチン大統領個人に対する制裁案などである。しかし，結果的にはいずれもプーチン氏の損得勘定を覆すほど強力な内容ではなかった。

　加えて，2014年のクリミア併合時に西側諸国が発動した経済制裁が中途半端な内容であったこと（van Bergeijk 2022），NATO非加盟国であるウクライナには米軍を派遣しないとの方針をバイデン大統領が早期に明言していたこと[5]，さらに制裁参加国が一部の西側諸国に限定されていたことは，いずれも制裁によりロシアが被る損失の期待値を低下させ，ロシアの侵攻決断を後押しした可能性もあろう。

---

[4]　前掲注3。

[5]　日本経済新聞「バイデン氏，ウクライナへの軍派遣否定　ロシア侵攻でも」2021年12月9日。

2.2　第二の条件

　第二の条件，すなわち制裁発動は発動国自身にとっても割に合う，という
条件は満たされていたのだろうか。EU や日本は化石燃料の一部をロシアに
依存していたため，ロシアからのエネルギー輸入の即時全面停止など，ロシ
ア経済に最大級のダメージを与えうる制裁を発動した場合，一部 EU 加盟国
や日本自身も大きな損失（返り血）を被ることは明白だった。その結果，「脅
し」のフェーズにおいては，第一の条件，すなわちロシアに最大の打撃を与
える一部制裁は回避され，発動国への返り血を抑えるような制裁メニューの
みが選択・提示された。この意味において，第二の条件を優先した代償とし
て，第一の条件が満たされなくなったともいえよう。

　なお，公共選択論に基づく理論研究でも，民主主義国家においては，発動
国自身に大きな損失をもたらす制裁は政治的に支持されにくい可能性が指摘
されている（Kaempfer and Lowenberg 1988）。今回の対ロシア経済制裁におい
ても，ロシアにとって最大の輸出先市場であった EU は，経済的・政治的混
乱という代償を払ってまでロシアからの輸入を即時かつ完全に停止すること
はできなかった。

2.3　第三の条件

　最後に第三の条件，すなわち両陣営が相手の利得を正しく把握していたか
について検討する。西側諸国は，ロシアが認識するウクライナ侵攻の戦略的
価値を過小評価する一方で，自らが仄めかしていた制裁がロシアに与える損
害の規模を過大評価していた可能性がある。後者については，たとえば中国
やインド，東南アジア諸国の多くが制裁に参加せず，西側諸国とロシアとの
あいだの従来の貿易を代替する可能性，あるいはそれらの国々を経由して西
側諸国からロシアへの迂回輸出が発生する可能性について十分議論していな
かったかもしれない。またロシアの SWIFT からの排除も，西側諸国への返
り血を抑えつつ相手に大きな打撃を与える非対称的手段として期待されたが，
迂回送金ルートや代替決済手段の登場により，当初想定していたほどの混乱
をロシアに与えることはできなかった。

2.4 小括

　以上，西側諸国による「脅し」が効かなかった理由として，第一と第三の条件が満たされていなかった可能性について指摘を行った。とりわけ今回のケースでは，第一の条件（標的国に十分な打撃を与えること）と第二の条件（発動国自身への返り血を回避すること）を同時に満たすような非対称的な制裁手段を提示できなかった。また，制裁参加国同士の利害調整が複雑化する問題も露呈した。たとえば，ロシアとドイツを結ぶ新たなガス・パイプライン「ノルドストリーム 2」の稼働中止をドイツが表明したのは，ウクライナ侵攻当日のわずか 2 日前であった[6]。これは，稼働を中止させたい米国とドイツとのあいだの調整が難航した結果とされる。

　一方，西側諸国は当初から，経済制裁の「脅し」の抑止効果が不十分である（ウクライナ侵攻は止められない）ことを想定していた可能性もある。先行研究によれば，経済制裁は標的国の行動を変えることだけでなく，国際社会，同志国，そして自国の有権者に対して毅然とした態度や連帯感を示すこと，および第三国による将来の問題行動を牽制することを目的として発動される可能性も指摘されている（Leyton-Brown 1987）。

第 3 節　経済制裁の有効性とその決定要因

3.1 経済制裁の成功確率

　制裁の脅しを通じた抑止が失敗し，ロシアがウクライナ侵攻を開始すると，西側諸国は予告どおりロシアに対する経済制裁を発動した。こうした制裁はロシアの国民や企業に一定のコストや不便さを与えたものの，プーチン氏の野望を撤回・修正させるには至らなかった。歴史的にみて，こうした状況は例外的なのだろうか。

　過去に発動された 200 以上の経済制裁を分析した先行研究によると，制裁によって標的国が譲歩する確率はわずか 34％とされている（Hufbauer, et al.

6）　日本経済新聞「ドイツ，ロシアとのガス管計画を凍結「弱腰」から転換」2022 年 2 月 23 日。

2007)。裏を返せば，制裁の成功確率は必ずしも高くなく，6割以上の事例
において制裁は失敗しているのである。なお，「経済制裁が成功したか否か」
をどの基準で判別すべきかについては，それ自体が議論の対象となっている。
Hufbauer らの研究では，標的国が「望ましくない政策」を全面的に撤回し
なくとも，経済制裁によって部分的な政策変更や妥協が引き出された場合に
は「成功」と見なしている。言い換えれば，標的国が完全に譲歩した事例の
割合はさらに低くなることに留意すべきである。以下では Hufbauer らの研
究と，多くの実証分析の結果をとりまとめた Peksen（2019）の議論を参考に
しつつ経済制裁の有効性を左右する要因を整理し，対ロシア経済制裁が必ず
しも期待された成果をあげていない原因について検討を行う。

3.2　制裁参加国の範囲

　経済制裁の有効性を左右する第一の要因として，制裁発動国の範囲があげ
られる。既存の実証研究によると，国際機関や地域機構の決定に基づく経済
制裁は，一国単独またはアドホックな有志国による制裁よりも効果的とされ
る。仮に，制裁不参加国や標的国を経済的に支援する国（ブラックナイト）
が多数登場すると，標的国が代替的なモノ，カネ，技術，市場を確保しやす
くなり，「制裁破り」が容易になるためである。また，制裁参加国の数が増
えることで，標的国のリーダーを心理的にも追い詰め，国際的に孤立させる
効果も期待できる。Hufbauer らの研究でも，軍事的な行動に対する制裁の場合，
国連などを通じた多国間制裁は，その他の制裁と比較して成功確率が2倍以
上高まると指摘されている。

　一方，今回の対ロシア経済制裁では，ロシアが国連安全保障理事会の常任
理事国であるため，安保理決議に基づく多国間制裁の発動は不可能であった。
その結果，国連の枠組みのなかで制裁の実施状況を監視することや，制裁違
反国に対して非難や処罰を行うことは制度上困難となった。さらに中国に加
えてインド，ブラジル，インドネシア，トルコ，南アフリカなど，いわゆる
「グローバル・サウス」の国々も経済制裁への不参加を表明し，最終的に対
ロシア経済制裁に参加した国・地域は50弱に限定されることとなった[7]。

3.3 標的国と発動国の政治・経済的な関係

Peksen は，制裁の有効性に影響する第二の要因として標的国と発動国の政治的関係性をあげている。具体的には，標的国が発動国の同盟国・友好国である場合のほうが，標的国が発動国と敵対している場合との比較で制裁は成功しやすいことが報告されている。発動国が同盟国である場合，標的国は両国関係への悪影響を最小化すべく，制裁の後に譲歩して政策を修正する傾向が強い。一方，発動国が敵対国の場合，標的国は経済制裁に屈することで国の威信や国際的な地位が低下する恐れがあることから，制裁に対して頑なに抵抗するインセンティブが働きやすい。今回の対ロシア経済制裁では，発動国はロシアの同盟国でも，価値観を共有する同志国でもなかった。そのため，発動国との良好な関係を維持するためにウクライナ侵攻を諦める，という判断には至らなかった可能性がある。

一方，先行研究によれば，直感に反して，標的国の発動国に対する貿易依存度は制裁の有効性を高めるうえで必ずしも重要でないことが示されている。むしろ，標的国が制裁「不参加国」とのあいだで代替的な貿易関係を築ける場合，そして迂回貿易や密輸が可能な場合，制裁の効果は低下することが報告されている。今回の制裁においても，西側諸国がロシア向けの輸出を規制している軍事転用可能な部品などは，カザフスタン，アルメニア，トルコなど第三国を経由してロシアに流入し続けている [8]。また，ロシアから撤退したはずの西側企業の製品についても，ロシア政府が対抗措置として並行輸入を合法化した結果，少しの追加コストを払えばロシア国内で購入可能な状況が続いている [9]。

なお，制裁を開始した後に制裁不参加国から標的国への輸出が顕著に拡大したことを示す実証分析も報告されている。たとえば Chakrabatri, et al.

---

7) 経済制裁に参加した国・地域としては，米国，EU 加盟国，日本，カナダ，英国，スイス，ノルウェー，アイスランド，リヒテンシュタイン，豪州，ニュージーランド，韓国，シンガポール，台湾などがあげられる。

8) 日本経済新聞「ロシア経済支える仲介貿易急拡大（The Economist）」2024 年 8 月 27 日。

9) 日本経済新聞「制裁効かぬロシア，日独車流通の実態　公開情報で追う」2024 年 12 月 15 日。

（2024）は，インドの企業レベルの月次データを用いて，ウクライナ侵攻後18ヵ月で中立の立場を貫いたインドからロシアへの皮革製品の輸出が，その他世界への輸出と比較して最大334%増加したと結論づけている。このように，第三国は中立を保つことで経済的利益を獲得しやすい状況にあり，そのこと自体，第三国が制裁に加わらないインセンティブを高めている。また，こうした状況は制裁の有効性を低下させると同時に，制裁発動国の損失を増幅させるという問題点も指摘されている（Ghironi, et al. 2024）。

3.4　標的国の政治体制

制裁の有効性に影響を及ぼす第三の要因として，Peksen は標的国の政治体制をあげている。具体的には，民主主義国家は制裁に屈しやすい一方で，一党独裁や軍事独裁の国は制裁への耐性が高いことが示されている。それは何故なのか。

民主主義国家では，外国による制裁によって経済的苦境に立たされた市民や反政府活動家の不満の声や抗議行動を力で封じ込めることは容易でない。そのため，政権維持を最優先する標的国のリーダーは，発動国の要求に従うインセンティブが高まる可能性がある。一方，一党独裁政権や軍事政権の国では，不満や抗議活動を封じ込めるための手段を比較的容易に用いることができる。前述の Hufbauer らの研究でも，民主主義国家に対する制裁の成功確率は47%である一方，専制国家向けでは28%にまで低下し，「いじめっ子（専制国家）を経済的手段でいじめ返すのは難しい」と結論づけている。公正な選挙が実施されず，情報が統制され，政府批判も許されない国家では，経済が疲弊しても国民がリーダーに対して政策変更や退陣を迫ることは容易ではない。

本章の冒頭で述べたとおり，マクロ経済指標を見る限り，ロシア全体が経済的な苦境や危機的状況に陥っていると判断するのは依然として時期尚早である。また，「経済的苦境」を理由に不満や抗議の態度を示している市民がどれだけ存在するかは必ずしも明らかではないが，ウクライナ侵攻後，プーチン政権や戦争に対する抗議運動は事実上禁止され，違反者は拘束されている[10]。結果として，プーチン政権に対して政策変更を迫る政治勢力は限定

的であり，戦争の開始や継続を決定する際の国内政治上の制約は民主主義国家と比較して小さいと考えられる。独裁国家である北朝鮮においても，国連安保理決議に基づく経済制裁の結果，国民は経済的苦境に立たされている。しかし，同国のリーダーが核兵器を含むミサイル開発を中断する兆しは見えていない。

3.5 制裁の目的

　最後に，Peksen は制裁の目的の種類も制裁の有効性に影響を与えると指摘している。具体的には，標的国における政権交代や軍事力の弱体化といった野心的な目標と比較して，政治犯の釈放のような焦点が絞られた目標のほうが，制裁が成功する可能性は高いとされる。Hufbauer らの研究でも，目的が「標的国の軍事的野心を粉砕すること」の場合，制裁の成功確率は21％まで低下すると示されている。過去の事例においても，1980 年のアフガニスタン侵攻をめぐり米国が発動した対ソ経済制裁，および 2014 年のクリミア併合をめぐり西側諸国が発動した対ロ経済制裁は，いずれも相手側の軍事的野心を封じ込めるうえで効果を発揮しなかった（Afesorgbor and van Bergeijk 2022）。大きなリスクを冒してまで一国が軍事的行動を選択する背景には，その先に極めて大きな戦略的価値が認識されている可能性が高い。そして，戦略的価値が拡大するほど，制裁の痛みに耐えることが「割に合う」状況となる。以上を踏まえると，経済制裁によってウクライナ侵攻というロシアの軍事的野心を砕くことは，本質的に難易度の高い挑戦であったといえよう。

おわりに

　本章では，先行研究を踏まえ，経済学的視点から対ロシア経済制裁の有効性を検証した。第 1 節では，ゲーム理論の枠組みを用いて経済制裁の「脅

---

10)　日本経済新聞「ロシア抵抗運動の火は消えず　復活した地下出版物」2024 年 8 月 27 日。

し」が成功するための3つの条件を提示した。第2節では，対ロシア経済制裁においてこれらの条件が同時に満たされなかった理由を考察した。第3節では，先行研究の成果を参照しながら，制裁の有効性に影響を与える要因（制裁参加国の範囲，制裁国と標的国との関係性，標的国の政治体制，制裁の目的）に注目し，制裁によってロシアの軍事的野心を封じ込めることが困難である理由を論じた。先行研究の結果を踏まえれば，今回の事例のように，標的国が軍事的野心を抱く専制国家であり，制裁参加国が一部の有志国に限られ，さらに標的国が代替的な市場や供給源を容易に確保できる場合，経済制裁の成功確率は必ずしも高くないと予想される。

　では，日本が経済的コストを負担しながら対ロシア経済制裁に参加した意義，そして今後も参加し続ける意義をどのように評価すべきだろうか。第一に，たとえ経済制裁という手段でロシアのウクライナ侵攻を抑止・撤回できないとしても，西側の技術や資本に対するアクセスを制限することで，ロシアの長期的な継戦能力や潜在成長率を低下させる効果が期待される。

　第二に，制裁が直接的な効果を発揮しないとしても，同盟国や同志国に対して連帯の意思を示すことの戦略的意義は高い，との考え方も成立する。たとえば，台湾有事が発生した場合，日本は米国だけでなく欧州を含む広範な国際社会からの支持を得る必要がある。そのためには，ウクライナ支援の文脈でも日本が積極的に関与する姿勢を示すことで，西側諸国との信頼関係を構築しておくべきとの考えである。また，西側諸国の結束を示すことが，中国に対する将来の抑止効果を生むとの期待も含まれていたかもしれない。

　第三に，最大の意義は，今回の経験を通じて，経済制裁という手段を操ることの難しさや限界を改めて認識できた点だろう。特に，制裁参加国の範囲が限定的な場合は，「自国経済への損失を抑えながら標的国に最大限かつ持続的な損害を与えられるような非対称的な制裁手段」を見出すことが，米国やEUでさえ容易でないことも確認された。外国の「望ましくない政策」を抑止・撤回する手段としての経済制裁には限界があることが示された今，この経験を教訓とし，日本は外交政策および安全保障政策の役割と戦略を再考する契機とすべきである。

参考文献

Afesorgbor, Sylvanus Kwaku and Peter A. G. van Bergeijk (2022) "Economic Sanctions Will Hurt Russians Long Before They Stop Putin's War in Ukraine (1 March)," *The Conversation* (https://theconversation.com/economic-sanctions-will-hurt-russians-long-before-they-stop-putins-war-in-ukraine-178009), accessed on July 10, 2024.

Chakrabatri, Anindya S., Pavel Chakraborty, and Avi Dutt (2024) "War and Transnational Reshoring," October 8, 2024 (https://ssrn.com/abstract=4979785), accessed on December 5, 2024.

Eaton, Jonathan and Maxim Engers (1999) "Sanctions: Some Simple Analytics," *American Economic Review*, 89(2), pp. 409-414.

Ghironi, Fabio, Daisoon Kim, and Galip Kemal Ozhan (2024) "International Economic Sanctions and Third-Country Effects," *IMF Economic Review*, 72(2), pp. 611-652.

Hufbauer, Gary Clyde, Jeffrey J. Schott, Kimberly Ann Elliott, and Barbara Oegg (2007) *Economic Sanctions Reconsidered, 3rd Edition*, Washington D. C: Peterson Institute for International Economics.

International Monetary Fund (IMF) (2024) *World Economic Outlook*: *Policy Pivot, Rising Threats* (October), Washington, DC. (https://www.imf.org/en/Publications/WEO/Issues/2024/10/22/world-economic-outlook-october-2024), accessed on December 10, 2024.

Kaempfer, William H. and Anton D. Lowenberg (1988) "The Theory of International Economic Sanctions: A Public Choice Approach," *American Economic Review*, 78(4), pp. 786-793.

Leyton-Brown, David (1987) Lessons and policy considerations about economic sanctions. In Leyton-Brown, D. (ed.) *The Utility of International Economic Sanction*. New York: St. Martin's Press. pp. 303-310.

Peksen, Dursun (2019) "When Do Imposed Economic Sanctions Work? A Critical Review of the Sanctions Effectiveness Literature," *Defence and Peace Economics*, 30(6), pp. 635-647.

van Bergeijk, Peter A. G. (2022) "Sanctions against the Russian war on Ukraine could be made to work." *VoxEU Column*, The Centre for Economic Policy Research (https://cepr.org/voxeu/columns/sanctions-against-russian-war-ukraine-could-be-made-work), accessed on November 18, 2024.

久野新 (2022)「対ロシア経済制裁の有効性―予備的評価と展望―」『東亜』665, pp. 18-25.

第6章

データから見る「脱グローバル化」[*]

小橋 文子

はじめに

　グローバルな経済統合の進展はピークアウトしたのではないか。あるいは，少なくとも，頭打ちしたのではないか。一部の有識者が指摘するこうした現象は，「脱グローバル化（deglobalization）」，あるいは，「スローバリゼーション（slowbalization）」と呼ばれている（Irwin 2020）。本章では，貿易統計を丁寧に整理して分析することで，「脱グローバル化」の実態を検討していく。ここで注目するのは，あくまでも，モノ，ヒト，カネ，情報が国境を越えて活発に行き来し，経済活動が地球規模で展開される現象としての，経済のグローバル化である。

　国際経済学の分野では，各国の経済統合の度合いを，GDP（国内総生産）に対する商品貿易額の比率によって測ることが一般的である。「脱グローバル化」をめぐる議論の多くにおいても，簡便な，この従来の尺度が採用されてきた。世界全体の GDP に対する世界の商品貿易総額の比率を計算し，その推移が停滞基調に陥っている点が「脱グローバル化」として強調されてきた。

　世界の商品貿易は，製造品の部品・部分品貿易の急増を推進力に，1990年頃から拡大ペースが加速した。生産工程レベルでの国境を越えた生産分業を通じた活発な中間財貿易は，「第2次アンバンドリング（second unbun-

---

[*]　本章の初出は『三田学会雑誌』116 巻 4 号である。

dling)」（Baldwin 2016），「ハイパー・グローバリゼーション（hyperglobaliza-
tion)」（Rodrik 2011），あるいは，「GVC 革命（Global Value Chain revolution)」
（World Bank Group et al. 2017）などと呼ばれ，現代のグローバリゼーション
を特徴づけるものである。その後，世界金融危機を契機として，2008 年か
ら 2009 年にかけて世界の商品貿易も大幅に縮小した。世界の商品貿易は危
機以前の水準に直ちに回復したものの，対 GDP 比率では緩やかな減少傾向
で推移し，危機以前のような高成長が再び訪れることはなかった。2008 年
を転換点に，急速な商品貿易拡大の時代は終焉したように見えるのである。

　商品貿易拡大が伸び悩んだ背景としては，サブプライム住宅ローン危機を
発端とした世界金融危機による世界的な景気停滞という循環的要因の果たし
た役割が大きいことが知られている（たとえば，Bems, Johnson, and Yi（2013）
によるサーベイを参照）。さらに，世界経済は，COVID-19 によるパンデミッ
クに加え，長期化する米中対立，ロシアのウクライナ侵攻といった地政学的
緊張の高まりにも直面している。他方で，GDP 成長に比べて貿易量の増加
が伸び悩んでいる事実から，貿易の所得弾力性の低下という構造的要因も考
えられる。先行研究では，とくに，経済発展とともに新興国の中間財の国内
供給力が高まったことが，中間財輸入需要の低下，そして，貿易の所得弾力
性の低下を招いていることが指摘されている（たとえば，Constantinescu, Mat-
too, and Ruta 2020）。

　本章は，既存研究の多くで分析対象とされてきた商品貿易のみならず，
サービス貿易にも射程を広げ，「脱グローバル化」が実際に生じているのか，
再検討を試みる。「脱グローバル化」というセンセーショナルな用語がひと
り歩きしている現状を危惧し，データからきちんとその実態を探ろうという
試み自体は，Baldwin, Freeman, and Theodorakopoulos（2024），Evenett（2023），
Goldberg and Reed（2023）といった国際貿易分野の名だたる研究者たちも近
年取り組んでいる。これら先達の取り組みに触発されつつも，本章では，従
来の商品貿易だけでなくサービス貿易も国グループ別，種類別に推移を比較，
分析するとともに，より広い視点から，国際サービス供給のデータも分析対
象としている点に独自性がある。

　商品ならびにサービスの貿易データを丁寧に整理して推移を観察すること

で，グローバルな経済統合は終焉を迎えているのではなく，変容を遂げていることが明らかとなる。国家間の生産環境の差異が国境を越えた裁定取引の機会を生み出す限り，グローバリゼーションは進化し続けるだろう。ただし，モノ，ヒト，カネ，情報は，自由に国境を越えられるわけではない。これまで，技術進歩とともに，国境を越えた経済活動が直面する障壁が克服され，グローバリゼーションが進展してきた。さらなる技術進歩が新たな裁定取引の機会を生み出し，新たな形でのグローバルな経済統合が実現していく。本章のデータ分析から，そうした道筋を考える材料を提供したい。

　本章の構成は以下の通りである。次節では，本章で使用するデータと，その整理，分析の方法について説明する。第 2 節では，貿易データを用いた分析の結果を提示し，考察する。続く第 3 節では，第 2 節で観察された事実を補足する形で，国際サービス供給のデータを用いた分析結果を紹介する。最後に，新たな局面を迎えるグローバルな経済統合をめぐる課題に触れ，結語とする。

第 1 節　使用するデータと分析方法

　本章では，商品貿易データ，国際収支（Balance of Payments：BOP）に基づくサービス貿易データ，そして，国際サービス供給データを用いる。商品貿易データと BOP に基づく（商業）サービス貿易データは，WTO（世界貿易機関）の貿易関連統計ポータルサイトである WTO STATS[1] から入手できる。それぞれ，International trade statistics の Merchandise trade values と Trade in commercial services のカテゴリーにある年次の貿易額データを使用する。集計レベルやデータ項目によってデータが入手可能な期間が異なるが，基本的には，十分にデータが揃って存在する期間はすべて分析対象に含める。国際サービス供給データは，WTO による試験的なデータセットである TiS-MoS（Trade in Services by Mode of Supply）[2] を用いる。

---

[1]　https://stats.wto.org/（2024 年 1 月 7 日アクセス）

[2]　https://www.wto.org/english/res_e/statis_e/daily_update_e/Tismos.zip（2024 年 1 月 7 日アクセス）

94

　経済統合の尺度としては，既存研究に倣い，貿易額の対 GDP 比率を用い
る。貿易額は，輸出額と輸入額の合計額である。GDP データは，世界銀行
が提供するデータベースである WDI（World Development Indicators）[3] から
入手できる。貿易データも GDP データもいずれも米ドル単位の名目値を用
いる。

　データが入手可能なすべての国のデータを用いてデータ整理を行っている
が，以下の節で比較分析を行うにあたっては，Baldwin, et al.（2024）の定義
にしたがって，分析対象国を「先進国」と「途上国」のグループに分ける。
「先進国」は，EU（欧州連合）あるいは EFTA（欧州自由貿易連合）の加盟国，
または，G7，オーストラリア，ニュージーランドとする。その他の国はす
べて「途上国」とする。後者のうち，新興国として，中国，インド，メキシ
コ，ベトナムについては個別に取り上げ注目する。

第 2 節　貿易データから見るグローバルな経済統合の進展

　まず，1972 年から 2022 年にかけてのグローバルな経済統合の進展を概観
しよう。図 6 - 1 の左側のパネルは，従来の尺度である世界の商品貿易対
GDP 比率と，サービス貿易対 GDP 比率の推移を示している。世界金融危機
による貿易縮小から回復した 2011 年以降，商品貿易対 GDP 比率は 2020 年
にかけて低下傾向にあり，2008 年をピークに頭打ちしているようにも見える。
ただし，2020 年から 2022 年にかけては上昇しており，パンデミックにおい
て各国内の供給不足を補うバッファーとして国際貿易が果たした役割が示唆
される。一方で，サービス貿易対 GDP 比率は，水準は商品貿易の 4 分の 1
に過ぎないが，1980 年代後半から 2020 年まで堅調に上昇し続けており，全
くピークアウトしていない。サービス貿易の堅調な上昇は，図 6 - 1 の右側
のパネルからも明らかである。1980 年の貿易対 GDP 比率の値を 100 として，
商品貿易とサービス貿易の推移を比較すると，過去数十年の間，サービス貿

---

[3]　https://databank.worldbank.org/source/world-development-indicators（2024 年 1 月 7
　日アクセス）

易が商品貿易を上回る成長率で継続的に拡大してきたことがよくわかる。以下では、商品貿易とサービス貿易それぞれについて詳しく観察していく。

2.1 商品貿易から見たグローバルな経済統合

　商品貿易対 GDP 比率は世界全体では 2008 年をピークに頭打ちしているようにも見える（図 6-1 左パネル）が、国グループごとの推移は一様ではない。図 6-2 の左側のパネルは、先進国、中国、インド、ベトナム、メキシコ、その他途上国それぞれについて商品貿易対 GDP 比率の推移を示している。先進国全体としては、2011 年以降ほぼ横ばいで推移しているが、個別に注目している新興諸国はそれぞれ特徴的な推移をたどっている。中国、そしてインドでは、2008 年以降に、商品貿易対 GDP 比率の明らかな低下が観察される。一方、ベトナムでは、2008 年から 2010 年にかけて一度落ち込んだものの、その後、危機以前に匹敵するペースで商品貿易対 GDP 比率が上昇し続けている。メキシコについては、世界金融危機の影響はほとんど観察されず、2009 年代以降、従前のペースを上回る形で商品貿易対 GDP 比率が顕著に上昇している。

　また、商品グループごとの推移も一様ではない。図 6-2 の右側のパネル

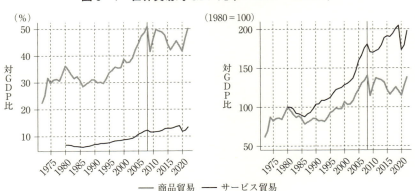

図 6-1　世界貿易対 GDP 比率：1972 〜 2022 年

資料：WTO STATS と世界銀行 WDI のデータを用いて筆者作成。
注：垂直の実線は、世界金融危機が生じた 2008 年を示す。

図6-2 商品貿易対GDP比率：国群別，1972〜2022年（左）；
商品群別，1994〜2021年（右）

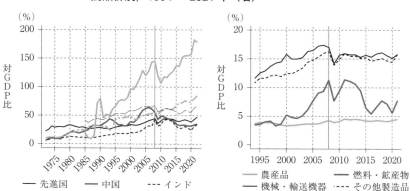

資料：WTO STATS と世界銀行 WDI のデータを用いて筆者作成。
注：垂直の実線は，世界金融危機が生じた 2008 年を示す。

は，農産品，燃料・鉱産物，機械・輸送機器，その他製造品それぞれについて，1994年から2021年にかけての貿易対GDP比率を示している。製造品は2008年以降ほぼ横ばいで推移している一方で，燃料・鉱産物の貿易対GDP比率は，世界金融危機による落ち込みから一旦回復したものの，2011年から2016年にかけて下落している。農産品については，危機の影響をほぼ受けておらず，サンプル期間を通じてほぼ変化せずに推移している。

図6-3では，図6-2の左右のパネルを深掘りして，国グループ別に商品グループごとの貿易対GDP比率の推移を比較している。先進国全体における商品グループごとの推移は，世界全体で観察された推移（図6-2右パネル）に酷似している。その他の国グループについてはそれぞれ特徴ある動きが目立つ。中国では，機械・輸送機器およびその他製造品の貿易対GDP比率が，2006年をピークに，2021年にかけて半減するまで下落している。インドにおいても，世界金融危機から回復した2010年以降，その他製造品について同様の低下傾向が観察される。なお，その他途上国でも，機械・輸送機器が2008年以前から下落しているが，2021年には危機以前の水準に戻っている。中国，インドとは対照的に，ベトナム，メキシコでは，危機後の期間におけ

第6章 データから見る「脱グローバル化」 97

図6-3 商品貿易対GDP比率の国群間比較：商品群別，1994〜2021年

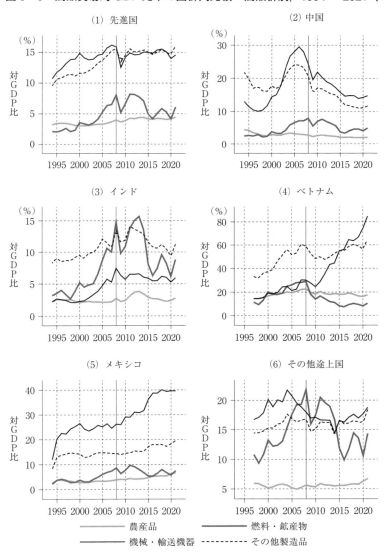

資料：WTO STATSと世界銀行WDIのデータを用いて筆者作成。
注：垂直の実線は，世界金融危機が生じた2008年を示す。

る機械・輸送機器の貿易対 GDP 比率の上昇が顕著である。とりわけ，ベトナムは，2010 年から 2021 年にかけて 3 倍以上の急速な上昇を遂げており，機械・輸送機器の貿易拡大とその重要性の高まりが際立っている。

　以上の図 6-1 から図 6-3 から観察された事実は，商品貿易対 GDP 比率が世界全体では 2008 年に頭打ちしているように見えるが，国グループごと，あるいは，商品グループごとの推移は一様ではないことを明らかにしている。なかでも，製造品，とくに，機械・輸送機器の貿易対 GDP 比率の推移の差異が，国グループごとの推移の差異の大部分を説明していることが窺える。世界全体で商品貿易が頭打ちしている背景として，世界的な燃料・鉱産物貿易の縮小に加え，中国，インドなど大国の新興国における製造品貿易の縮小による影響が大きい。しかし，新興国も一様ではない。ベトナム，メキシコでは，危機以前をはるかに上回るペースで機械・輸送機器の貿易が拡大している。急速な商品貿易拡大の時代は終焉を迎えたというよりも，世界の製造品貿易の担い手が移り変わっている，という見方が妥当ではないだろうか。ベトナム，メキシコ，その他の後進諸国にとっては，製造品貿易拡大の余地はまだ十分に大きい。今後のさらなる製造品の貿易対 GDP 比率の上昇，すなわち，商品貿易から見たグローバルな経済統合の進展が見込まれる。

2.2　サービス貿易から見たグローバルな経済統合

　次に，サービス貿易対 GDP 比率についても，世界全体では 2008 年以降も堅調に上昇している（図 6-1 左パネル）が，国グループごと，あるいは，サービスグループごとに推移を観察すると異なる景色が見えてくる。図 6-4 の左側のパネル（商品貿易の図 6-2 に対応）は，国グループごとに，1990 年から 2022 年にかけてのサービス貿易対 GDP 比率の推移を示している。先進国全体では世界金融危機の影響をほぼ受けずに着実に上昇し続けている一方で，ベトナムでは 1990 年代後半からサービス貿易対 GDP 比率が下落の一途をたどっており，中国についても危機後は下降傾向に転じて推移している。インドでは 1990 年代後半からサービス貿易対 GDP 比率が上昇していたが，危機後はほぼ横ばいで推移している。また，図 6-4 の右側のパネルは，サービスグループごとに，1980 年から 2022 年にかけての貿易対

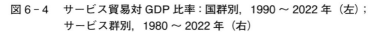

図 6-4　サービス貿易対 GDP 比率：国群別，1990〜2022 年（左）；
　　　　サービス群別，1980〜2022 年（右）

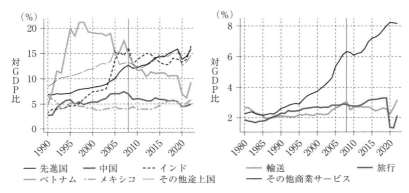

資料：WTO STATS と世界銀行 WDI のデータを用いて筆者作成。
注：垂直の実線は，世界金融危機が生じた 2008 年を示す。

GDP 比率の推移を示している。1980 年代後半以降，（輸送，旅行以外の）その他商業サービスの貿易対 GDP 比率の継続的な上昇が顕著であり，2022 年には 4 倍近くにまで拡大し，サービス貿易全体の過半を占めている。対照的に，輸送サービス，旅行サービスの貿易対 GDP 比率については，パンデミック以前の期間において，わずかな上昇にとどまっている。

図 6-5 では，国グループ別にサービスグループごとの貿易対 GDP 比率の推移を比較している（商品貿易の図 6-3 に対応）。先進国全体におけるサービスグループごとの推移は，世界全体で観察された推移（図 6-4 右パネル）に酷似している。新興諸国を個別に観察すると，まず，中国では，2007 年以降，その他商業サービス，ならびに，輸送サービスの貿易対 GDP 比率が低下している。一方，インドでは，1990 年代後半からその他商業サービスの貿易対 GDP 比率が急上昇している。危機後は停滞に陥っていたが，2017 年以降は再び上昇している。また，世界全体ではその他商業サービスの重要性の高まりが目立つが，メキシコでは旅行サービスが，ベトナムや中国では旅行サービスに加え輸送サービスもその他商業サービスと拮抗している。

以上の図 6-4 と図 6-5 から観察された事実は，サービス貿易対 GDP 比

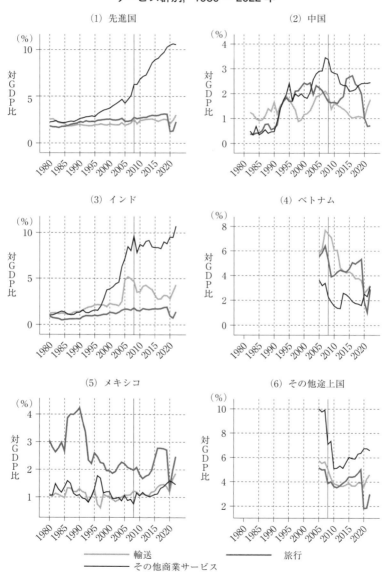

図6-5 サービス貿易対GDP比率の国群間比較：
サービス群別，1980〜2022年

資料：WTO STATSと世界銀行WDIのデータを用いて筆者作成。
注：垂直の実線は，世界金融危機が生じた2008年を示す。

率は世界全体では 2008 年以降も堅調に上昇しているが，国グループごと，あるいは，サービスグループごとの推移は一様ではないことを明らかにしている。とくに，その他商業サービスの推移の差異が，先進国全体，中国，インドの間の推移の差異の大部分を説明していることが窺える。そこで，図6-6 では，先進国が報告している二国間のサービス貿易額のデータを用いて，サービス貿易全体の過半を占めるその他商業サービスのカテゴリーごとの推移を，先進国を中心とした貿易フローそれぞれについて示している。その他商業サービスは，①製造，修理，建設，保険サービス，②金融サービス，③知的財産権等使用料サービス（以下，IP サービス），④通信，コンピュータ，情報サービス（以下，情報通信サービス），⑤その他業務サービス，の５つのカテゴリーに分類した。最後のその他業務サービスには，研究開発サービス，専門・経営コンサルティングサービスなどが含まれる。

　図6-6 において，その他商業サービスのカテゴリーごとの推移を貿易フローの間で比較すると，いずれのフローにおいても，その他業務サービスの貿易額の増加が顕著である。先進国からインド，その他途上国への輸出フローにおいては，その他業務サービスに加え，IP サービスおよび情報通信サービスの増加も目立っている。また，インドから先進国への輸出フローにおいては，情報通信サービスもその他業務サービスと拮抗して急増している。

　サービス貿易の重要性は，1980 年代後半以降，着実に高まってきており，伝統的な輸送サービスや旅行サービス以外の，その他商業サービスの貿易拡大によって牽引されている。これは，情報通信技術（ICT）の進展により，サービスのデジタル化が進み，デジタルで提供可能なサービスの貿易が急増したことが大きい。ICT の進展とともに新たなデータネットワーク，デジタルツール，プラットフォームが登場したことによる，取引機会の拡大も重要な背景要因だろう。そして，生産工程レベルでの国境を越えた生産分業によって特徴づけられる現代のグローバル化の流れのなかで，ICT の進展によって中間サービス投入のオフショアリングが増加している。図6-6 において増加が目立つ，研究開発サービス，専門・経営コンサルティングサービスをはじめとする，その他業務サービスや，IP サービス，情報通信サービスは，まさに，この中間サービス投入にあたる。ICT という技術の進歩が新

図6-6 商業サービス（輸送・旅行以外）貿易額のフロー間比較：カテゴリー別，2005～2021年

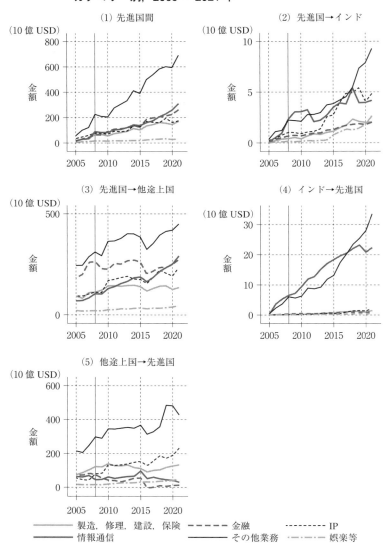

資料：WTO STATS と世界銀行 WDI のデータを用いて筆者作成。
注：垂直の実線は，世界金融危機が生じた 2008 年を示す。

たな裁定取引の機会を生み出し，新たな形でのグローバル化が実現していくことが予想される。

第3節　国際サービス供給データによる再検討

　さて，ここで，前節の分析対象は，BOP の（経常収支の）サービス収支項目に基づく「居住者ベース」のサービス貿易のみである点を指摘したい。一方，WTO では，サービス貿易の障害となる政策措置を対象とした「サービスの貿易に関する一般協定（General Agreement on Trade in Services：GATS）」に基づいて多国間交渉がなされている。この GATS は 4 つの形態（モード）での取引を「サービス貿易」として定義しており，WTO 加盟国はモード別に自由化約束を行っている。GATS における 4 つのモードは，国境を越える取引（第 1 モード），海外における消費（第 2 モード），業務上の拠点を通じてのサービス提供（第 3 モード），自然人の移動によるサービス提供（第 4 モード）である。このうち，前節の「居住者ベース」のサービス貿易は，主に第 1 モード，そして，第 2 モード，第 4 モードに部分的に含まれる。残る第 3 モードは，海外支店や海外現地法人を通じた各種商業サービスの提供であり，「所有権ベース」の国際的なサービス取引である。

　従来の BOP に基づくサービス貿易統計では，国際的なサービス取引を部分的にしか捉えられないという限界がある。そうした背景から，近年，BOP のサービス収支項目と海外関連会社統計（Foreign AffiliaTes Statistics：FATS）を接続して広義のサービス貿易に関する統計を整備する試みが，国際機関ならびに主要各国の間で広がっている。世界全体での BOP と FATS を統合する取り組みは WTO が主導しており，TiSMoS という統計が公開されている。その他，欧州連合統計局（Eurostat），米国商務省経済分析局（US BEA），英国国家統計局（UK ONS）による独自の試算も存在する。たとえば，WTO TiSMoS では，国際サービス供給を GATS の 4 つのモード別に試算している。TiSMoS の試算によると，2017 年における国際サービス供給の 6 割が第 3 モードによる取引である（WTO 2019）。

　国際的なサービス取引を通じたグローバルな経済統合の実態を探るには，

図6-7 世界貿易対GDP比率の再検討：1972〜2022年

資料：WTO STATS, WTO TiSMoSと世界銀行WDIのデータを用いて筆者作成。
注：垂直の実線は，世界金融危機が生じた2008年を示す。

狭義の「サービス貿易」だけでなく広義の「国際サービス供給」を対象とした分析が求められる。そこで，図6-1の左側のパネルに，国際サービス供給の4つのモード別の対GDP比率の推移を組み込んだグラフが図6-7である。ただし，TiSMoSの試算は2005年から2017年までしか存在しない点に留意されたい。国際サービス供給の4つのモードを比較すると，第3モードの重要性が際立っているが，世界金融危機のタイミングで対GDP比率が低下したまま，2017年にかけて停滞している。一方，狭義の（居住者ベースの）「サービス貿易」の主要な形態である第1モードは，規模としては第3モードの半分ほどに過ぎないが，2008年から2009年にかけて一旦落ち込んだものの，2009年以降，2017年にかけて上昇傾向で推移している。

図6-8では，国際サービス供給モード別の対GDP比率の推移を，国グループ別の輸出と輸入のフローごとに示している。とくに先進国全体では第3モードの規模が大きく，輸出では国際サービス供給の約4分の3，輸入で

第6章 データから見る「脱グローバル化」 105

図6-8 国際サービス供給額のフロー間比較：モード別，2005〜2017年

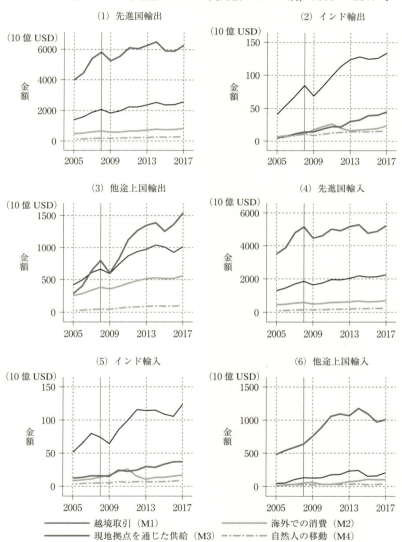

資料：WTO STATS，WTO TiSMoS と世界銀行 WDI のデータを用いて筆者作成。
注：垂直の実線は，世界金融危機が生じた2008年を示す。

は約3分の2を占めている。また，2009年以降も，第1モードとともに，第3モードの対GDP比率は堅調に上昇し続けている。対照的に，インドの国際サービス供給の大半は第1モードが占めている。2009年以降，2017年にかけて第3モードの対GDP比率も倍増しているが，第1モードも同程度のペースで上昇し続けている。その他の途上国全体のグラフは，インドとは異なる傾向を示している。その他の途上国全体では，第3モードが輸入の8割を占めており，輸出においても2009年以降の上昇が目立っている。

　以上の図6-7と図6-8より，データの制約はあるものの，とくに先進国を中心に，「所有権ベース」の国際的なサービス取引の重要性が高まってきていることが明らかである。従前から統計が整備されているBOPに基づくサービス貿易だけではなく，より広い視点から国際的なサービス取引を捉えてグローバルな経済統合の実態を把握できるような，国際間で比較可能な，包括的な統計の整備が期待される。それでは，はたして，国際的なサービス取引は将来に向けてさらなる拡大を遂げていくのだろうか。この点に関して，WTO（2019）は，BOPに基づくサービス貿易に注目して，ICTの進展とともに世界全体の貿易に占めるサービス貿易の割合が増えていくことを予測している。とりわけ，遠隔通信，テレロボティックス技術の進展により，「疑似的な」対面コミュニケーションが可能となり，対面コミュニケーション費用が実質的に下がるシナリオでは，全貿易に占めるサービス貿易の割合が2018年の21％から，2040年には30％近くまで増加するという試算結果が出ている。

　国際的なサービス取引の将来は，技術進歩の恩恵を世界全体にわたって広く取引機会の拡大に結びつけていけるかによっても大きく左右されるだろう。ICTは無条件に国家間で一律に普及，浸透するわけではなく，また，デジタル・トランスフォーメーションによる潜在的利益も不均一である。後進国や技術フロンティアにいない企業が直面するデジタルインフラ，規制，人材，金融支援面での制約をいかに緩和，削減し，包摂的な形でサービス取引の拡大を促進できるかは，政府の政策努力と企業の戦略的対応が鍵を握っている（UNCTAD 2022）。

おわりに

　本章では，商品ならびにサービスの貿易データを丁寧に観察することで，グローバルな経済統合は終焉したと結論づけるのは，少なくとも現時点では，適切ではないことを示した。むしろ，国際的な商品ならびにサービスの取引を通じた国家間の経済的相互依存の形が，ICT の進展とともに，変容していっていることがデータからも示唆される。さらなる技術進歩が新たな取引機会を生み出し，新たな形でのグローバルな経済統合が実現していくことが期待される。

　近年，「地経学的分断化（geoeconomic fragmentation）」（Aiyar, Ilyina, and others 2023）として注視されているように，グローバルな経済統合に逆行する政策介入の動きも目立っているが，グローバル化からもたらされうる潜在的な利益が損なわれるようなことがあってはならない。世界金融危機以降，先進国を中心に，新興国からの輸入が労働市場に与える影響への懸念から，英国の EU 離脱，「アメリカ・ファースト」など自国優先主義の台頭に代表されるように，内向き志向が高まっている。また，COVID-19 によるパンデミックでの供給網の途絶，混乱から，ショックに対する供給網の強靭化，Just-In-Time から Just-In-Case への転換が進むなかで，国内回帰の動きも見逃せない。さらに，地政学的緊張を背景に，経済安全保障の観点からの供給網の強靭化，フレンド・ショアリングといった，国際貿易の分断化リスクも高まっている。グローバルな経済統合の新たな局面において，包摂的で開かれたグローバル化をさらに推進していくために，望ましい多国間ルール，制度のあり方を考えていかなくてはならないだろう。

参考文献

Aiyar, Shekhar, Anna Ilyina, and others（2023）"Geoeconomic Fragmentation and the Future of Multilateralism," Staff Discussion Notes No. 2023/001, International Monetary Fund（https://www.imf.org/-/media/Files/Publications/

SDN/2023/English/SDNEA2023001.ashx), accessed on January 7, 2024.

Baldwin, Richard (2016) *The Great Convergence: Information Technology and the New Globalization*, Cambridge, MA and London: Harvard University Press.

Baldwin, Richard, Rebecca Freeman, and Angelos Theodorakopoulos (2024) "Deconstructing deglobalisation: The future of trade is in intermediate services," *Asian Economic Policy Review*, 19(1), pp. 18–37.

Bems, Rudolfs, Robert C. Johnson, and Kei-Mu Yi (2013) "The Great Trade Collapse," *Annual Review of Economics*, 5(1), pp. 375–400.

Constantinescu, Cristina, Aaditya Mattoo, and Michele Ruta (2020) "The Global Trade Slowdown: Cyclical or Structural?," *World Bank Economic Review*, 34(1), pp. 121–142.

Evenett Simon J. (2023) "What Endgame for the Deglobalisation Narrative?," *Intereconomics*, 57(6), pp. 345–351.

Goldberg, Pinelopi K. and Tristan Reed (2023) "Is the Global Economy Deglobalizing? And, if so, why? And what is next?," *Brookings Papers on Economics Activity*, 2023(19), pp. 347–423.

Irwin, Douglas A. (2020) "The Pandemic Adds Momentum to the Deglobalization Trend," Peterson Institute for International Economics (PIIE) (https://www.piie.com/blogs/realtime-economics/pandemic-adds-momentum-deglobali zation-trend), accessed on January 7, 2024.

Rodrik, Dani (2011) *The Globalization Paradox: Democracy and the Future of the World Economy*, New York and London: W.W. Norton.

United Nations Conference on Trade and Development (UNCTAD) (2022) *Digitalization of Services: What does It Imply to Trade and Development?* (UNCTAD/DITC/TNCD/2021/2) (https://unctad.org/system/files/official-document/ditctncd2021d2_en.pdf), accessed on January 7, 2024.

World Bank Group (WBG), World Trade Organization (WTO), Institute of Developing Economies (IDE-JETRO), Organisation for Economic Co-operation and Development (OECD) and Research Center of Global Value Chains at the University of International Business and Economics (RCGVC-UIBE) (2017) *Global Value Chain Development Report 2017: Measuring and Analyzing the Impact of GVCs on Economic Development*, Washington, DC: The World Bank.

WTO (2019) *World Trade Report 2019: The Future of Services Trade*, Geneva: WTO.

第7章

日本の自由貿易協定の評価

山ノ内　健太

はじめに

　21世紀に入って自由貿易協定（FTA）の締結は劇的に増加し，FTAのネットワークは世界中に広がった。世界貿易機関に報告された財の地域貿易協定数は，2024年3月末までの発効分を累積すると373協定である。しかし，そのうち2023年に発効したのはわずか3協定であり，10年前の2013年に12協定が発効したことを考えると，近年は減少傾向にある。その要因の一つとして，交渉が容易な国の間では既にFTAが締結され，新たなFTAを模索するのが難しくなった点が挙げられる。米中貿易摩擦やウクライナ戦争によって主要国間の対立が激化している現状を考えると，今後FTAの締結が再加速するとは考えにくい。

　同様の傾向は日本にも当てはまる。日本は2000年代から二国間を中心にFTAを締結したが，初期の相手は東南アジア諸国連合（ASEAN）や中南米の国々が多く，本格的な貿易自由化には及び腰であった。しかし，2010年代後半から大型のFTAが次々と発効し，主要な貿易相手国のほとんどとの間にFTAを持つこととなった。湾岸諸国や南アジアにネットワークを広げることを諦めるべきではないが，これからFTAを急速に拡大させることは難しいと考えられる。今後はこれまでのFTAを見直し，FTAの質を高めることも必要ではないか。そのためには，これまでのFTAによって得られた成果にも注目すべきである。

　FTAの成果を事後的に評価した研究は多く，グラビティモデルはその代

表的な手法である。主な分析結果として，FTA には貿易創出効果[1] があることが確認されている。しかし，その一方で FTA の貿易創出効果には大きな不均一性があり，貿易を増加させていない FTA が数多くあることも指摘されている。貿易創出効果の決定要因に関する研究も進んでいるが，特定の要因のみに焦点が当てられることが多く，包括的な評価は十分に進められていない。

このような現状を鑑み，本章では日本の FTA の影響を分析する。1996～2021 年の世界貿易データを用い，可能な限り詳細に貿易創出効果を分けて推定する。そのうえで日本の FTA に焦点を当て，細かく分けられた貿易創出効果の推定値を集計することで，不均一性の大きさを概観する[2]。さらに，推定値を被説明変数とする回帰分析により，不均一性が相手国・品目・年のどの次元から主に生じるかを明らかにする。

本研究は，今後の通商政策の方針を立てる際の参考になると考えられる。貿易創出効果を決める要因が明らかになれば，どの国とどういった内容の協定を結ぶべきかを示すことが可能となる。もちろん本研究は不均一性が生じる次元のみを対象とするため，実際の要因そのものを明らかにするわけではない。したがって，不均一性の要因の解明は今後の研究課題である。しかし，不均一性を分析する際には，データをどのように構築すべきかを予め検討しておく必要がある場合が多く，本研究はそのための事前分析として位置付けられる[3]。

本章の構成は以下の通りである。次節では FTA の効果に関して先行研究を整理し，貿易創出効果を決定する要因の候補を提示する。第 3 節では本章における貿易創出効果の推定手法を述べる。推定された貿易創出効果はいくつかの形で集計し，その結果を第 4 節で議論する。最終節は結論である。

---

[1]　貿易創出効果という用語は締結国間の貿易増加に伴う厚生への影響を指すこともあるが，本章ではシンプルに締結国間の貿易への影響として定義する。

[2]　Ando, Urata, and Yamanouchi（2022a）は，日本の FTA の貿易創出効果に関する包括的な研究である。

[3]　Breinlich, Corradi, Rocha, Ruta, Santos Silva, and Zylkin（2022）は効果の不均一性を機械学習で分析しているが，協定の内容に焦点を当てているため品目ごとの違いは考慮されていない。

第1節 貿易創出効果の決定要因

　FTA を含む特恵的な貿易協定が協定国間の貿易額に及ぼす影響の推定は，グラビティモデルの代表的な応用であり，貿易創出効果は多くの研究で推定されてきた。貿易創出効果の不均一性も古くから考慮されており，Tinbergen（1962）や Aitken（1973），Brada and Méndez（1985）では，貿易創出効果が協定別に推定されている。

　上記のような初期の研究では年別のクロスセクションデータが利用されていたが，年数経過に伴って協定の効果が変わることは古くから想定されていた。現在のスタンダードに近い手法を確立した Baier and Bergstrand（2007）や Magee（2008）でも貿易協定の効果は経過年数によって分けられ，貿易創出効果は発効してから徐々に拡大することが明らかとなった。また，Egger, Larch, and Yotov（2022）によると，貿易の増加は FTA 発効の数年前に始まり，発効直後に最も強く現れた後，およそ 10 年後まで続く。ただし，そのメカニズムに関する研究は未だに十分でない。Besedes, Kohl, and Lake（2020）は北米自由貿易協定（NAFTA）がアメリカの輸入に及ぼす影響を分析し，段階的関税削減や関税パススルーの遅れは段階的な貿易創出効果の主な要因として支持されないことを示した。彼らは代替的なメカニズムとして，アメリカ国内での効果の広がりに時間がかかったことを指摘している。

　年数経過と若干異なる概念として，FTA が締結された年の影響も考えられる。締結された年代によって FTA の内容は大きく異なるため，貿易に及ぼす影響も異なるという考えは自然だろう。Kohl（2014）は協定別に推定された貿易創出効果を締結年によって集計し，1990 年代以前に締結された協定は比較的効果が大きいことを示した。1990 年代から中東欧やラテンアメリカ諸国といった途上国が貿易協定を結ぶようになった点がその要因として指摘されている。

　協定の内容に応じて貿易創出効果を分ける研究は非常に多く，ここで全てを列挙することは難しい。特に，FTA と関税同盟のように，協定の深さに応じて異なる影響が推定されることが多い。より細かい内容に踏み込んだ研

究として，前述の Kohl（2014）は締結国数や制度の質に関する規定，協定のカバーする範囲といった観点からも貿易創出効果の決定要因を検討している。また，Mattoo, Mulabdic, and Ruta（2022）は協定の内容を精査したうえで指数化し，範囲の広い協定は貿易創出効果が大きいという結論を導いている。さらに，Breinlich, Corradi, Rocha, Ruta, Santos Silva, and Zylkin（2022）は機械学習の手法を用い，貿易創出効果に影響力のある規定を特定した。

　経済規模や所得水準といった締結国の経済状況及び距離や言語といった締結国間の関係による差異も，多くの研究で扱われている。Vicard（2011）はグラビティモデルで用いられる各変数を交差項とし，貿易創出効果の不均一性を分析した。Baier, Bergstrand, and Clance（2018）は理論モデルに基づいて貿易コストの影響を導き，交差項を用いて貿易創出効果を推定した。その結果，国家間の距離が近く言語や宗教が共通である一方，法的起源や植民地時代の歴史が異なる場合に協定の効果が大きいことが示された。さらに，Baier, Yotov, and Zylkin（2019）は二段階での推定により，貿易創出効果の不均一性が協定内にあることを突き止めた。そのうえで不均一性の要因を分析し，事前の貿易関係や交易条件感応性等が FTA の効果に影響することを明らかにしている。

　世界中で締結されている貿易協定の細部に踏み込むことは難しいため，品目ごとの差異を捉えた研究は比較的少ない。貿易創出効果の不均一性という観点からの分析ではないが，Hayakawa, Ito, and Kimura（2016）及び Hayakawa and Yoshimi（2023）は品目レベルのデータを用いて関税率の影響を分析し，特恵税率が貿易額に影響することを示した[4]。また，日本の FTA のみに限定されるが，Ando, Urata, and Yamanouchi（2022b, 2023）は，原産地規則の違いが貿易創出効果の不均一性の大部分を説明できることを明らかにしている[5]。French and Zylkin（2024）も品目レベルのグラビティモデルを推定し，事前にほとんど貿易されていなかった品目から貿易創出効果の多くが

---

[4]　Medvedev（2010）は最恵国待遇（MFN）税率が 3% を超える品目の貿易に限定すると，貿易創出効果が大きく推定されることを示した。また，Freeman and Pienknagura（2019）は中間財のみで締結国間の距離が貿易創出効果と関係することを明らかにした。

生じることを示した。

　以上を整理すると，経済規模や所得水準といった輸出入国要因や，協定の深さや範囲のように，貿易創出効果の不均一性はさまざまな形で説明されてきた。さらに，経過年数による効果の拡大は多くの研究で確認され，特恵マージンや原産地規則，事前の国際競争力といった品目ごとの要因が影響したことを示す研究も存在する。しかし，ほとんどの研究の変数選択には明確な基準がなく，やや場当たり的な感が否めない。

　貿易創出効果の不均一性を考える際には，推定時に特恵マージンといった協定の内容を考慮するかどうかで推定結果の解釈が大きく異なる。協定の内容がコントロールされる場合，各変数の係数は貿易コストの低下がどの程度貿易額に反映されるかという直接的な影響のみを表す[6]。しかし，協定の内容が考慮されなければ，係数は交渉によってどのような協定が締結されるかという間接的な影響も含んだものとなる。しかし，このような直接的影響と間接的影響を明示的に区別した研究はほとんどなく，貿易創出効果の不均一性に関する分析は未だに不十分である。今後の研究の余地は大きいため，本章ではまず貿易創出効果の不均一性が生じる次元のみを対象とし，間接的な影響も含まれる形でFTAの効果を詳細に推定する。

第2節　分析方法

　本節では日本のFTAの貿易創出効果を推定し，その不均一性を捉える手法を説明する。まずは世界全体の貿易データを用い，貿易創出効果を推定する。より具体的には残差を時変の二国間要因と捉え，基準年からの変化をFTAの効果と見なす。その後，推定された効果を被説明変数とする回帰分

---

5)　グラビティモデルによる原産地規則の研究として，他にEstevadeordal and Suominen（2008）やCadot and Ing（2016），Gourdon, Gourdon, and de Melo（2023）が挙げられる。
6)　貿易コストの低下によって価格が低下し，輸入需要の拡大に伴って締結国間の貿易額が増加する経路が想定される。輸出企業が関税低下分を消費者価格に反映させない可能性もあるが，貿易統計上の輸出額のように関税を含まない金額を貿易額と定義すると，関税低下分だけ輸出価格が上昇するため貿易額は増加する。いずれの場合も，財の性質や競争環境によって，貿易創出効果は異なりうる。

析を行い，当てはまりの良いパターンを調べる。

　本章で用いる推定手法の前に，Yotov, Piermartini, Monteiro, and Larch（2016）で確立された，グラビティモデルの一般的な推定方法を説明する。輸出国を $i \in I$，輸入国を $j \in J$，年を $t \in T$ とするパネルデータを用いる場合，国内取引を考えなければ，通常の推定式は以下の通りとなる。

$$x_{ijt} = \exp\left(\beta FTA_{ijt} + \eta_{it} + \psi_{jt} + \gamma_{ij}\right)u_{ijt}$$

ここで x_{ijt} は貿易額であり，FTA_{ijt} は二国間で FTA が発効していれば1，そうでなければ0を取るダミー変数である。η_{it} は輸出国の生産力を示す輸出国・年固定効果である。ψ_{jt} は輸入国・年固定効果であり，輸入国の需要規模や MFN 税率を反映している。γ_{ij} は国ペア固定効果であり，輸出入国の距離や言語関係などの影響を含む。

　対数変換に伴うバイアスを避けるため，推定には Santos Silva and Tenreyro（2006）の推奨するポワソン擬似最尤推定法（PPML）が用いられることが多い。輸入国・年に対して観測される輸出国の集合を I_{jt}，輸出国・年に対して観測される輸入国の集合を J_{it}，国ペアが観測される年の集合を T_{ij} とすると，一階の条件から以下の式が導かれる（Larch, Wanner, Yotov, and Zylkin, 2019）[7]。

$$\sum_{i \in I_{jt}} x_{ijt} = e^{\widehat{\psi}_{jt}} \sum_{i \in I_{jt}} \exp\left(\widehat{\beta} FTA_{ijt} + \widehat{\eta}_{it} + \widehat{\gamma}_{ij}\right), \ \forall (j, t) \in J \times T$$

$$\sum_{j \in J_{it}} x_{ijt} = e^{\widehat{\eta}_{it}} \sum_{j \in J_{it}} \exp\left(\widehat{\beta} FTA_{ijt} + \widehat{\psi}_{jt} + \widehat{\gamma}_{ij}\right), \ \forall (i, t) \in I \times T$$

$$\sum_{t \in T_{ij}} x_{ijt} = e^{\widehat{\gamma}_{ij}} \sum_{t \in T_{ij}} \exp\left(\widehat{\beta} FTA_{ijt} + \widehat{\eta}_{it} + \widehat{\psi}_{jt}\right), \ \forall (i, j) \in I \times J$$

$$\sum_{\{(i, j, t) \mid FTA_{ijt}=1\}} x_{ijt} = e^{\widehat{\beta}} \sum_{\{(i, j, t) \mid FTA_{ijt}=1\}} \exp\left(\widehat{\eta}_{it} + \widehat{\psi}_{jt} + \widehat{\gamma}_{ij}\right)$$

ただし，不均一性の分析では，国や協定ごとに係数は分けて推定される。も

---

[7]　貿易額 x_{ijt} はゼロであってもサンプルに含まれるため，貿易データは通常であればバランスパネルになると考えられる。しかし，一国の輸出額や輸入額の対世界合計，またはサンプル期間における二国間の貿易額合計がゼロであれば，統計的分離によって尤度関数は最大値を持たない（Santos Silva and Tenreyro, 2010）。このような場合は問題が生じないよう観測の一部をサンプルから除外することが多く，実際の推定ではアンバランスパネルが用いられる。また，国の分離・独立などもデータがバランスパネルにならない要因の一つとして挙げられる。

しFTAの効果が輸出国 i や輸出国・年 (i, t)，国ペア (i, j) ごとに推定されるならば，FTAダミーに関する条件式は以下のように書き換えられる。

$$\sum_{\{(j,\,t)\,|\,FTA_{ijt}=1\}} x_{ijt} = e^{\widehat{\beta}_i} \sum_{\{(j,\,t)\,|\,FTA_{ijt}=1\}} \exp(\widehat{\eta}_{it}+\widehat{\psi}_{jt}+\widehat{\gamma}_{ij}),\ \forall\, i\in I$$

$$\sum_{\{j\,|\,FTA_{ijt}=1\}} x_{ijt} = \exp(\widehat{\beta}_{it}+\widehat{\eta}_{it}) \sum_{\{j\,|\,FTA_{ijt}=1\}} \exp(\widehat{\psi}_{jt}+\widehat{\gamma}_{ij}),\ \forall\, (i,t)\in I\times T$$

$$\sum_{\{t\,|\,FTA_{ijt}=1\}} x_{ijt} = \exp(\widehat{\beta}_{ij}+\widehat{\gamma}_{ij}) \sum_{\{t\,|\,FTA_{ijt}=1\}} \exp(\widehat{\eta}_{it}+\widehat{\psi}_{jt}),\ \forall\, (i,j)\in I\times J$$

上記の標準的な方法は比較的仮定が弱く，標準誤差も推定できるため係数の検定も可能である。しかし，国ペア・年レベルの貿易創出効果は推定できないため，本研究では別の方法を用いる。まずは貿易額を3種類の固定効果と誤差項のみで表す[8]。

$$x_{ijt} = \exp(\eta_{it}+\psi_{jt}+\gamma_{ij})u_{ijt}$$

ここで，誤差項 u_{ijt} は直接観測できないFTAの効果 α_{ijt} と他の要因 ε_{ijt} に分けられるとする[9]。

$$u_{ijt} = \alpha_{ijt}\varepsilon_{ijt}$$

このとき，固定効果に対応するダミー変数を $\boldsymbol{D}$ とし，全ての年でFTA以外の要因の期待値が等しければ（$E(\varepsilon_{ijt}\mid\boldsymbol{D})=\overline{\varepsilon}_{ij}$），

$$E(u_{ijt}\mid\boldsymbol{D}) = \alpha_{ijt}\overline{\varepsilon}_{ij}$$

となる。さらに，FTA発効前でFTAの効果がない（$\alpha_{ijB}=1$）と仮定できる年を基準年 B とすると，基準年の誤差項はFTA以外の要因として表される（$E(u_{ijB}\mid\boldsymbol{D})=\overline{\varepsilon}_{ij}$）[10]。したがって，

---

8) 後述するように，実際は品目別のデータを用いているが，これまでの研究と表記を合わせるため，必要となるまで品目の次元は明示しない。

9) α_{ijt} は発効前の変化も含むため，正確には必ずしも因果関係を捉えたものではない。

10) 本章ではベースラインの分析で最初に締結されたFTAの発効3年前を基準年とするが，他の基準年を用いた分析によって結果の頑健性は確認している。

$$\alpha_{ijt} = \frac{E(u_{ijt} \mid \boldsymbol{D})}{E(u_{ijB} \mid \boldsymbol{D})}$$

である。粗い方法だが誤差項のモーメントを残差にそれぞれ対応させると，貿易創出効果の推定量は次の通りとなる。

$$\hat{\alpha}_{ijt} = \frac{\hat{u}_{ijt}}{\hat{u}_{ijB}}$$

実際の推定ではこの計算を HS2 桁の品目 k ごとに行い，国ペア・年・品目別に貿易創出効果 $\hat{\alpha}_{ijt}^k$ を算出する。

　次に，Breinlich, Novy, and Santos Silva（2022）に基づき，推定された貿易創出効果を集計する。国ペア・年・品目別の効果は推定値が非常に多く，そのまま示すことは難しい。そのため，日本の FTA のみを対象とし，相手国や品目別に効果を集計して結果を表す。ここでは特に品目を集計して国ペア・年別の効果 α_{ijt} を算出する過程のみ述べるが，他の集計でも方法は基本的に変わらない。

　初めに基準年の残差 $\hat{u}_{ijB}^k$ を用い，FTA が発効していなかった場合の仮想的な貿易額（$\tilde{x}_{ijt}^k = \hat{x}_{ijt}^k \hat{u}_{ijB}^k$）を国ペア・品目・年別に算出する。次に外れ値[11]を除いて仮想的な貿易額を合計し，国・年別の金額に集計する（$\tilde{x}_{ijt} = \sum_k \tilde{x}_{ijt}^k$）。最後に同じ品目で実際の貿易額を合計し（$x_{ijt} = \sum_k x_{ijt}^k$），比を取ることで貿易創出効果を算出する。このようにして集計された国ペア・年別の効果は，品目別に分けられた貿易創出効果の加重平均となる。

$$\alpha_{ijt} = \frac{x_{ijt}}{\tilde{x}_{ijt}} = \sum_k \left(\frac{\tilde{x}_{ijt}^k}{\tilde{x}_{ijt}} \right) \alpha_{ijt}^k$$

　さらに，本章では貿易創出効果の不均一性がどのように生じるかを明らかにするため，その推定値を被説明変数とする回帰分析を行う。被説明変数が

11）　本章では貿易創出効果の分布の両端 3％ずつを外れ値と定義し，集計時には該当する国ペア・品目・年別の貿易額を除いている。

$\ln \alpha_{ijt}^k$ であれば最小二乗法で推定し，α_{ijt}^k の場合には PPML を用いる。説明変数は固定効果のみであり，国・品目・年（または経過年数）及びそれらの組み合わせを考える。本分析の対象も日本の FTA のみとし，日本の輸出と日本の輸入を分けて推定する。また，FTA の効果に焦点を当てるため，発効年以降のみをサンプルに含める。外れ値は集計時と同様の定義によってサンプルから除外する。

　この分析で重要なのは，回帰の当てはまりである。例えば国固定効果を考慮した場合に当てはまりが良ければ，効果の不均一性は国レベルの要因で決まることが示唆される。当てはまりの評価は，最小二乗法の場合，決定係数，自由度修正済み決定係数，二乗平均平方根誤差を用いる。PPML の場合，擬似決定係数，二乗平均平方根誤差，予測値と実際の貿易額の相関係数の二乗値を指標とする。

　本章で用いる貿易データは，CEPII が UN Comtrade から作成した BACI データベースの 202301 バージョンである [12]。対象期間は 1996～2021 年であり，対象国は日本とその FTA 相手 47 ヵ国を含む 223 ヵ国・地域である。貿易品目は HS1996 分類であり，HS6 桁分類を HS2 桁に集計して用いる。

第 3 節　分析結果

　本節では，前節で説明した手法に基づいて得られた分析結果を示す。まずは日本の FTA の貿易創出効果を集計した値を示し，どのような場合に大きい効果が得られるかを考察する。その後，推定された貿易創出効果を被説明変数とする回帰分析の結果を示し，固定効果によって当てはまりの指標がどのように変わるかを見ることで不均一性が生じる原因について検討する。

　表 7-1 は日本の FTA の貿易創出効果を相手国・年別に集計したものである。全ての FTA に明確な効果が見られるわけではないが，例えば 10 年後の推定値であれば，14 ヵ国のうち輸出は 8 ヵ国，輸入は 9 ヵ国で正の値が推定された。特に，ラオス，ミャンマー，カンボジアといった国々との貿易額

---

[12]　データの詳細は Gaulier and Zignago（2010）を参照されたい。

表 7-1 日本の FTA の相手国別貿易創出効果

国名	発効年	輸出 2年後	輸出 5年後	輸出 10年後	輸入 2年後	輸入 5年後	輸入 10年後	国名	発効年	輸出 2年後	輸入 2年後
シンガポール	2002	−9.7	−13.2	−14.5	−14.1	−24.6	−10.2	オランダ	2019	−14.1	4.5
メキシコ	2005	50.9	30.1	35.1	−3.7	−19.4	−5.6	キプロス	2019	20.8	10.1
マレーシア	2006	−9.6	−4.0	−12.9	−2.3	25.3	12.4	ギリシャ	2019	−21.7	81.7
タイ	2007	2.0	11.6	3.0	0.4	9.0	12.2	クロアチア	2019	−13.7	−45.6
チリ	2007	3.5	−16.8	−13.3	2.6	18.4	11.5	スウェーデン	2019	−26.6	2.8
インドネシア	2008	7.6	7.7	9.6	−1.2	−1.6	0.1	スペイン	2019	−18.8	3.5
フィリピン	2008	−1.4	−3.3	−11.6	6.3	17.4	17.1	スロバキア	2019	−29.9	150.9
ブルネイ	2008	24.3	−5.4	−37.6	35.7	30.6	44.9	スロベニア	2019	−16.9	−33.1
ベトナム	2008	−0.5	0.9	−1.7	−13.9	−39.8	−54.9	チェコ	2019	46.6	22.0
ミャンマー	2008	21.1	134.7	55.6	24.5	56.5	1.0	デンマーク	2019	14.5	−3.6
ラオス	2008	80.1	104.7	148.3	206.2	137.9	238.6	ドイツ	2019	−0.7	2.1
スイス	2009	22.8	20.2	20.5	−17.1	−22.4	−20.8	ハンガリー	2019	3.0	−1.9
カンボジア	2010	−2.7	47.7	54.0	2.3	6.0	−2.6	フィンランド	2019	−5.5	14.8
インド	2011	22.0	23.9	55.5	35.1	17.9	12.0	フランス	2019	−23.7	4.0
ペルー	2012	−29.5	−26.1		−23.4	−20.9		ブルガリア	2019	57.3	21.0
オーストラリア	2015	8.6	4.0		−4.7	−0.3		ベルギー	2019	3.1	67.2
モンゴル	2016	54.1	42.3		43.1	111.4		ポーランド	2019	22.2	20.5
カナダ	2018	3.5			16.0			ポルトガル	2019	3.1	56.0
ニュージーランド	2018	−9.8			8.9			マルタ	2019	−60.6	4.0
アイルランド	2019	−5.0			−21.8			ラトビア	2019	0.2	3.6
イギリス	2019	−10.7			17.8			リトアニア	2019	57.2	79.6
イタリア	2019	12.5			−4.2			ルーマニア	2019	−15.2	3.7
エストニア	2019	28.5			23.0			ルクセンブルク	2019	25.3	19.4
オーストリア	2019	−21.7			9.3						

出所：BACI データベースより筆者作成。

の増加は著しく，低所得国もしくは経済規模の小さい国との FTA の方が効果は大きいと推測される。また，年数の経過に伴って効果が拡大しているケースもある。

　年数経過の影響をより明示的に扱うため，図 7-1 では相手国・年別に算出された貿易創出効果をさらに経過年数別に集計して示した。集計には単純平均値と中央値を用いている。また，具体例としてタイのケースを併せて示した。FTA 発効 3 年前と発効後 10 年後の平均値を比較すると，日本の輸出では 20%，輸入では 15%ほど貿易額は増加したことがわかる。また，経過年数に伴って効果の上昇が徐々に生じたことも明確に現れている。平均値ほどはっきりしていないが，中央値でも同様の傾向は見られる。

　次に，表 7-2 では，日本の FTA の貿易創出効果を品目・年別に集計した。

第7章　日本の自由貿易協定の評価　*119*

図7-1　日本の FTA の経過年別貿易創出効果

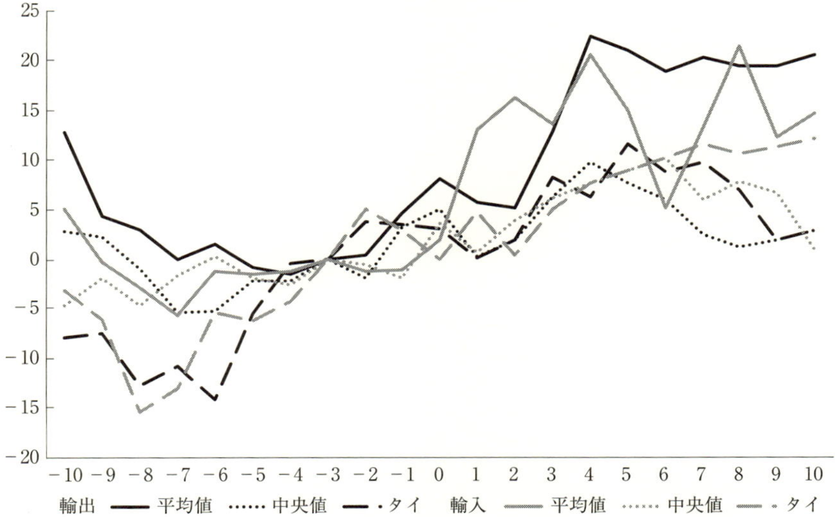

出所：BACI データベースより筆者作成。

HS2桁レベルで推定された貿易創出効果の加重平均を取り，セクション別に集計している。機械製品のように MFN 税率がほとんどゼロのセクションもあるため，推定値がそのまま FTA の影響であるとはいえないが，少なくともある程度は FTA の影響を含んでいることが期待される。表7-2に示されるように効果の不均一性は大きいが，10年後の推定値によると，22セクションのうち輸出は13セクション，輸入は15セクションで正の効果が認められた。ただし，推定値に明確な傾向はなく，どのような品目で効果が大きいかを判断することは難しい。

　それでは貿易創出効果の不均一性は相手国・品目・年のいずれに沿って生じるのであろうか。この点を明らかにするため，表7-3から表7-5に貿易創出効果を被説明変数とする回帰分析における当てはまりの指標を示した。表7-3は日本の輸出への効果，表7-4は日本の輸入への効果を対象とし，表7-5では条件を変えて結果の頑健性を確認している。

　表7-3は日本の輸出への効果に関する当てはまりの指標であり，（1）か

表7-2　日本の FTA の品目別貿易創出効果

品目名	輸出			輸入		
	2 年後	5 年後	10 年後	2 年後	5 年後	10 年後
動物性生産品	− 27.5	12.7	− 17.1	0.7	4.2	− 6.4
植物性生産品	7.3	− 16.8	− 26.7	10.2	18.4	14.5
油脂・ろう	− 23.3	− 46.6	− 42.8	6.4	14.8	17.6
飲食料品	− 0.2	6.4	16.6	− 0.4	16.5	16.6
鉱物性生産品	38.8	35.7	110.7	− 1.5	4.2	− 8.9
化学製品	− 0.1	1.3	21.1	0.8	− 3.6	2
プラスチック・ゴム製品	− 3.9	− 2.4	0.4	6.2	10.2	17.4
皮革・毛皮製品	− 2.9	39.8	49.9	− 8.6	29.3	49
木材製品	5.5	7.4	29.3	− 1.4	19.3	27
パルプ・紙	− 6.2	− 13.4	− 2.3	− 1	4.3	2.7
繊維製品	6.3	6.7	2.1	7.6	52.3	61.3
履物・帽子	− 8.7	− 27.3	13.9	− 15.4	− 5	− 2.8
土石製品	− 5	− 6.4	− 23.8	12.4	11.3	52.4
貴金属	6.4	− 5	− 18	11.3	− 1.9	39.6
金属製品	0	3.4	7.4	− 1.9	− 11.8	− 15.5
一般機械	− 2.5	4.9	− 3.6	− 3.6	− 11	− 12.6
電気機械	2	0.1	− 3.6	− 3.8	− 33.8	− 48.4
輸送機器	1.9	10.7	10.3	29.9	38.2	13.6
精密機械	− 3.8	16.2	− 10.4	− 4	− 6.9	− 21.7
武器	3.7	− 2.6	235.6	220.9	− 2.6	137.2
雑品	3.2	7.9	2.3	10	21.3	35.7
美術品	− 44.2	− 10.6	178	12.8	− 73.1	123.5

出所：BACI データベースより筆者作成。

ら（3）は $\ln \alpha_{ijt}^{k}$ を被説明変数として最小二乗法を用い，（4）から（6）
では α_{ijt}^{k} を被説明変数として PPML を用いた結果を示している。（1）は決
定係数であり，例えば貿易創出効果の変動の3.9％は輸入国の違いから説明
される。品目の違いも同程度の説明力を持つが，年や経過年数はほとんど説
明力を持たない。図7-1から年数経過に伴う貿易創出効果の拡大は確認さ
れたが，他の要因と比較すればこの効果は大きくないと考えられる。

　同様の結果は品目・年や品目・経過年数による分析からも示され，関税の
段階的削減が及ぼす影響は全体の中で見れば小さいことが示唆される。相手
国・年の固定効果による分析も同様であり，日本の FTA は二国間が中心で
あるため協定の違いが及ぼす影響は小さいことが示唆される [13]。一方，国・

第7章　日本の自由貿易協定の評価　*121*

表7-3　日本の輸出への効果に関する当てはまりの指標

	(1)	(2)	(3)	(4)	(5)	(6)
推定方法	最小二乗法			PPML		
指標	決定係数	修正済み決定係数	二乗平均平方根誤差	擬似決定係数	二乗平均平方根誤差	相関係数二乗
輸入国 (j)	0.039	0.037	1.075	0.051	1.589	0.047
品目 (k)	0.038	0.034	1.077	0.036	1.600	0.031
年 (t)	0.003	0.002	1.094	0.004	1.707	0.003
経過年数 (s)	0.002	0.001	1.095	0.002	1.711	0.001
kt	0.104	0.026	1.081	0.094	1.455	0.096
ks	0.099	0.021	1.084	0.090	1.465	0.084
jt	0.051	0.038	1.074	0.062	1.554	0.060
jk	0.663	0.600	0.693	0.416	0.739	0.585
$jt+kt$	0.151	0.064	1.060	0.165	1.270	0.205
$jk+kt$	0.709	0.621	0.674	0.457	0.647	0.735
$jk+ks$	0.699	0.608	0.686	0.451	0.668	0.721
$jk+jt$	0.677	0.612	0.682	0.429	0.713	0.638
$jk+jt+kt$	0.722	0.632	0.664	0.465	0.628	0.762
$jk+js+ks$	0.711	0.619	0.676	0.460	0.647	0.748

出所：BACIデータベースより筆者作成。

品目の固定効果を考慮すると決定係数は大幅に上昇する。表7-3によると貿易創出効果の変動のおよそ3分の2が国・品目レベルで決定される。したがって，効果の不均一性の大半は国・品目レベルの要因から生じていると推察される。

　国や品目は年や経過年数よりもパラメーターが多い点を考慮し，（2）に自由度を修正した決定係数を示した。また，（3）と（5）の二乗平均平方根誤差は，値の低い方が当てはまりは良いとされる。（4）の擬似決定係数や（6）の相関係数二乗（予測値と実際の貿易額の相関係数を二乗した値）を含め，いずれの場合にも主な結果は変わらず，国や品目の説明力が高くなっている。

　表7-4は日本の輸入への効果に関する当てはまりの指標を示している。

---

13)　相手国によって発効年が決まっているため，相手国・年の固定効果と相手国・経過年数の固定効果で結果は変わらない。

表7-4　日本の輸入への効果に関する当てはまりの指標

推定方法	(1)	(2)	(3)	(4)	(5)	(6)
	最小二乗法			PPML		
指標	決定係数	修正済み決定係数	二乗平均平方根誤差	擬似決定係数	二乗平均平方根誤差	相関係数二乗
輸出国 (i)	0.020	0.017	1.040	0.029	1.415	0.030
品目 (k)	0.037	0.033	1.031	0.023	1.438	0.024
年 (t)	0.004	0.003	1.047	0.004	1.487	0.004
経過年数 (s)	0.008	0.007	1.045	0.009	1.483	0.010
kt	0.107	0.022	1.037	0.074	1.327	0.085
ks	0.125	0.042	1.027	0.092	1.301	0.125
it	0.039	0.025	1.036	0.046	1.377	0.052
ik	0.624	0.552	0.702	0.354	0.709	0.560
$it+kt$	0.142	0.045	1.025	0.117	1.218	0.160
$ik+kt$	0.682	0.580	0.680	0.401	0.616	0.726
$ik+ks$	0.686	0.585	0.676	0.402	0.613	0.727
$ik+it$	0.643	0.567	0.690	0.371	0.678	0.622
$ik+it+kt$	0.692	0.585	0.676	0.406	0.608	0.749
$ik+is+ks$	0.697	0.592	0.670	0.407	0.603	0.749

出所：BACI データベースより筆者作成。

表7-3と同様に，（1）から（3）は $\ln \alpha_{ijt}^{k}$ を被説明変数として最小二乗法を用い，（4）から（6）は α_{ijt}^{k} を被説明変数として PPML を用いた結果である。基本的な結果は輸出と変わらないが，輸入は決定係数で見ると全体的に当てはまりが若干悪いことや，年よりも経過年数の方で当てはまりが良いことなどが輸出との違いとして考えられる。ただし，輸出との違いは小さく，頑健な結果ともいえない。

　最後に，条件を変えて推定し，結果の頑健性を確認した。結果は表7-5に示している。（1）から（6）は $\ln \alpha_{ijt}^{k}$ を被説明変数とした最小二乗法による推定であり，自由度修正済み決定係数を指標とした。（7）から（12）は α_{ijt}^{k} を被説明変数とした PPML による推定の結果であり，擬似決定係数を指標としている。（1），（2），（7），（8）では外れ値を除外せずに分析した場合の結果を示している。外れ値を含めると擬似決定係数が高くなるが，結果の含意はこれまでの分析と変わらない。（3），（4），（9），（10）は基準年を発効1年前に変更した場合の結果であり，（5），（6），（11），（12）

表7-5 頑健性の確認

	(1)	(2)	(3)	(4)	(5)	(6)
A. 修正済み決定係数	外れ値除外なし		発効1年前基準		2000年基準	
	輸出	輸入	輸出	輸入	輸出	輸入
相手国（c）	0.035	0.038	0.034	0.020	0.040	0.026
品目（k）	0.040	0.035	0.033	0.032	0.064	0.039
年（t）	0.002	0.004	0.001	0.003	0.000	0.001
ck	0.679	0.614	0.544	0.497	0.710	0.703
ct	0.035	0.045	0.040	0.026	0.039	0.026
kt	0.018	0.013	0.025	0.020	0.046	0.021
$ck+ct+kt$	0.696	0.639	0.581	0.531	0.737	0.731

	(7)	(8)	(9)	(10)	(11)	(12)
B. 擬似決定係数	外れ値除外なし		発効1年前基準		2000年基準	
	輸出	輸入	輸出	輸入	輸出	輸入
相手国（c）	0.334	0.264	0.036	0.022	0.052	0.032
品目（k）	0.367	0.231	0.042	0.027	0.056	0.040
年（t）	0.058	0.037	0.005	0.004	0.005	0.004
ck	0.888	0.868	0.390	0.326	0.517	0.498
ct	0.412	0.330	0.053	0.040	0.061	0.046
kt	0.527	0.415	0.095	0.076	0.108	0.101
$ck+ct+kt$	0.989	0.974	0.447	0.383	0.556	0.547

出所：BACI データベースより筆者作成。

では発効年と関係なく基準年を 2000 年に固定した。いずれの場合も，相手国と品目が FTA の効果と深く関係することが示されている。

　本節では日本の FTA の貿易創出効果に注目し，相手国・品目・年別に集計した結果を示した。分析の結果，FTA は発効から年数が経つにつれて貿易への影響が大きくなる傾向にあることが明らかになったが，その大きさは限定的であり相手国や品目の特性による影響の方が大きい。相手国や品目の特性は，競争力や特恵マージン，原産地規則などが考えられる。今後 FTA 効果の不均一性を分析する際には，これらの要因を考慮する必要があると考えられる。

おわりに

　本章ではグラビティモデルを応用し，日本のFTAが貿易額に及ぼす影響を推定した。まずはFTAの貿易創出効果についてこれまでの研究をレビューし，効果の不均一性が生じる要因を検討した。また，現在のスタンダードとされる推定方法を説明しつつ，貿易創出効果を詳細に分けて推定するため，基準年の残差を利用した新たな推定方法を示した。

　日本のFTAの貿易創出効果について，推定結果を相手国・品目・年別に集計したところ，やはりそれぞれに一定の不均一性があることが明らかとなった。途上国もしくは経済規模の小さい国とのFTAの方が効果は大きく，FTAは発効から年数が経つにつれて影響が大きくなる傾向にある。品目に関しては明確な傾向が見られなかったが，不均一性が大きいことは確認された。

　さらに，FTA効果の不均一性に注目し，相手国・品目・年のいずれから変動が生じるかを分析した。その結果，発効後の経過年数よりも相手国や品目の特性による影響の方が大きいことが示された。これまでの研究で品目別にFTAの効果を推定した研究はやや限定的であり，今後掘り下げて研究を進めることが必要ではないかと考えられる。FTA効果の不均一性を分析する際には，両国の競争力や特恵マージン，原産地規則などを考慮すべきである。

参考文献

Aitken, Norman D.（1973）"The effect of the EEC and EFTA on European trade: A Temporal Cross-Section Analysis," *American Economic Review* 63(5), pp. 881-892.

Ando, Mitsuyo, Shujiro Urata, and Kenta Yamanouchi（2022a）"Do Japan's Free Trade Agreements Increase its International Trade?," *Journal of Economic Integration*, 37(1), pp. 1-29.

Ando, Mitsuyo, Shujiro Urata, and Kenta Yamanouchi（2022b）"Effects of Product-Specific Rules of Origin on Trade in Free Trade Agreements: Evidence from the Cases of Japan and the U.S.," RIETI Discussion Paper 22-E-035.

Ando, Mitsuyo, Shujiro Urata, and Kenta Yamanouchi（2023）"Dissimilar FTA Strategies of Japan and the U.S.: An analysis of the product-specific rules of origin," *Asian Economic Papers*, 22(3), pp. 97-126.

Baier, Scott L., and Jefferey. H. Bergstrand（2007）"Do Free Trade Agreements Actually Increase Members' International Trade?," *Journal of International Economics*, 71(1), pp. 72-95.

Baier, Scott L., Jefferey H. Bergstrand, and Matthew W. Clance（2018）"Heterogeneous Effects of Economic Integration Agreements," *Journal of Development Economics*, 135(1), pp. 587-608.

Baier, Scott L., Yoto V. Yotov, and Thomas Zylkin（2019）"On the Widely Differing Effects of Free Trade Agreements: Lessons from Twenty Years of Trade Integration," *Journal of International Economics*, 116(1), pp. 206-226.

Besedes, Tibor, Tristan Kohl, and James Lake（2020）"Phase out tariffs, phase in trade?," *Journal of International Economics* 127, 103385.

Brada, Josef C., and José A. Méndez（1985）"Economic Integration among Developed, Developing and centrally Planned Economies: A comparative analysis," *Review of Economics and Statistics*, 67(4), pp. 549-556.

Breinlich, Holger, Valentina Corradi, Nadia Rocha, Michele Ruta, J. M. C. Santos Silva, Thomas Zylkin（2022）"Machine Learning in International Trade Research-Evaluating the Impact of Trade Agreements," CEPR Discussion Papers, No. 17325.

Breinlich, Holger, Dennis Novy, and J. M. C. Santos Silva（2022）"Trade, Gravity and Aggregation," *Review of Economics and Statistics*, forthcoming.

Cadot Olivier, and Lili Yan Ing（2016）"How Restrictive Are ASEAN's Rules of Origin?" *Asian Economic Papers*, 15(3), pp. 115-134.

Egger, Peter H., Mario Larch, and Yoto V. Yotov（2022）"Gravity Estimations with Interval Data: Revisiting the Impact of Free Trade Agreements," *Economica*, 89 (353), pp. 44-61.

Estevadeordal, Antoni, and Kati Suominen（2008）"What Are the Trade Effects of Rules of Origin?," In Estevadeordal, Antoni, and Kati Suominen eds. *Gatekeepers of Global Commerce*: *Rules of Origin and International Economic Integration*, Washington, DC: Inter-American Development Bank.

Freeman, Rebecca, and Samuel Pienknagura（2019）"Are All Trade Agreements Equal? The Role of Distance in Shaping the Effect of Economic Integration Agreements on trade flows," *Review of World Economics*, 155(2), pp. 257-285.

French, Scott, and Tomas Zylkin（2024）"The Effects of Free Trade Agreements on

Product-Level Trade," *European Economic Review*, 162, 104673.

Gaulier, Guillaume, and Soledad Zignago (2010) "BACI: International Trade Database at the Product-Level. The 1994-2007 Version," CEPII Working Paper, No. 2010-23, Centre d'Etudes Prospectives et d'Informations Internationales.

Gourdon, Julien, Karin Gourdon, and Jaime de Melo (2023) "A (more) systematic exploration of the trade effect of product-specific rules of origin," *World Trade Review*, 22(3-4), pp. 421-435.

Hayakawa, Kazunobu, Tadashi Ito, and Fukunari Kimura (2016) "Trade creation effects of regional trade agreements: tariff reduction versus non-tariff barrier removal," *Review of Development Economics*, 20(1), pp. 317-326.

Hayakawa, Kazunobu, and Taiyo Yoshimi (2023) "Tariff rates in gravity," *Journal of International Trade & Economic Development*, pp. 1-18.

Kohl, Tristan (2014) "Do we really know that trade agreements increase trade?," *Review of World Economics*, 150(3), pp. 443-469.

Larch, Mario, Joschka Wanner, Yoto V. Yotov, and Thomas Zylkin (2019) "Currency unions and trade: A PPML re-assessment with high-dimensional fixed effects," *Oxford Bulletin of Economics and Statistics*, 81(3), pp. 487-510.

Magee, Christopher S. P. (2008) "New measures of trade creation and trade diversion," *Journal of International Economics*, 75(2), pp. 349-362.

Mattoo, Aaditya, Alen Mulabdic, and Michele Ruta (2022) "Trade creation and trade diversion in deep agreements," *Canadian Journal of Economics*, 55(3), pp. 1598-1637.

Medvedev, Denis (2010) "Preferential trade agreements and their role in world trade," *Review of World Economics*, 146, pp. 199-222.

Santos Silva, J. M. C., and Silvana Tenreyro (2006) "The log of gravity," *Review of Economics and Statistics*, 88(4), pp. 641-658.

Santos Silva, J. M. C., and Silvana Tenreyro (2010) "On the existence of the maximum likelihood estimates in Poisson regression," *Economics Letters*, 107(2), pp. 310-312.

Tinbergen, Jan. (1962) *Shaping the World Economy: Suggestions for an International Economic Policy*, The Twentieth Century Fund, New York.

Vicard, Vincent (2011) "Determinants of Successful Regional Trade Agreements," *Economics Letters*, 111(3), pp. 188-190.

Yotov, Yoto V., Roberta Piermartini, José-Antonio Monteiro, and Mario Larch (2016) *An Advanced Guide to Trade Policy Analysis: The Structural Gravity Model*, Geneva: World Trade Organization.

第II部

さらなる多様性へ
―国際貿易論の応用研究から実践論まで―

第8章

経済の複雑性と所得水準[*]

清田 耕造

はじめに

各国の技術力の高さを表す指標として参照されているものの一つに，経済複雑性指標（Economic Complexity Index：ECI）と呼ばれるものがある。この指標は多様な高付加価値製品を様々な国に輸出する能力を表す指標であり，ハーバード大学国際開発センター成長研究所（Growth Lab, Center for International Development of Harvard University）から発表されているものである。そして，日本は1984年以降現在に至るまで，この指標で首位を独走している。

ECI は Hidalgo and Hausmann（2009）によって提示されたものである。第1節で説明するように，各国の比較優位，輸出の多様性，輸出する財の普遍性を反映した指標として定義される。ここで比較優位とは，ある国の輸出の中で他の財と比べて相対的に多く輸出されているかどうかをとらえたものであり，輸出の多様性とは，ある国がどれだけの種類の財を輸出しているかをとらえたものである[1]。また，財の普遍性とはその財がいかに多くの国から輸出されているかをとらえるものである。

ECI は各国が輸出する財の特性を国レベルで集約した指標となっている。

---

[*] 本稿を執筆する上で，井上英之氏，入山章栄氏，小橋文子氏，渡部雄太氏から有益なコメントを頂戴した。記して謝意を表したい。なお，本稿に残る全ての誤りは筆者に帰するものである。

[1] ここで言う比較優位とは，Balassa（1965）によって考案されたバラッサの顕示比較優位指数を指す。この詳細は第1節で説明する。

各国で輸出される財は多岐にわたるが，それらを一つの指標に落とし込むことで，解釈を容易なものとしている。さらに，第1節で述べるように，ECIはネットワーク分析に基づいており，結果の可視化を容易にするという点でも優れた指標と言える。

　それではECIはなぜ重要なのだろうか。Hausmann, Hidalgo, Bustos, Coscia, Simoes, and Yildirim（2013）はECIの重要性として次の二点を挙げている。第一に，ECIは各国の一人当たり国内総生産（Gross Domestic Product：GDP）と強い正の関係にある[2]。第二に，現在の所得水準に比して高いECIを持つ国は，その後，高い経済成長を達成する傾向にある[3]。この二点目は，ECIが経済成長を予測する上での重要な指標となりうることを示唆している。さらに，Hartmann, Guevara, Jara-Figueroa, Aristarán, and Hidalgo（2017）はECIが所得格差と負の相関を持つことも指摘している。

　このようなECIの有用性を踏まえ，これまでに様々な研究が行われてきた。その中には，対内直接投資の要因としてECIに注目したSadeghi, Shahrestani, Kiani, and Torabi（2020）の研究や日本の都道府県レベルでECIと所得水準の関係を分析したCharkraborty, Inoue, and Fujiwara（2020）がある。また，ECIの数学的な特性を分析したCaldarelli, Cristelli, Gabrielli, Pietronero, Scala, and Tacchella（2012）やECIを改良することを試みたMorrison, Buldyrev, Imbruno, Arrieta, Rungi, Riccaboni, and Pammolli（2017），Sciarra, Chiarotti, Ridolfi, and Laio（2020），Inoua（2023）など，ECIそのものに関する研究も進められている。さらに，ECIは研究者だけでなく，政策担当者にも注目されており，経済産業省（2020）や国土交通省（2021）など，政府の資料の中でもたびたび言及されている[4]。しかし，筆者が知る限り，日

---

[2]　説明をわかりやすくするため，本章では一人当たりGDPの水準のことを所得水準と呼び，両者を区別せずに用いることにする。ただし，厳密には，国内総生産（GDP）と国内総所得（Gross National Income）は異なるものである。国内総所得には海外からの所得の純受取が含まれる。

[3]　Hidalgo（2021）は，因果関係としても，ECIが所得水準，およびその成長の重要な要因として考えられることを指摘している。本章は因果関係の是非には踏み込まず，彼の主張を前提に（すなわちECIが所得水準の要因であることを前提として）議論を進める。

本の経済学の分野でECIを明示的に論じた文献は存在しない。また，ECIと所得水準の関係については，Hausmann, Hidalgo, Bustos, Coscia, Simoes, and Yildirim（2013）やHidalgo and Hausmann（2009）の分析に限られている。

　日本経済は急速な少子高齢化に直面しており，将来の経済成長の青写真を描くことは喫緊の課題となっている。先行研究が示すようにECIが所得水準や所得の成長の要因として考えられるなら，ここでECIの概念を整理し，所得水準との関係を考察しておくことは，学術的にも政策的にも意義のあることだと考えられる。そこで本章では，ECIの導出法や基となるデータについて紹介し，所得水準との関係について考察する。本章を通じて，日本が高いECIを示しているにも関わらず，なぜ所得が伸び悩んでいるのかを明らかにする。

第1節　複雑性の計測法

1.1　データ

　ECIは各国の財の輸出を基に計測されるものである。データにはUnited NationsのUN COMTRADEデータベースなどを独自に修正する形で利用している。Hildalgo and Hausmann（2009）によれば，財の分類は標準国際貿易分類（Standard International Trade Classification：SITC）の4桁レベルである。

　分析の対象国は128ヵ国である。Hausmann, Hidalgo, Bustos, Coscia, Simoes, and Yildirim（2013）によれば，これらの国の選択は次のような理由による。まず，UN COMTRADEで財レベルの二国間貿易データが利用可能な国のうち，2010年時点のGDPが利用可能で，人口が120万人以上，輸出額が2006年から2010年の間で年平均10億ドル以上の国が抽出されている。さらに，データの質に疑問の残る3ヵ国（イラク，チャド，マカオ）は分析の対象から外されている。この結果，分析の対象が128ヵ国となっている。これらの国は世界全体の輸出の99％の割合を占めており，世界のGDPの

---

[4]　ECIに関する近年の研究については，Hidalgo（2021）やBalland, Broekel, Diodato, Giuliani, Hausmann, O'Clery, and Rigby（2022）が参考になる。

132

97%，人口の 95% を占めている[5]。

　ECI が各国の輸出の情報に基づくことを踏まえると，ECI は各国の生産ではなく輸出の複雑さを示すものだが，輸出は国内生産と密接に関連していることから，Hausmann, Hidalgo, Bustos, Coscia, Simoes, and Yildirim（2013）は経済の複雑性と呼んでいる。また，ECI と同様に，Hidalgo and Hausmann（2009）は財の複雑性をとらえる指標（Product Complexity Index：PCI）も考案している。

1.2　複雑性の導出と特性

1）遷移行列と顕示比較優位指数

　先にも述べたように，ECI は各国の財の輸出を基に計測されている。いま，**M** という行列を考える。この行列は行に国 c，列に財 p を取り，その成分を m_{cp} で表すとする。この m_{cp} は国 c が財 p を著しく輸出している場合に 1，それ以外のときに 0 を取る成分である。ここで，著しく輸出しているかどうかを判断する基準として，Balassa（1965）によって考案されたバラッサの顕示比較優位（Revealed Comparative Advantage：RCA）という指標が用いられている。国 c の財 p の輸出を X_{cp} と表すとき，RCA は次のように定義されるものである。

$$X_{cp} = \frac{X_{cp}}{\sum_c X_{cp}} \bigg/ \frac{\sum_p X_{cp}}{\sum_c \sum_p X_{cp}} \tag{1}$$

ここで，RCA の分子は世界全体の財 p の輸出に占める国 c の財 p の輸出の割合である。一方，RCA の分母は世界全体の輸出に占める国 c の全輸出の割合であり，国 c の財全体の（貿易額で加重した）平均的な世界輸出シェアと解釈することができる。このため，RCA が 1 より大きい場合，国 c の平均的な輸出シェアよりも国 c の財 p の輸出シェアが大きいことを示すことになる。このとき，国 c は財 p に比較優位を持つと言われる。一方，RCA が 1 よりも小さい場合，国 c は財 p に比較劣位を持つと言われる。

---

[5]　ただし，データは年々更新されている。ハーバード大学国際開発センター成長研究所のホームページによれば，2023 年 7 月 30 日現在，250 か国・地域が対象となっている。

国 c が財 p を著しく輸出しているかどうかは，この RCA が 1 を超えるかどうかが基準とされており，m_{cp} は次のように定義される。

$$m_{cp} = \begin{cases} 1 & \text{if } RCA_{cp} \geq 1; \\ 0 & \text{otherwise} \end{cases} \qquad (2)$$

この m_{cp} という成分を持つ行列 M_{cp} はネットワーク分析の遷移行列に対応するものであり，複雑性指標の導出はネットワーク分析の手法が基になっている。次節では，ECI と PCI の導出方法について Hausmann, Hidalgo, Bustos, Coscia, Simoes, and Yildirim（2013）と Inoua（2023）を基に解説する[6]。

2）複雑性指標の導出

（2）式の m_{cp} を利用して，国 c と財 p の複雑性を考える。国 c の複雑性 k_c は，次のように，国 c の輸出する財の複雑性の加重平均値でとらえられるとする。

$$k_c = \sum_p \frac{m_{cp}}{\sum_p m_{cp}} \cdot k_p = \sum_p \widetilde{W}_{cp} \cdot k_p \qquad (3)$$

ここで，$\widetilde{W}_{cp}(= m_{cp}/\sum_p m_{cp})$ はウェイトを表している。また，ウェイト $\widetilde{W}_{cp}$ の分母 $(\sum_p m_{cp})$ は Hausmann, Hidalgo, Bustos, Coscia, Simoes, and Yildirim（2013）の多様性（Diversity）に対応するものである。

$$\text{Diversity} = \sum_p m_{cp} \qquad (4)$$

すなわち，多様性は国ごとに行列の列について足し挙げたものとして定義されている。（3）式は，国 c が複雑な財を輸出すればするほど，国 c の複雑性 k_c が高まることを意味している。

同様に，財 p の複雑性 k_p は，次のように，その製品を輸出する国の複雑性の加重平均値でとらえられるとする。

---

[6] Hildalgo and Hausmann（2009）は自身が考案した解法を反射法（method of reflections）と呼んだが，後に Caldarelli, Cristelli, Gabrielli, Pietronero, Scala, and Tacchella（2012）は反射法による解法が固有値問題に帰着できることを明らかにした。本章では，固有値問題に注目しつつ，説明を可能な限り簡単にするため，Inoua（2023）の説明に従う。

134

$$k_p = \sum_c \frac{m_{cp}}{\sum_c m_{cp}} \cdot k_p = \sum_c \widehat{W}_{cp} \cdot k_c \qquad (5)$$

ここで，$\widehat{W}_{cp}(= m_{cp}/\sum_c m_{cp})$ はウェイトを表している。また，ウェイト $\widehat{W}_{cp}$ の分母（$\sum_p m_{cp}$）は Hausmann, Hidalgo, Bustos, Coscia, Simoes, and Yildirim (2013) の普遍性（Ubiquity）に対応するものである。

$$\text{Ubiquity} = \sum_c m_{cp} \qquad (6)$$

すなわち，普遍性は国ごとに行列の行について足し挙げたものとして定義されている。

このとき，国 c の複雑性 k_c を求めるためには財の複雑性 k_p の情報が必要だが，財 p の複雑性 k_p を求めるためには国の複雑性 k_c の情報が必要になる。k_c と k_p のベクトルをそれぞれ $\mathbf{k}_c$ と $\mathbf{k}_p$ で表すとする。また，ウェイト $\tilde{W}_{cp}$ と $\widehat{W}_{cp}$ の行列をそれぞれ $\tilde{\mathbf{W}}$ と $\widehat{\mathbf{W}}$ で表すとする。ここで，$\mathbf{W}^*$ は行に財 p，列に国 c を取っている点に注意して欲しい。このとき，（3）式と（5）式はそれぞれ $\mathbf{k}_c = \tilde{\mathbf{W}}\mathbf{k}_p$，$\mathbf{k}_p = \widehat{\mathbf{W}}\mathbf{k}_c$ と表すことができる。このため，次式が成立する。

$$\mathbf{k}_c = \tilde{\mathbf{W}}\mathbf{k}_p = (\tilde{\mathbf{W}}\widehat{\mathbf{W}})\mathbf{k}_c = \tilde{\mathbf{M}}\mathbf{k}_c \qquad (7)$$

$$\mathbf{k}_p = \widehat{\mathbf{W}}\mathbf{k}_c = (\widehat{\mathbf{W}}\tilde{\mathbf{W}})\mathbf{k}_p = \widehat{\mathbf{M}}\mathbf{k}_p \qquad (8)$$

ここで，$\tilde{\mathbf{M}} = \tilde{\mathbf{W}}\widehat{\mathbf{W}}$，$\widehat{\mathbf{M}} = \widehat{\mathbf{W}}\tilde{\mathbf{W}}$ である。（7）式の解が国の複雑性，（8）式の解が財の複雑性を表すことになるが，$\mathbf{k}_c$（あるいは $\mathbf{k}_p$）を中心性，$\tilde{\mathbf{M}}$（あるいは $\widehat{\mathbf{M}}$）を遷移行列と考えれば，これらの式は固有ベクトル（eigenvector）中心性の式と同じ形と解釈できる[7]。このため，（7）式と（8）式はネットワーク分析の枠組みで解くことができ，それぞれの遷移行列の固有ベクトルを求めることに他ならない[8]。

---

[7]　固有ベクトル中心性については Newman（2010）の Chapter 7.2 を参照してほしい。

[8]　正方行列 $\mathbf{X}$，ゼロではないベクトル $\mathbf{v}$ に関して $\mathbf{X}\mathbf{v} = r\mathbf{v}$ が成り立つとき，r は $\mathbf{X}$ の固有値，$\mathbf{v}$ は固有ベクトルと呼ばれる。なお，r は（ベクトルでも行列でもなく）スカラーである。

ただし，$\mathbf{\tilde{W}}$ と $\mathbf{\hat{W}}$ は共に行の和が 1 となることに注意すると，$\mathbf{\tilde{M}}$ および $\mathbf{\hat{M}}$ の最大固有ベクトルは共に 1 を成分とするベクトルとなる。しかし，解の一つである最大固有ベクトルは有益な情報を提供しない。このため，ECI は二番目に大きな固有ベクトルに注目し，それを基準化した変数として定義されている。すなわち，

$$\mathrm{ECI} = \frac{\vec{K} - <\vec{K}>}{\mathrm{stdev}(\vec{K})} \tag{9}$$

ここで，$\vec{K}$ は $\mathbf{\tilde{M}}$ の二番目に大きな固有値であり，$<\ >$ と stdev はそれぞれ固有ベクトルの平均と標準偏差を表す。同様に，PCI は次のように定義されている。

$$\mathrm{PCI} = \frac{\vec{Q} - <\vec{Q}>}{\mathrm{stdev}(\vec{Q})} \tag{10}$$

ここで，$\vec{Q}$ は $\mathbf{\hat{M}}$ の二番目に大きな固有値である。なお，固有値問題は主成分分析と関連付けることができ，ECI と PCI は共に主成分分析の第二主成分としてとらえることもできる[9]。ECI と PCI は共に基準化された指数のため単位を持たないが，0 を基準としておおよそ −3 から 3 の間の値を取る。この点は後述の図 8 − 1 で確認できる。

3) 注意点

ECI は興味深い視点を提供するものだが，注意すべき点もある。その一つは，指標の基になるのが輸出であり，生産ではない点である。このため，自国で生産し，輸出されずに消費されるものは，分析では考慮できない。もちろん，輸出されない財が国際競争力のない財なら，財の複雑性という意味では，考慮しなくても問題ないかもしれない。しかし，サービスの場合は輸出されずに消費されることが多いことにも注意が必要である。

なお，この注意点については，Hausmann, Hidalgo, Bustos, Coscia, Simoes, and Yildirim（2013）自身も指摘している。このうちサービスについては，12

---

9) 固有値問題と主成分分析の関係については，Maddala and Lahiri（2009）の第 7 章，および第 7 章補論が参考になる。

分類から成るサービス貿易のデータを基に，追加的な分析を行っている。分析の結果，サービスの輸出を基に計算したECIでは，経済成長を予測できないことが明らかになった。ただし，Hausmann, Hidalgo, Bustos, Coscia, Simoes, and Yildirim（2013）は，サービス輸出は12分類と極めて集計された形でしか利用できないため，サービスの複雑性さをとらえるのは困難であると指摘している。

第2節　ECIと所得水準

2.1　日本のECIの推移

「はじめに」で述べたように，1984年以降，日本は世界で最も高いECIを維持している。ここではまず，この事実を実際のデータによって確認しておこう。ここで，ECIはハーバード大学国際開発センター成長研究所のホームページから得た。分析の期間はホームページでダウンロード可能な1995年から2020年である。

図8-1は1995年から2020年までの各国のECIの変化をプロットしたものである。このうち日本については国際標準化機構（International Organiza-

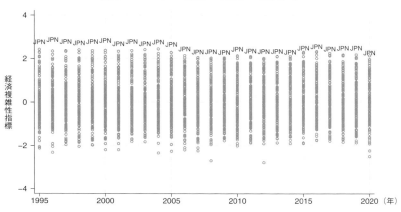

図8-1　ECIの推移：1995～2020年

注：データの出所については本文を参照。

tion for Standardization) コード（以下，ISO コード）に基づき，JPN で表示している。一方，丸印は日本以外の国である。図 8-1 より，日本が 1995 年以降，2020 年まで継続して最も上位に位置していることが確認できる。ただし，日本の ECI は継続して上昇しているわけではなく，1995 年から 2020 年にかけて，わずかながらもやや低下傾向にあることもわかる。ECI が年ごとに基準化されていることに注意すると，この結果は，日本の ECI の相対的な高さが低下していることを示唆している。

2.2　記述統計

「はじめに」で述べたように，先行研究によれば，ECI は各国の所得水準と強い正の関係がある。この点をデータで確認してみよう。ここでは，所得水準として，一人当たり GDP を世界銀行の World Development Indicators Database のホームページから入手した。また，為替レートの変動の影響を除くため，2017 年価格のドル（購買力平価）表示のものを利用する。まず，分析期間の最初と最後に当たる 1995 年と 2020 年について，ECI と所得水準の関係について見てみる。

図 8-2 は横軸を ECI，縦軸を所得水準とし，その関係を各国についてプロットした散布図である。縦軸の所得水準は対数軸であり，プロットされている 3 文字は ISO コードを表している。また，直線は線形回帰の理論値を表している。この図の注目すべき点として，次の二点が挙げられる。

第一に，1995 年，2020 年のいずれにおいても，ECI と所得水準の間には強い正の相関が認められる点である。この結果は，「はじめに」で紹介した Hausmann, Hidalgo, Bustos, Coscia, Simoes, and Yildirim（2013）の主張を確認するものである。第二に，日本は直線の右側（あるいは下側）に位置している点である。この結果は，同じ所得水準の国を比較したとき，日本は相対的に高い ECI となっていることを意味している。

「はじめに」で紹介した Hausmann, Hidalgo, Bustos, Coscia, Simoes, and Yildirim（2013）の主張の一つは，現在の所得水準に比して高い ECI を持つ国は，その後，高い経済成長を達成する傾向にあるというものである。彼らの主張に基づけば，日本は現在の所得水準に比して高い ECI を持つことから，

図8-2 ECIと所得水準の関係

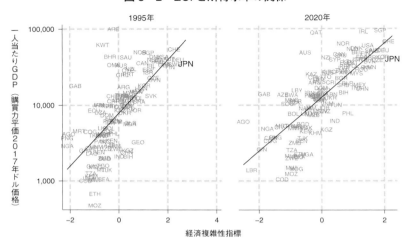

注：ECIと所得水準（常用対数値）の相関係数は1995年が0.6975, 2020年が0.7734である。また，実線は単回帰の理論値である。
出所：データの出所については本文を参照。

将来，高い経済成長が期待されるということになる。しかし，失われた20年とも30年と言われるように，日本の経済成長は1990年初頭から低迷している。そこで，次に日本について，ECIと所得水準の関係を時系列に見てみよう。

図8-3は，図8-2と同様に，横軸をECI，縦軸を所得水準とし，その関係を1995年から2020年の日本とアメリカ合衆国についてプロットした散布図である。プロットされている数値は年を表している。また，直線は線形回帰の理論値を表している。この図より，時系列で見た場合，両国のECIと所得水準は負の相関を示しており，一時点のクロスカントリーで見た結果とは全く異なるパターンになっていることがわかる。

このようなECIと所得水準の負の相関は，日本とアメリカ合衆国だけに見られるものではない。ドイツやスイスも同様である（補論図1～2）。もちろん，国によっては正の相関が確認できるところもある。例えば，図8-4は，中国とタイについて同様の関係を見たものである。中国とタイについては，一時点のクロスカントリーで見た結果と整合的なパターンが確認できる。

第 8 章　経済の複雑性と所得水準　　139

図 8-3　ECI と所得水準の関係：日本とアメリカ合衆国

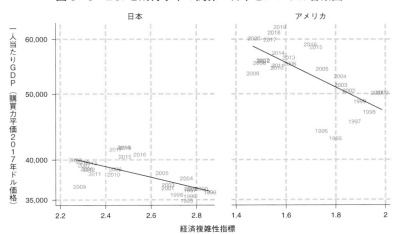

注：ECI と所得水準（常用対数値）の相関係数は日本が −0.6581，アメリカが −0.6839 である。また，実線は単回帰の理論値である。
出所：データの出所については本文を参照。

図 8-4　ECI と所得水準の関係：中国とタイ

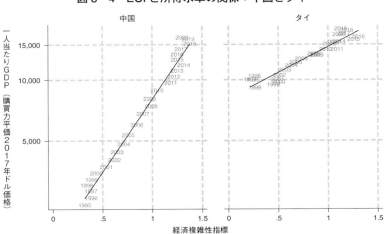

注：ECI と所得水準（常用対数値）の相関係数は中国が 0.9907，タイが 0.9531 である。また，実線は単回帰の理論値である。
出所：データの出所については本文を参照。

140

　ここで図8-3と図8-4の横軸を比べると，日本やアメリカのECIが中国やタイのECIよりも高いことがわかる。すなわち，ECIと所得水準の関係は，ECIの大小によって異なる可能性がある。このような場合，単純な線形の回帰では両者の関係をとらえることができない。さらに，研究者には観測できないようなそれぞれの年固有の要因や国固有の要因が働いているかもしれない。そこで次節では，回帰分析によってECIと所得水準の関係についての考察を試みる。

2.3　回帰分析
1）分析手法

　本章では，国iと年tのパネルデータを利用して，次のような二種類の回帰分析を試みる。第一の回帰分析は次のような線形回帰分析である。

$$\log(PGDP_{it}) = \alpha_i + \alpha_t + \beta_0 + \beta_1 ECI_{it} + \epsilon_{it} \tag{11}$$

ここで，$PGDP_{it}$はt年のi国の所得水準，ECI_{it}はt年のi国のECI，α_iは国iの固定効果，α_tは年tの固定効果，ϵ_{it}は誤差項である。ここで，国の固定効果とは，国ごとのダミー変数を含めること，すなわち国ごとの定数項を含めることと同様であり，期間を通じて変化しないような国の特性を考慮することを意味している[10]。一方，年の固定効果とは，年ごとのダミー変数を含めること，すなわち年ごとの定数項を含めることと同様であり，例えば新型コロナパンデミックのような，ある年に各国が共通して直面するようなショックを考慮することを意味している。

　この（12）式の回帰分析はECIと所得水準の間に線形の関係を想定するものだが，両者の間にはより複雑な非線形の関係が存在するかもしれない。そこで第二の回帰分析として，次のような3回の区分（二つの屈折点）を許容する区分線形回帰（piecewise linear regression）を試みる[11]。

---

[10]　時間を通じて変化しない国の特性，例えば期間を通じた平均的な技術水準は，国の固定効果と完全に相関する。このため，国の固定効果を含めると，時間を通じて変化しない変数は分析に含められなくなる。

$$\log(PGDP_{it})$$
$$= \alpha_i + \alpha_t + \beta_0 + \beta_1 ECI_{it} + (\gamma_1 + \delta_1 ECI_{it}) d_1 + (\gamma_2 + \delta_2 ECI_{it}) d_2 + \epsilon_{it} \quad (12)$$

ここで，d_1 と d_2 はそれぞれ ECI が τ_1 と τ_2 を超えたときに 1 を取るダミー変数である。すなわち，

$$d_j = \begin{cases} 0 & \text{if} \quad ECI_{it} < \tau_j; \\ 1 & \text{if} \quad ECI_{it} \geq \tau_j \end{cases} \quad j = 1, 2 \quad (13)$$

であり，$\tau_1 < \tau_2$ である。第 1 区分，第 2 区分，第 3 区分の傾きは，β_1，$\beta_1 + \delta_1$，$\beta_1 + \delta_1 + \delta_2$ となる。このため，ECI と所得水準の間に統計的に正の関係があるならば，β_1，$\beta_1 + \delta_1$，$\beta_1 + \delta_1 + \delta_2 > 0$ となる。この（11）式は次のように書き直すことができる。

$$\log(PGDP_{it})$$
$$= \alpha_i + \alpha_t + \beta_0 + \beta_1 ECI_{it} + \delta_1 (ECI_{it} - \tau_1) d_1 + \delta_2 (ECI_{it} - \tau_2) d_2 + \epsilon_{it} \quad (14)$$

（14）式を推定する上で，τ_1 と τ_2 をどのような値に設定するかが問題となる。値の設定が恣意的になるのを避けるため，多くの国の ECI が取りうる範囲で外生的に与え，平均平方誤差（Root Mean Squared Error：RMSE）が最小化する値を探索した [12]。

2) 推定結果

回帰分析の結果をまとめたのが，表 8-1 である。表 8-1 の（1）列目は固定効果を含まない結果である。（2）列目は年の固定効果 α_t を含む結果であり，（3）列目は国の固定効果 α_i を含む結果である。そして（4）列目は

---

[11] 区分線回帰については，Greene（2020）の Chapter 6.4.1 にわかりやすい解説がある。なお，区分の回数は 4 回以上にすることも可能だが，分析がより複雑になり，また計算量が多大になることから，本章では 3 回の区分までを許容する回帰式としている。

[12] 具体的には，τ_1 と τ_2 は -1.701 から 1.801 の間で，0.1 刻みで探索した。分析対象国の 90% の ECI は -1.7 から 1.8 に含まれる。同様の方法は Kiyota（2012）でも採用されている。なお，-1.7 や 1.8 ではなく，-1.701 や 1.801 としているのは，τ_1 と τ_2 が 0 になるときに推定ができなくなってしまうことを避けるためである。

年と国の固定効果を両方含む結果である。一方，（5）列目は区分線回帰分析（式（14））の結果である。この回帰分析の特徴的な結果として，次の二点が挙げられる。第一に，ECIと所得水準の統計的に有意な正の関係は，国固定効果を含むと消滅してしまうことである。ECIの係数に注目すると，（1）列目と（2）列目は統計的に有意だが，（3）列目以降は有意性が失われていることが確認できる。また，RSMEを比較すると，（4）が最も小さい。これは，（1）〜（4）の中では（4）列目の結果が最も説明力が高いことを意味している。

第二に，（5）列目の区分線形回帰の結果を見ると，$(ECI_{it} - \tau_1)$ の係数，および $(ECI_{it} - \tau_2)$ の係数が有意になっていることがわかる。この結果は，ECIと所得水準の関係は単純な線形の関係では近似できないことを示唆している。また，RSMEを比較すると，（5）が最も小さく，この表の中で（5）列目の結果が最も説明力が高いことを意味している。しかし，この結果だけでは線形回帰と区分線回帰の違いがわかりにくいかもしれない。そこで，

表8−1　ECIと所得水準の関係：回帰分析の結果

年・期間	(1) 1995-2020	(2) 1995-2020	(3) 1995-2020	(4) 1995-2020	(5) 1995-2020
定数項	4.034***	3.894***	4.045***	3.905***	3.883***
	[0.006]	[0.033]	[0.041]	[0.010]	[0.021]
ECI	0.337***	0.338***	0.037	0.012	−0.017
	[0.006]	[0.006]	[0.036]	[0.024]	[0.027]
ECI-τ_1					−0.114**
					[0.055]
ECI-τ_2					0.286***
					[0.068]
サンプルサイズ	3,332	3,332	3,332	3,332	3,332
RMSE	0.3651	0.3577	0.1084	0.0679	0.0653
τ_1					−0.2
τ_2					0.3
年固定効果	無	有	無	有	有
国固定効果	無	無	有	有	有

注：括弧内はロバストな標準誤差。***，**はそれぞれ統計的有意水準1％，5％を表す。
出所：データの出所については本文を参照。

（4）列の線形回帰結果と（5）列の区分線回帰の結果を図示したのがそれぞれ図8-5と図8-6である。

図8-5と図8-6は図8-2と同様の図だが，所得水準から固定効果を除いたものである[13]。それぞれの実線は回帰分析の（国と年の固定効果を除いた）理論値であり，図の破線は95％の信頼区間を表している[14]。縦軸は固定効果を除いた所得水準を表している。この図8-5より，ECIと所得水準の関係はほぼ水平であり，正の相関を見出すのが難しいことがわかる。

一方，図8-6からは次の三つの点が確認できる。第一に，第1区分と第2区分では負の相関が確認できることである。表8-1の結果を踏まえると，第1区分では係数 $\hat{\beta}_1 = -0.017$ は有意ではないものの，第2区分においては

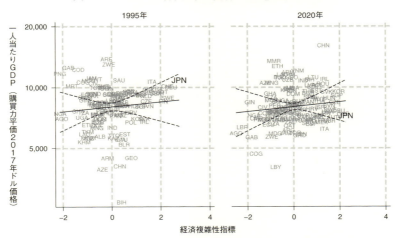

図8-5　ECIと所得水準の関係：固定効果を考慮

注：縦軸は（固定効果を考慮した）調整済みの所得水準である。実線は理論値，破線は95％の信頼区間を表す。
出所：データの出所については本文を参照。

---

[13] 所得水準から固定効果を除くという意味は，（11）式に固定効果（α_i）を加えて固定効果モデルを推定し，所得水準（対数値）から固定効果の推定値を差し引く，すなわち $\log(PGDP_{it}) - \hat{\alpha}_i - \hat{\alpha}_t$ を求めるというものである。
[14] 国の固定効果を除かない場合，国の数だけ（切片の異なる）回帰線が現れることなる。図を見やすくするため，ここでは固定効果を除いた理論値を計算している。

係数 $\hat{\beta}_1 + \hat{\delta}_1 = -0.1314$ となり，統計的に有意な負の相関が確認できる（仮説検定 $\hat{\beta}_1 + \hat{\delta}_1 = 0$ に関する p- 値は 0.013）。この結果は，ECI がある一定の値にあるとき，所得水準との間に負の相関があることを意味している。

　第二に，第3区分では正の相関が確認できることである。第3区分の係数は $\hat{\beta}_1 + \hat{\delta}_1 + \hat{\delta}_2 = 0.155$ となり，統計的に有意である（仮説検定 $\hat{\beta}_1 + \hat{\delta}_1 + \hat{\delta}_2 = 0$ に関する p- 値は 0.000）。この結果は，ECI が一定の値を超えると所得水準との間の正の関係が現れることを意味している。この結果は線形回帰では見出せない関係であり，区分線回帰の有用性を確認するものと言える。また，ECI と所得水準の関係は単純な正の関係ではなく，より複雑な関係になっていることを示唆している。

　そして第三に，日本は実線より上か，実線上に位置していることである。この結果は，国の固定効果や非線形性を考慮すると，日本の所得水準は ECI から予想される水準となっていることを意味している。図8-1で日本は現在の所得水準に比して高い ECI を持つことを確認したが，これは固定効果や非線形性を考慮していなかったことによる。言い換えれば，国の固定効果

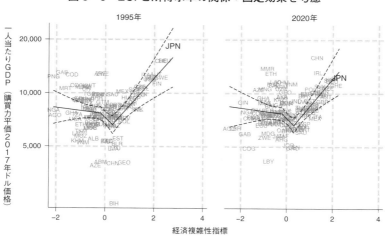

図8-6　ECI と所得水準の関係：固定効果を考慮

注：縦軸は（固定効果を考慮した）調整済みの所得水準である。実線は理論値，破線は 95％の信頼区間を表す。

や非線形性を考慮すると日本は既に ECI から予想される所得水準を達成しているのである。

　それでは，日本がさらに高い所得水準を目指すためには何が必要なのだろうか。非線形異性と国固有の効果を考慮することで日本の ECI と所得の関係をうまく説明できることを踏まえると，この答えの鍵は固定効果にあると考えられる。図 8-7 は各国の固定効果と所得水準の関係を散布図にまとめたものである。実線は線形回帰の理論値であり，日本は実線の下に位置していることがわかる。理論時と実際の固定効果の乖離を計算すると，1995 年の日本の理論値から下への乖離は − 0.285 であり，分析対象国 122 ヵ国の中で二番目に大きい。2020 年は − 0.167 と小さくなっているが，それでも分析対象国 125 ヵ国の中で下から六番目である。いずれの年も理論値を大きく下回っていることは，同じ所得水準を持つ国と比較して，日本の固定効果が極めて小さいことを表している。これらの結果は，時間を通じて変化のない日本固有の要因により，日本の所得が伸び悩んでいることを示唆している。

図 8-7　国の固定効果と所得水準の関係

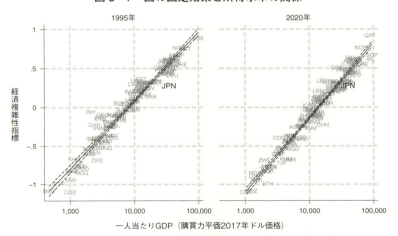

注：縦軸は国の固定効果の係数である。実線は理論値，破線は 95％の信頼区間を表す。
出所：データの出所については本文を参照。

第3節　結論

　各国の技術力の高さを表す指標として参照されているものの一つに，経済複雑性指標（Economic Complexity Index：ECI）と呼ばれるものがある。この指標は多様な高付加価値製品を様々な国に輸出する能力を表す指標であり，日本は世界で最も高い ECI を四半世紀以上維持している。そして，この ECI は所得水準（一人当たり GDP の水準）と強い正の相関を持つことが知られている。日本経済は急速な少子高齢化に直面しており，将来の経済成長の青写真を描くことは喫緊の課題となっている。本稿では，1995 年から 2020 年の約 130 ヵ国のデータを利用して，ECI と所得水準の関係を考察した。本研究で明らかになった事実は次の 4 点にまとめられる。

　第一に，ある一時点のクロスセクションで見ると，各国の ECI と所得水準は正の相関が確認できることである。第二に，日本の ECI と所得水準を時系列で見てみると，両者の間に負の相関が確認できることである。そしてこのような時間を通じた負の相関は，アメリカ合衆国やドイツについても認められる。第三に，ECI と所得水準の関係を見る上で国の固定効果や非線形性を考慮すると，ECI がある一定の値になるまでは両者の間には負の相関が確認できるものの，ある一定の値を超えると正の相関が確認できることである。この非線形な結果は単純な線形回帰では見出せない関係であり，本研究の重要な発見であると言える。

　第四に，国の固定効果や非線形性を考慮すると，日本は ECI の高さに応じた所得水準を達成していることである。そして，同じ所得水準を持つ国と比較すると，日本の固定効果は極めて小さい。これらの結果は，時間を通じて変化のない日本固有の要因により，日本の所得が伸び悩んでいることを示唆している。それでは日本固有の要因とは何なのだろうか。日本特有の商習慣や制度，規制の中に，所得の成長を阻む要因が潜んでいるのかもしれない。また，本章は Hidalgo（2021）を前提とし，因果関係については踏み込んでこなかった。しかし，両者の間に本当に因果関係があるのかという点も検討の余地があるかもしれない。これらの疑問に答えることは，本論文の残された課題である。

第 8 章 経済の複雑性と所得水準　　*147*

補論　主要国の ECI と所得水準

補論図 1　ECI と所得水準の関係：ドイツ

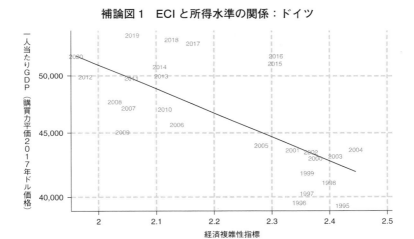

注：データの出所については本文を参照。

補論図 2　ECI と所得水準の関係：スイス

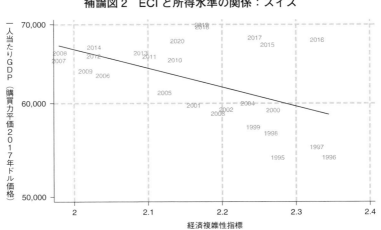

注：データの出所については本文を参照。

参考文献

経済産業省（2020）『産業技術ビジョン』経済産業省.

国土交通省（2021）「我が国の経済成長について」国土審議会計画推進部会，国土の長期展望専門委員会（第 12 回），配布資料.

Balassa, Bela（1965）"Trade Liberalization and "Revealed" Comparative Advantage," *The Manchester School*, 33, pp. 99–123.

Balland, Pierre-Alexandre, Tom Broekel, Dario Diodato, Elisa Giuliani, Ricardo Hausmann, Neave O'Clery, and David Rigby（2022）"The New Paradigm of Economic Complexity," *Research Policy*, 51, 104450.

Caldarelli, Guido, Matthieu Cristelli, Andrea Gabrielli, Luciano Pietronero, Antonio Scala, and Andrea Tacchella（2012）"A Network Analysis of Countries' Export Flows: Firm Grounds for the Building Blocks of the Economy," *PLoS ONE*, 7, e47278.

Chakraborty, Abhijit, Hiroyasu Inoue, and Yoshi Fujiwara（2020）"Economic Complexity of Prefectures in Japan," *PLoS ONE*, 15, e0238017.

Cristelli, Matthieu, Andrea Gabrielli, Andrea Tacchella, Guido Caldarelli, and Luciano Pietronero（2013）"Measuring the Intangibles: A Metrics for the Economic Complexity of Countries and Products," *PLoS ONE*, 8, e70726.

Greene, William（2020）*Econometric Analysis*, Global Edition, Harlow, England: Pearson.

Hartmann, Dominik, Miguel R. Guevara, Cristian Jara-Figueroa, Manuel Aristarán, and César A. Hidalgo（2017）"Linking Economic Complexity, Institutions, and Income Inequality," *World Development*, 93, pp. 75–93.

Hausmann, Ricardo, César A. Hidalgo, Sebastián Bustos, Michele Coscia, Alexander Simoes, and Muhammed A. Yildirim（2013）*The Atlas of Economic Complexity: Mapping Paths to Prosperity*, Cambridge, MA: Harvard University Press.

Hidalgo, César A.（2021）"Economic Complexity Theory and Applications," *Nature Reviews Physics*, 3, pp. 92–113.

Hidalgo, César A. and Ricardo Hausmann（2009）"The Building Blocks of Economic Complexity," *Proceedings of the National Academy of Science*, 106, pp. 10570–10575.

Hidalgo, César A., Bailey Klinger, Albert-László Barabási, and Ricardo Hausmann（2007）"The Product Space Conditions the Development of Nations," *Science*, 317, pp. 482–487.

Inoua, Sabiou（2023）"A Simple Measure of Economic Complexity," *Research Polity*,

52, 104793.

Kiyota, Kozo (2012) "A Many-cone World?" *Journal of International Economics*, 86, pp. 345-354.

Maddala, G. S. and Kajal Lahiri (2009) *Introduction to Econometrics*, 4th edition, Wiley.

Mealy, Penny, J. Doyne Farmer, and Alexander Teytelboym (2019) "Interpreting Economic Complexity," *Science Advances*, 5, eaau1705.

Morrison, Greg, Sergey V. Buldyrev, Michele Imbruno, Omar Alonso Doria Arrieta, Armando Rungi, Massimo Riccaboni, and Fabio Pammolli (2017) "On Economic Complexity and the Fitness of Nations," *Scientific Report*, 7, pp. 1-11.

Newman, Mark E. J. (2010) *Networks: An Introduction*, Oxford: Oxford University Press.

Sadeghi, Pegah, Hamid Shahrestani, Kambiz Hojabr Kiani, and Taghi Torabi (2020) "Economic Complexity, Human Capital, and FDI Attraction: A Cross Country Analysis," *International Economics*, 164, pp. 168-182.

Sciarra, Carla, Guido Chiarotti, Luca Ridolfi, and Francesco Laio (2020) "Reconciling Contrasting Views on Economic Complexity," *Nature Communications*, 11, p. 3352.

Woolderidge, Jeffrey M. (2020) *Introductory Econometrics: A Modern Approach*, Boston, MA: Cengage Learning.

第9章

貿易モデルのカリブレーション
──モデルとデータのギャップをどう埋めるか[*]

渡部 雄太

はじめに

Eaton and Kortum（2002）によって多国多財のリカードモデルの構築とそのカリブレーションが提唱されてから，定量的な貿易モデルは国際貿易の研究を行う上で欠かせないものになった。そこから国際貿易のモデルは Eaton and Kortum（2002）から大きく進歩し，様々な側面で複雑化してきた。例えば Caliendo and Parro（2015）は Eaton and Kortum（2002）のモデルを複数の産業に拡張し，さらに産業連関を含んだモデルを提案した。また Ramondo and Rodríguez-Clare（2013）は Eaton and Kortum（2002）に多国籍企業を加えたものを提案した。

このようにモデルを拡張し，一般化を続けていくと，最終的にはモデルはデータよりも粒度が細かくなってしまう。つまり，いま存在しているデータをみるだけではモデルで表現される経済が一意に定まらないという現象が発生する。

この現象にいち早く気づいた de Gortari（2020）の例を使ってこの問題を説明をしていく。Caliendo and Parro（2015）のモデルは，同じ国で生産される財の中間投入構成が，その財の仕向け先に依らず同一であると仮定してい

---

[*]　本章は，筆者の博士論文（Watabe 2021）を基に執筆したものである。この博士論文は，ペンシルベニア州立大学の Jonathan Eaton 教授の献身的な指導なくしては完成し得なかった。しかしながら，2024 年 2 月 9 日，Eaton 教授は惜しまれつつもこの世を去られた。謹んでご冥福をお祈りするとともに，改めて感謝の意を表したい。

る。de Gortari（2020）ではメキシコの税関データを用いて，この仮定が現実には成り立っていないことを示した。しかしながら，この仮定のおかげでCaliendo and Parro（2015）のモデルでは，産業連関表のデータから経済の状態を一意に復元することができた。de Gortari（2020）はこの仮定を緩和し，より一般的なモデルを構築したが，その結果，産業連関表とモデルの一対一の対応が失われた。これにより，観察される産業連関表と整合的なモデルの均衡が複数出てきてしまうことになった。

　これはモデルの反実仮想を行う上で大きな障害となる。ほとんどの場合，反実仮想は定量的なモデルの経済の状態をデータからカリブレート[1]することから始まる。経済の状態がデータから定まらないとき，反実仮想を行う既知の方法はなかった。そのため，いままでは Caliendo and Parro（2015）のようにデータから経済を復元できるような仮定を暗黙裡に置いてカリブレーションを行っていた。

　de Gortari（2020）はこの問題について革新的なアプローチを示した。それは，モデルの状態が一意に定まらないことを認めた上で，モデルの状態をデータによって部分的に識別することである。データと一対一にモデルの経済が対応している場合，データにより復元された経済状態から反実仮想のシュミレーションを行えばよかった。そうすれば反実仮想シナリオの結果が一意に定まる。それに対して，de Gortari（2020）は反実仮想のシュミレーションをデータと整合的な複数の経済について行い，ありうる反実仮想シナリオの結果の集合を求めることにしたのである。これを行うことによって，反実仮想の結果をモデルとデータに忠実な形で表現できるようになった。

　本章ではデータからモデルの状態が特定できない場合のカリブレーション方法を筆者の博士論文である Watabe（2021）を例にとって解説していく。筆者の博士論文では，Ramondo and Rodríguez-Clare（2013）および Wang（2021）で開発された多国籍企業のモデルをさらに一般化した。そして de Gortari（2020）のようにモデルとデータの一意の対応がない場合でのカリブ

---

[1]　モデルをカリブレートするとは，データを用いてモデルのパラメータや経済の状態を決めることである。ここでの文脈では，貿易の弾力性などのパラメータの話ではなく，貿易フローなどの経済の状態を決めることを指している。

レーション方法を提案し，実際のデータに基づいてカリブレーションを行ったものである。

　第1節では，本章の核となる，データとモデルのギャップについて説明する。観察されるデータによってモデル上の経済が一意に定まらないこと，しかしデータによってモデル上の経済が部分的に制約されることを議論する。第2節では，この章で扱うモデルを説明する。これは Armington（1969）に多国籍企業とそれによる貿易を付け加えたものである。このモデルはモデル上の仮定から，経済のありうる状態を制約しない，という利点があることを示し，また本章で扱う重要な反実仮想シナリオからの指標である開放性の利益という概念を紹介する。第3節では，データとモデルのギャップを踏まえた上で，どのように反実仮想を行うかを議論し，第4節では，その結果を踏まえた上で実際のデータを使って開放性の利益が取りうる値を計算する。最後にこのカリブレーションを行う上で重要な指針を確認し，本章をまとめる。

第1節　多国籍企業のデータとモデルのギャップ

　この節では多国籍企業と貿易のモデルを一般化していくと de Gortari（2020）のような問題にぶつかることを説明し，モデルとデータのギャップを数式を用いて論じていく。多国籍企業は水平的直接投資，垂直的直接投資，輸出プラットフォーム型直接投資など，様々な様態が考えられる。これまでの先行研究では，多国籍企業がどのような形であるかを仮定してモデルを構築してきた。Ramondo and Rodríguez-Clare（2013）は多国籍企業と貿易の定量的モデルを提唱するにあたって，比例的な輸出プラットフォーム型の多国籍企業を暗に想定した。これは具体的には多国籍企業の輸出パターンは多国籍企業の母国によって異ならない，という強い仮定である[2]。Wang（2021）では，母国によって多国籍企業の輸出パターンが異なることをデータを用いて示し，モデルを拡張した。この拡張により Wang（2021）においても de

---

[2]　厳密な定義としては，生産国が同じであるならば生産額のうち何割がどこに輸出されているか，という比率が多国籍企業の母国によって異ならない，という仮定を置いている。

Gortari（2020）と同じようなアプローチが取られている。しかし彼のモデルでは水平的直接投資，および垂直的直接投資は念頭に置かれていない。

　本章では，輸出プラットフォーム型など，多国籍企業の様態を決め打ちするのではなく，あくまで多国籍企業が複数ある生産地から財をどこに販売しているか，という観点からモデル化を行う。例えば水平的直接投資を考えてみよう。水平的直接投資とは多国籍企業が生産拠点を他国に移し，その国でそのまま販売することによって輸送費用を削減する直接投資である。つまり子会社は生産したものを現地で販売している。また垂直的直接投資は，生産費用が低い国に子会社を設立して，本国に逆輸入することで生産費用を削減する直接投資である。つまり子会社は生産したものを本国で販売している。そして輸出プラットフォーム型の直接投資は，子会社が生産したものを第三国に売っていることが重要な特徴になっている。

　このように，多様な多国籍企業の姿が，子会社の販売先についての仮定として統一的に扱えるのというのが Watabe（2021）の洞察であった。しかしこのような一般化にはコストが伴う。これらの多国籍企業の様態を峻別するためには，異なる国籍の企業がどの生産地から，どこにどれぐらい輸出しているか，というデータが必要になるが，しかしこのようなデータは一般的には存在しない。

　そのため，モデルをカリブレートするには，de Gortari（2020）のようなアプローチが必要になる。その足がかりとして，多くの国で観察可能な二つのデータを使う。一つは二国間の貿易のデータであり，もう一つは二国間の多国籍企業の生産データである。二国間の貿易データは，国と国の間の貿易フローの額を表す（例えば中国からアメリカへの輸出など）。そして二国間の多国籍企業生産のデータとは，多国籍企業が他の国で生産している額である（例えば日本企業の中国法人の生産額など）。注意しなければならないのは，この二つのデータでは多国籍企業の子会社の販売先を一意に特定できないということだ。例えば日本企業の中国法人の生産額と中国からアメリカへの輸出額が分かったとしても，日本企業が中国で生産しアメリカへ輸出された財の額は分からない。

　しかし，この二つのデータは，企業の海外子会社が最終的にどこに販売し

第9章 貿易モデルのカリブレーション　*155*

たのかについての重要な手がかりになる。以下ではこの二つのデータを使ってどのようにありうる経済の状態が制約されるかを説明していく。この二つのデータをもって経済の状態を計っていく作業を Watabe（2021）にならってトライアンギュレーションと呼ぶ[3]。

モデルでは，$i, l, m \in 1, ..., N$ でインデックス付けされた N ヵ国の経済を考える。変数 X_{ilm} を，国 i の企業が国 l で生産し，国 m の消費者によって消費される財の生産額と定義する。以下では，添字 i, l, m を，それぞれ企業の出身国，生産地，最終目的地の一般的な表記として用いる。T_{lm} は国 l から国 m への総貿易フローを表し M_{il} は国 i の企業による国 l での生産額を表す（例えば，日本企業による中国での生産額は $M_{JPN, CHN}$ と表記される）。ベクトル $\{X_{ilm}\}_{i = 1, ..., N, l = 1, ..., N, m = 1, ..., N}$ を X と表記し，これを配分と呼ぶ。これが前節で述べたような経済の状態に対応するものになる。筆者の設定では，配分は観察されない。観察できるのは，貿易と多国籍企業のデータであるベクトル $T \equiv \{T_{lm}\}_{1 = 1, ..., N, m = 1, ..., N}$ と $M \equiv \{M_{il}\}_{i = 1, ..., N, l = 1, ..., N}$ である。

いまあるデータを用いて配分がとりうる値を考えるのがこのカリブレーション手法の核となる。まずある国での多国籍企業の生産額を見てみよう。この生産された財はどこかの国に販売されたものである。つまり以下のような恒等式が成立する。

$$M_{il} = \sum_{m=1}^{N} X_{ilm} \qquad (1)$$

この恒等式は，国 i の企業による国 l での総生産は，いずれかの国で販売されることを示している。これにより配分が取りうる値を制限することができる。

貿易のデータも同様に扱うことができる。ある国から輸出された財は，国籍は分からないが，どこかの企業（地場企業も含む）が生産したものである。これは以下のような恒等式で表現できる。

---

[3]　これは英語においてこの言葉が，三角測量という二つの既知の点から測定したい点の位置を特定する測量方法に使われていることに由来している。

$$T_{lm} = \sum_{i=1}^{N} X_{ilm} \qquad (2)$$

この恒等式は，国 l から国 m に輸出されるすべての財は，いずれかの国の企業によって生産されたものであることを意味している。

さらに，配分の要素は粗生産額であるため，非負でなければならない。これらの制約条件は配分を特定するものではないが[4]，これらの方程式を用いることで，データから配分の集合を制限することができる。恒等式と非負性を満たす配分の集合を定義し，このような集合を三角集合と呼ぶ。三角集合 $X(T, M)$ の任意の配分 X は（1），（2），および非負制約 $(0 \leq X_{ilm})$ を満たすことになる。

第2節　理論モデル

本節では，三角集合を理論と接続し，反実仮想を行うために，多国籍企業をアーミントンモデル（Armington 1969）に組み込んだモデルを構築する。このモデルでは企業は外国で生産し，さらにそれらを輸出することができる。このモデルは，Ramondo and Rodríguez-Clare（2013）における多国籍イートン‐コータムモデルと同相である[5]。

経済には代表的な企業と消費者を持つ N 個の国がある。消費者は労働から賃金を得て，財を購入する。国 l の消費者は，非弾力的に L_i の量の労働を提供する。

財は企業の母国と生産国によって差別化される。C_{ilm} を国 i の企業が国 l で生産し，国 m で消費される財の量とし，p_{ilm} をそのような財の価格とする。国 m の代表的消費者の効用関数は以下の通りである。

---

[4]　データと整合的な配分の集合を定義するために使用することができる配分には N^3 個の要素があるのに対し，制約条件は $2N^2$ 個しかないため。

[5]　具体的に同相は同じ配分と貿易の弾力性のパラメーターを与えられたときに，反実仮想シナリオに対して全く同じ結果を返すことを言う。Ramondo and Rodríguez-Clare（2013）では本社と子会社の間の中間財の貿易が存在する。このモデルは中間財を組み込んでいないために彼女らの論文にあるような企業内貿易を捨象している。

$$U_m = \left(\sum_{i=1}^{N} \left(\sum_{l=1}^{N} C_{ilm}^{\frac{\epsilon}{\epsilon+1}} \right)^{\frac{\epsilon+1}{\epsilon} \frac{\theta}{\theta+1}} \right)^{\frac{\theta+1}{\theta}}.$$

ここで，$\theta < \epsilon$ を仮定する。これは，企業の母国が同じであれば，母国が異なる企業が生産した財と比較して財の差別化の度合いが低いことを意味する。簡便化のために $\rho \equiv (\epsilon - \theta)/\epsilon$ を定義する（$\theta < \epsilon$ のとき $0 \leq \rho < 1$ となる）。パラメータ θ は通常の貿易の弾力性であり，パラメータ ρ は企業の母国が同じである場合の財の代替性の相対的な度合いを示す指標である[6]。$\rho = 0$ の場合，企業の母国が同じ場合の財（ただし生産拠点は異なる）は，企業の母国が異なる場合の財と同程度に差別化されている。$\rho \approx 1$ の場合，企業の母国が同じ場合，生産された場所が異なっていても，生産された財はほぼ完全な代替となる[7]。

　消費者の最適化の結果，財の支出額 X_{ilm} は以下のように表現される。

$$X_{ilm} = \frac{P_{im}^{-\theta}}{\sum_{j=1}^{N} P_{jm}^{-\theta}} \frac{p_{ilm}^{-\theta/(1-\rho)}}{\sum_{k=1}^{N} p_{ikm}^{-\theta/(1-\rho)}} X_m$$

ここで，X_m は国 m の総消費額を表し，$P_{im} \equiv \left(\sum_{k=1}^{N} \left(p_{ikm}^{-\theta/(1-\rho)} \right) \right)^{-(1-\rho)/\theta}$ は，国 m における国 i の企業が生産する財の価格指数を表す。これは国 i の企業が異なる生産地から国 m に販売する財の価格を集計したものになっている。国 m の価格指数は以下の通りである。

$$P_m = \left[\sum_{i=1}^{N} P_{im}^{-\theta} \right]^{-1/\theta}.$$

生産者

　完全競争を仮定すると，財の価格は財の限界費用となる。労働は唯一の生

---

[6]　この ρ は，同一国の企業が生産する財の間の代替弾力性（ϵ）と，異なる国の企業間の貿易弾力性（θ）との相対的な関係を 0 から 1 の値で表現したものになる。

[7]　パラメータ ρ は，Ramondo and Rodríguez–Clare（2013）におけるカニバリゼーションパラメータと考えることができる。

産要素である。多国籍企業は，生産する国で労働を雇用して財を生産する。国 l の賃金を w_l とし，財の生産技術として τ_{ilm} を定義する。これは国 i の企業が国 l で 1 単位の財を生産し，国 m に販売するために必要な労働の量である。完全競争の下では財の価格 p_{ilm} は以下の通りになる。

$$p_{ilm} = w_l \tau_{ilm}.$$

この $\tau_{ilm} \in (0, \infty)$ は，生産性と，多国籍企業および貿易に関連する様々な摩擦（例えば，貿易費用，知識移転費用，マーケティング費用など）が複合されたものである。$\tau_{ilm} = \infty$ の場合，この目的のために財を生産する技術は存在せず，したがって $X_{ilm} = 0$ となる。

　このモデルでは，貿易赤字が存在し，国家間の外生的な所得移転としてモデル化される。国 m の貿易赤字を D_m とすると国 m の総消費は，労働所得（総生産）と貿易赤字の合計である。

$$X_m = w_m L_m + D_m.$$

また市場均衡条件は以下の通りである。

$$X_l = \sum_{k=1}^{N} \sum_{m=1}^{N} X_{klm} + D_l.$$

これは国の総消費が，その国で生産された財の総売上と貿易赤字に一致する [8] ことを示している。労働の賦存量，賃金，τ，価格および貿易赤字のベクトルを，それぞれ $\mathbf{L}, \mathbf{w}, \mathbf{\tau}, \mathbf{p}, \mathbf{D}$ とする。$\mathbf{L}, \mathbf{\tau}, \mathbf{D}$ が与えられると，消費者の最適化，生産者の最適化，市場均衡条件を満たす均衡 $\mathbf{w}, \mathbf{p}, \mathbf{X}$ が存在することが分かる。

モデルの含意

　このモデルの重要な特徴は，任意の配分を均衡の結果として合理化できることである。

---

[8] このモデルは完全競争で利益はないため，総売上は消費者の総労働所得に一致する。

命題 1 任意の θ, ρ, X に対して，X がモデルの均衡の結果となるような変数 (L, D, τ) の集合が存在する。さらに，L と D が観測される場合，任意の θ, ρ, L, D, X に対して，X がモデルの均衡の結果となるような τ が存在する。

証明は Watabe（2021）の付録に示している。このモデルはデータからのみで配分を制限することを目的としているため，モデル自体がどのような配分も排除しないような作りになっている。それに対し，先行研究のモデルでは τ に構造を課すことによって配分を先験的に除外している。Ramondo and Rodríguez-Clare（2013）や Arkolakis et. al.（2018）などは，τ が国 i から国 l への知識の移転コストと，国 l から国 m への財の輸送コストの積であると仮定している。つまり，$\tau_{ilm} = \gamma_{il}\zeta_{lm}$ のように，知識コスト γ_{il} と貿易費用 ζ_{lm} の積として τ が構成されることになる。この仕様の下では，パラメータ ρ が与えられれば，三角集合の中の配分を一意に選ぶことができる。本書ではこの仮定からの配分を $X^{RRC}(T, M ; \rho)$ と表記する。

それに対し Wang（2021）は，τ が三つの二国間コストの積であり，$\tau_{ilm} = \gamma_{il}\zeta_{lm}\zeta_{im}$ と書けると仮定している。Ramondo and Rodríguez-Clare（2013）で指定された二つのコストに加えて，Wang（2021）は国 i から国 m への財のマーケティングコスト ζ_{im} を追加している。パラメータ ρ が与えられれば，この仕様は配分の集合 $X^{Wang}(T, M ; \rho)$ を定義する。この集合は三角集合内の部分集合であり，また彼のモデルの均衡結果として合理化されなければならない。彼は配分を一意に定めることを諦めたが，それでも三角集合の中の配分の一部のみを扱うようなモデルを考えている。

Ramondo and Rodríguez-Clare（2013），および Wang（2021）の想定する配分には暗黙に比例性が仮定されている。これはそれぞれの配分の要素 X_{ilm} が二つ，もしくは三つの要素の積として書くことができるという仮定である。例えば Ramondo and Rodríguez-Clare（2013）のモデルでは任意の i, l, m に対して，$X_{ilm} = a_{il}^1 a_{lm}^2$ となるような a_{il}^1 と a_{lm}^2 が存在する。同様に Wang（2021）のモデルでは，任意の i, l, m に対して，$X_{ilm} = a_{il}^1 a_{lm}^2 a_{im}^3$ となるような変数 $a_{il}^1, a_{lm}^2, a_{im}^3$ の集合が存在する。

Wang（2021）では点ではなく集合が定義されるが，モデル上，三角集合と違って想定されていない配分がある。Wangのモデルでは，本社の輸出が子会社の輸出を制限する。具体的には，本社がある国に輸出する場合，その子会社もその国に必ず輸出しなければならない[9]。この制約が，筆者が彼のモデルを輸出プラットフォームモデルと呼ぶ理由である。対照的に，筆者のモデルでは後述する純粋な水平型直接投資や純粋な垂直的直接投資など，任意の販売パターンを表現でき，そこがこのアプローチの強みとなっている[10]。

海外直接投資の標準的理論

著者のアプローチが有用なのは，このモデルが多国籍企業の標準的な理論である純粋な水平型，純粋な垂直型，比例的な輸出プラットフォーム型の直接投資を包含しているからである。純粋な水平型では，子会社の生産物はすべてホスト国（生産拠点）で販売される。純粋な垂直型では，子会社の生産物はすべて企業の本国にて販売される。比例輸出プラットフォーム型では，子会社は複数の国に輸出し，子会社（および本社）の輸出はホスト国の総輸出に比例する。これらの理論は三角集合の中の特定の配分を選び出すことになる[11]。

純粋な水平型の直接投資の配分を $X^{HFDI}(T, M)$ と書く。この配分は，子会社の生産物がすべてホスト国で販売されることを仮定する。この仮定から，次のような配分が導かれる。

---

[9] 三つの国，i, l, m を考え，$X_{ilm}=0$ かつ $X_{iim}>0$ となる配分を考える。データが $M_{il}>0$ かつ $T_{lm}>0$ を示している場合，そのような配分は Wang（2021）の集合には含まれない。具体的には，$X_{ilm}=0$ の場合，γ_{il}，ξ_{lm}，または ζ_{im} のいずれかが無限大でなければならない。しかし，$\zeta_{im}=\infty$ の場合，X_{iim} が正であることと矛盾する。$\gamma_{il}=\infty$ の場合，M_{il} が正であることを示すデータと矛盾する。同様に，$\xi_{lm}=\infty$ の場合，T_{lm} が正であることを示すデータと矛盾する。

[10] Watabe（2021）の付録において，同様のデータ構造を持つ純粋な水平的 FDI と純粋な垂直的 FDI が Wang（2021）の集合から除外されることを示している。

[11] 配分が与えられると，常に配分を均衡結果として合理化する τ が存在する。したがって，τ の仮定については議論せず，X の仮定について直接議論する。

第9章　貿易モデルのカリブレーション　　*161*

$$
X_{ilm}^{HFDI}=\begin{cases} M_{il}-\sum_{k\neq m}^{N}T_{mk} & \text{if } i=m,\ l=m \\ T_{im} & \text{if } i=l,\ l\neq m \\ M_{im} & \text{if } i\neq l,\ l=m \\ 0 & \textit{otherwise} \end{cases}
$$

この配分では，国 i の企業が国 m に持つ子会社の生産物はすべて国 m で販売され（$M_{im}=X_{imm}^{HFDI}$），国 i から国 m への輸出はすべて国 i の企業の輸出とみなされる（$T_{im}=X_{iim}^{HFDI}$）。企業の本国，生産拠点，消費地がすべて国 m である財の生産額は，自国企業の総生産額から国の総輸出量を差し引いたものである（$X_{mmm}^{HFDI}=M_{mm}-\sum_{k\neq m}^{N}T_{mk}$）。この配分は恒等式を満たすが，マイナスの値が含まれる可能性があるため，三角集合に含まれない場合がある。純粋な水平型の配分が三角集合に含まれるためには，すべての国について，自国企業の生産額が国の総輸出量よりも大きくなければならない。

$$
\sum_{k\neq m}^{N}T_{mk}\leq M_{mm}.
$$

この配分は，子会社がホスト国でのみ販売を行っているという仮定から導かれる唯一の配分である。

　純粋な垂直型の直接投資の配分を $X^{VFDI}(\boldsymbol{T},\boldsymbol{M})$ と書く。この配分は，子会社の生産物がすべて本社の立地する国で販売されることを仮定する。具体的には，この配分は次のように特徴づけられる。

$$
X_{ilm}^{VFDI}=\begin{cases} T_{mm} & \text{if } i=m,\ l=m \\ T_{im}-M_{mi} & \text{if } i=l,\ l\neq m \\ M_{mi} & \text{if } i\neq l,\ i=m \\ 0 & \textit{otherwise} \end{cases}
$$

この配分では，国 i の企業が国 m に持つ子会社の生産物はすべて国 i で販売される（$M_{im}=X_{imi}^{VFDI}$）。国 l から国 m への輸出は，子会社から本社所在地への輸出と本社からの輸出の合計である（$T_{im}=X_{iim}^{VFDI}+X_{mim}^{VFDI}$）。企業の本国，生産拠点，消費地がすべて国 m である財の生産額は，国 m で生産され国 m で消費される財の総生産額に等しい（$T_{mm}=X_{mmm}^{VFDI}$）。この配分は恒等式を満

たし，配分のすべての要素が非負であれば，配分は三角集合に含まれる。純粋な垂直型の配分が三角集合に含まれるためには，国 i から国 m への輸出が国 m の企業の国 i での生産額よりも多くなければならない。

$$M_{mi} \leq T_{im}.$$

この配分は，子会社の生産物がすべて本社所在地に逆輸入されるという仮定から導かれる唯一の配分である。

最後に比例輸出プラットフォーム型の直接投資について説明する。これは子会社と本社が同じ国に立地している場合，輸出集約度が等しいという仮定を置くものである。この仮定からくる配分 $X^{PFDI}(\boldsymbol{T}, \boldsymbol{M})$ は次のように表される。

$$X^{PFDI}_{ilm} = \frac{M_{il}}{\sum_{j=1}^{N} M_{jl}} T_{lm} \forall, l, m.$$

この比例性の仮定は，Ramondo and Rodríguez-Clare（2013）によって提案された仮定と密接に関連している。具体的には，$\rho = 0$ のとき，これら二つの仮定は同じ配分（$\boldsymbol{X}^{PFDI} = \boldsymbol{X}^{RRC}$）を与える。定義上，この配分は常に三角集合に含まれる。

開放性の利益

モデルを活用するために，先行研究で用いられている反実仮想シナリオと，そのシナリオにおいて重要な値を議論する。

開放性の利益（Gains from Openness）は，国の貿易と多国籍企業への依存度の指標の一つである。開放性からの利益は貿易もなく多国籍企業もいない閉鎖経済の均衡から，現在の均衡に移行する反実仮想のシナリオを扱っている。そしてある国 q の実質賃金 $W_q = w_q/P_q$ の変化が国 q の開放性の利益である。実質賃金は国の効用尺度となるため，これは国が閉鎖経済から現在の均衡へ移行したときにどの程度厚生が上昇するかを示したものになる。Arkolakis et al.，（2018）に従い，国 q の開放性の利益，GO_q は次のように表される [12]。

$$GO_q(X) = \left(\frac{\sum_{l=1}^N X_{qlq}}{X_q} \right)^{-1/\theta} \left(\frac{X_{qqq}}{\sum_{l=1}^N X_{qlq}} \right)^{-(1-\rho)/\theta}.$$

開放性の利益は二つの項に分解できる。第一項は消費者が外国企業によって生産された財を消費することからの利益を表している。第二項は自国の企業が外国の労働力を利用して生産をオフショアリングし，自国の消費者にサービスを提供することからの利益を表現している。この二つの利益の組み合わせが開放性の利益となる。

第3節　反実仮想の特徴づけ

ここでは，配分を用いて結果を計算できるような反事仮想シナリオに焦点を当て，取りうる値の集合を定義していく。θ と ρ は固定され，既知であると仮定する。配分を用いて結果を計算できるような反事仮想シナリオを考えるため反実仮想の結果を関数 $F : X \to R$（例えば，国 q の開放性の利益）と表記する。特定の配分を仮定すると，一意の結果，$F(X)$，が得られる。本章のアプローチでは特定の配分を仮定するのではなく，三角集合内の配分を考え，可能な結果の集合を構築する。

$$F(T, M) \equiv \{F(X) \mid X \in X(T, M)\}.$$

この集合の特徴づけを行うことで，起こりうる反実仮想シミュレーションをどのように計算できるかを調べていく。まず反事仮想の関数 F が X の連続関数である場合，この集合は簡便に特徴づけられることを示す。

---

12)　Arkolakis et al., (2018) では利潤マージンを考慮している。開放性の利益の含意は，完全競争から独占的競争へと移行しても大きくは変わらない。具体的には，独占的競争のもとでの開放性の利益は

$$GO_q(X) = \left(\frac{\sum_{l=1}^N X_{qkq}}{X_q} \right)^{-1/\theta} \left(\frac{X_{qqq}}{\sum_{k=1}^N X_{qkq}} \right)^{-(1-\rho)/\theta} \frac{\sum_{l=1}^N M_{ql}}{M_{qq}}$$

となる。第三項はデータにのみ依存する。これは，企業の利潤が観察される売上高に比例するためである。

命題 F が $X(\boldsymbol{T}, \boldsymbol{M})$ 上で連続ならば，$F(\boldsymbol{T}, \boldsymbol{M})$ は区間である。

証明

三角集合 $X(\boldsymbol{T}, \boldsymbol{M})$ は，線形方程式系（厳密な不等式を含まない）によって定義される集合である。したがって，この集合は連結な閉凸集合である。集合が連結であり，F が連続関数であるため，$F(\boldsymbol{T}, \boldsymbol{M})$ は連結でなければばらない。実数上の連結集合は区間である。

この命題は F の最大値と最小値を計算すれば，その集合を特徴づけるのに十分であることを意味している。ここでは区間が有界であると仮定する[13]。F の最大値は，次の制約付き最大化問題を解くことで計算できる。

$$F^U = \quad \text{maximize } F(\boldsymbol{X}) \text{ over } X(\boldsymbol{T}, \boldsymbol{M})$$

$$\text{s.t.} \qquad M_{il} = \sum_{m=1}^{N} X_{ilm} \qquad \forall\, i, l$$

$$T_{lm} = \sum_{i=1}^{N} X_{ilm} \qquad \forall\, l, m$$

$$X_{ilm} \geq 0 \qquad \forall\, i, l, m$$

F の最小値も同様の制約付き最小化問題を解くことで計算できる。この最大値と最小値を計算することによって，区間，つまり反実仮想シナリオのあとに取りうる値の集合を求めることができる。

開放性の利益の分析

ここまでに三角集合，モデル，反実仮想の関数 F の定義を説明してきた。これらの要素を用いて開放性の利益を分析していく。データと整合的な配分（三角集合内の配分）から求められる国 q の開放性の利益の集合を $GO_q(\boldsymbol{T}, \boldsymbol{M})$ と定義する。開放性の利益は配分 $\boldsymbol{X}$ の連続関数であるため，この集合は区間となる。$GO_q^L(\boldsymbol{T}, \boldsymbol{M})$ を開放性の利益の最小値，$GO_q^U(\boldsymbol{T}, \boldsymbol{M})$ を開放性の

---

[13] 実際には，区間が有界でない場合もあり，その場合の処理も存在するが，煩雑になるためここでは割愛する。

利益の最大値と置くと，$GO_q(T, M)$ は以下のように表現される。

$$GO_q(\boldsymbol{T}, \boldsymbol{M}) = [GO_q^L(\boldsymbol{T}, \boldsymbol{M}), GO_q^U(\boldsymbol{T}, \boldsymbol{M})].$$

ここで開放性の利益の集合を求めるための解析的な結果を示しておく。奇しくも，開放性の利益の最大値と最小値は純粋な水平型，および純粋な垂直型の直接投資によって達成される。

定理 1 任意の国 q について，純粋な水平型の配分が三角集合に含まれるならば，$GO_q^U(\boldsymbol{T}, \boldsymbol{M}) = GO_q(X^{HFDI}(\boldsymbol{T}, \boldsymbol{M}))$ となる。純粋な垂直型の配分が三角集合に含まれるならば，$GO_q^L(\boldsymbol{T}, \boldsymbol{M}) = GO_q(X^{VFDI}(\boldsymbol{T}, \boldsymbol{M}))$ となる。

直感的な説明は以下の通りである。$GO_q(X)$ は X_{qqq} と $\{X_{qlq}\}_{l=1...N, l \neq q}$ の減少関数であることにまず注意する。X_{qqq} が大きいほど閉鎖経済で利用可能な財の需要が高くなり，$\{X_{qlq}\}_{l=1...N, l \neq q}$ が高いほどオフショアされた財の需要が高くなる。オフショアされた財は外国企業が生産する財よりも代替性が高く，オフショアされた財が多い国では貿易の重要性が相対的に低くなる。証明では，純粋な水平型および垂直型の配分がこれらの変数に関して極端な値を取る配分であることを示す。純粋な水平型の配分ではオフショアリングは行われない（$\{X_{qlq}\}_{l=1...N, l \neq q}$ を最小化）。さらに，外国企業が国 q で生産するすべてのものは国 q で消費される（X_{qqq} を最小化）。純粋な垂直型の配分では，国 q の企業が海外で生産するすべてのものが国 q に送り返される（$\{X_{qlq}\}_{l=1...N, l \neq q}$ を最大化）。また，外国企業が国 q で生産する全てのものが輸出され，国 q では消費されない（X_{qqq} を最大化）。$GO_q(X)$ はこれら両方の要素の減少関数であるため，これらの配分が区間の最大値と最小値を特徴づける。証明は以下の通りである。

証明

まず，X_{ilm} の上界と下界を示す。これらは三角集合に含まれる任意の X_{ilm} が満たさなければならない不等式である。これらの上界と下界は三角集合に伴う不等式の一部のみを使用しているが，開放性の利益の上界と下界を

計算するのに役立つ。

$$0 \leq X_{ilm}$$
$$X_{ilm} \leq M_{il}$$
$$X_{ilm} \leq T_{lm}$$
$$M_{mm} - \sum_{n \neq m}^{N} T_{mm} \leq X_{mmm}$$

この不等式の一部を使って，X_{qqq} と $\{X_{qlq}\}_{l=1...N,\, l \neq q}$ の上界と下界を構築する。

$$0 \leq X_{qlq} \leq M_{ql}$$
$$M_{qq} - \sum_{n \neq q}^{N} T_{qn} \leq X_{qqq} \leq T_{qq}.$$

まず，GO_q^U のケースを示す。開放性の利益を最大化することは，X_{qqq} と $\{X_{qlq}\}_{l=1...N,\, l \neq q}$ を最小化することに対応する。各変数の下界は次の通りである。

$$M_{qq} - \sum_{n \neq q}^{N} T_{qn} \leq X_{qlq}$$
$$0 \leq X_{qqq}.$$

X_{qqq} と $\{X_{qlq}\}_{l=1...N,\, l \neq q}$ がこれらの下界を達成する配分は，開放性の利益の最大値を達成する。純粋な水平型の配分は，各変数の下界を達成する。純粋な水平型の配分が三角集合に入ると仮定したため，この配分は三角集合に含まれ，したがってこの配分は開放性の利益の最大値を達成する。

GO_q^L についても同様の議論ができる。開放性の利益を最小化することは，X_{qqq} と $\{X_{qlq}\}_{l=1...N,\, l \neq q}$ を最大化することに対応する。各変数の上界は次の通りである。

$$X_{qlq} \leq M_{ql}$$
$$X_{qqq} \leq T_{qq}$$

X_{qqq} と $\{X_{qlq}\}_{l=1...N,\, l \neq q}$ がこれらの上界を達成する配分は，開放性の利益の最小値を達成する。純粋な垂直型の配分は，各変数の上界を達成する。純粋な垂直型の配分が三角集合に入ると仮定したため，この配分は三角集合に含まれる。したがって，この配分は開放性の利益の最小値を達成する。

また純粋な水平型直接投資の配分と垂直型直接投資の配分の両方が三角集合に含まれる場合，$GO_q = [GO_q(X^{VFDI}(\boldsymbol{T}, \boldsymbol{M})), GO_q(X^{HFDI}(\boldsymbol{T}, \boldsymbol{M}))]$ となる。

この定理について三つ重要な点を述べておきたい。第一に，この結果は θ と ρ の特定のパラメータ値に依存しない。第二に，これら二つの配分は任意の国について同時に開放性の利益の最大値または最小値を達成する。純粋な水平型または純粋な垂直型の配分を仮定すると，このモデルはすべての国について開放性の利益の最大値または最小値を達成する。第三に，この結果は配分が三角集合に含まれるという仮定に決定的に依存する。これらの配分が三角集合に含まれない場合の最大値と最小値を求める方法は，次の節で説明する。

第4節　定量化

この節ではデータを使い開放性の利益の最大値および最小値を求め，このアプローチの有用性を示す。パラメータについては，Arkolakis et al., (2018) に従って $\theta = 4.5$ および $\rho = 0.55$ に設定する。

貿易と多国籍企業のデータには二つのデータセットを使用する。二国間の貿易のデータは，オランダのフローニンゲン大学を中心とする 12 の研究機関が収集した World Input-Output Database から取得する（Timmer et al., 2015）。これは財とサービスの両方の貿易をカバーしている。この産業連関表を集計することにより，二国間の貿易額を構築する。二国間の多国籍企業のデータには，OECD が構築した Analytical AMNE（Activity of Multinational Enterprises）データベースを使用する。

定理1を利用して開放性の利益の区間を計算する。開放性の利益の最大値は純粋な水平型の配分が三角集合に含まれるため，$GO_q(X^{HFDI})$ として計算される [14]。最小値については，純粋な垂直型の配分が三角集合に含まれないため，この定理は適用できない。そのため純粋な垂直型の配分を修正す

---

[14]　純粋な水平型の配分が三角集合に含まれない場合，それは X_{qqq} の下限が 0 であることを意味し，開放性の利益が無限に大きくなりうることを示唆している。

る。この修正後の配分を $X^{MVFDI, q}$ とする。国 q について，配分の一部，$\{X_{qlq}^{MVFDI, q}\}_{l=1,...,N}$ を予想する。

$$X_{qlq}^{MVFDI, q} = min\ (M_{ql}, T_{lq}).$$

これは $\{X_{qlq}\}_{l=1,...,N}$ 変数の単純な上界である。ある配分がこの制約を満たし，三角集合に含まれる場合，その配分からの開放性の利益は国 q の開放性の利益の最小値となる。そのような配分の存在は線形計画法を用いて検証でき，最小値は次のようになる。

$$GO_q^L(X^{MVFDI, q}) = \left(\frac{X_{qqq}^{MVFDI, q}}{X_q}\right)^{-(1-\rho)/\theta} \left(\frac{\sum_{k=1}^{N} X_{qkq}^{MVFDI, q}}{X_q}\right)^{-\rho/\theta}.$$

この予想をもとに，各国についてこの値を達成する三角集合内の配分が存在することを検証する。それができた場合，この値を開放性の利益の最小値として使用する。ここではデータから，各国についてこの値が達成されることを確認できた。

三角集合から計算される区間に加えて，四つの配分からの開放性の利益を

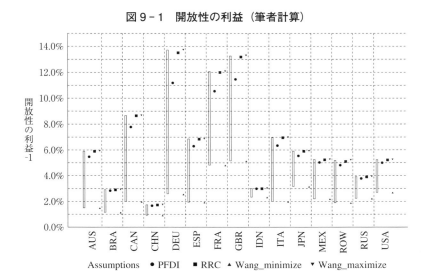

図9-1 開放性の利益（筆者計算）

計算する。(i) 比例的輸出プラットフォーム型の配分，(ii) Ramondo Rodrí-guez-Clare モデルからの配分，(iii) 開放性の利益を最大化する Wang モデルからの配分（これを Wang-max 配分と呼ぶ），(iv) 開放性の利益を最小化する Wang モデルからの配分（これを Wang-min 配分と呼ぶ）。

図 9-1 に結果を示す。縦軸には開放性の利益から 1 を引いたもの，つまり閉鎖経済から現在の経済に移行する際の厚生の上昇率を表示している。そして横軸には国，および様々な配分の仮定を示している。それぞれの国はISO 3166 の国コードで表示している。それぞれの国において左端にある棒グラフが三角集合から得られる開放性の利益の区間を示しており，その横にある記号が前述した配分から得られる値になる。図から読み取ることができるいくつかの重要な点を説明する。

まずデータと整合的な開放性の利益の値に大きなバリエーションがあることが分かる。例えば，ドイツの開放性の利益は 2.6％から 13.6％と 10％以上の幅がある。一般的にヨーロッパ諸国は他の国と比べて区間が広い傾向にある。

次に既存のモデルの含意について検討していく。ほとんどの国で，Ra-mondo and Rodríguez-Clare（2013）のモデルからの配分は最大値に近い値を達成している。例えば，Ramondo と Rodríguez-Clare のモデルによるドイツの開放性の利益は 13.4％で，これは区間のほぼ最大値である。この傾向は，このデータでは Ramondo and Rodríguez-Clare（2013）の仮定が開放性の利益を過大評価している可能性を示唆している。比例輸出プラットフォーム型の配分についても同様である。比例輸出プラットフォーム型によるアメリカの開放性の利益は 5％であるのに対し，開放性の利益のモデルによるアメリカの開放性の利益の取りうる上限は 5.3％と比例輸出プラットフォーム型に与える値に非常に近くなっている。

それに対して Wang（2021）のモデルは区間の最小値と最大値を達成しているようである。ドイツの Wang モデルにおける最小値と最大値はそれぞれ2.6％と 13.6％で，三角集合から達成される最小値と最大値に等しい。開放性の利益は配分内の少数の変数にのみ依存するため，Wang のモデルが最小値と最大値を達成するのに十分な柔軟性を持っていることは驚くべきことで

170

はない。Watabe（2021）では，より複雑な反実仮想を行う際に Wang（2021）のモデルは経済的に意味のある制約を課していることが示されている[15]。

おわりに

　本章ではデータからモデル上の経済が一意に特定できない場合のカリブレーション方法を提唱した。

　改めてこのカリブレーションについて，三つの重要な指針を述べておきたい。第一にデータと経済の状態の関係性を明示しておくことである。モデルの状態を定義し，それが観察されるデータとどう接続されるかを数式で説明することは，モデルとデータのギャップを議論する上で欠かせない。第二にありうる経済の状態を排除しないモデルを定式化することである。例えば Wang（2021）のように，モデルの仮定があらかじめある経済の状態を排除してしまっていると，出てきた結果がデータによるものなのか，モデルの仮定によるものなのかを区別することが困難になってしまう。第三に特定の反実仮想シュミレーションの解について解析的な方法で何か示せないかを考えることである。解析的な方法を考えることによって，過去のモデルの仮定の含意を示すことができるかもしれず，また数値的には難しいかもしれない反実仮想を行うことができる場合がある。これらの三つの点を守ることで，複雑なモデルにおいて透明性のあるカリブレーションを行うことができると筆者は考える。

　最後にこの手法の限界について論じておく。開放性の利益のような特殊なケースを除いて，このようなモデルの反実仮想シナリオの値には解析的な解は存在しない。また数値解を求めるための望ましい条件を満たさないことも多い。Watabe（2021）においても，その他の反実仮想については数値計算を用いた大規模なコンピュテーションを余儀なくされた。このような場合において，どのように効率的，なおかつ信頼できる形で解を求めるかについては，筆者もまだ模索している段階である。きわめて難しい問題ではあるが，これ

---

[15]　詳細は Watabe（2021）を参照。

を解決することがこのようなカリブレーション手法を広めるために不可欠であると筆者は考えている。

参考文献

Arkolakis, Costas, Natalia Ramondo, Andrés Rodríguez-Clare, and Stephen Yeaple (2018) "Innovation and Production in the Global Economy," *American Economic Review*, 108(8) pp. 2128-73

Armington, Paul., S. (1969) "A Theory of Demand for Products Distinguished by Place of Production," *International Monetary Fund Staff Papers*, 16, pp. 159-178:

Caliendo, Lorentzo and Fernando Parro (2015) "Estimates of the Trade and Welfare Effects of NAFTA," *Review of Economic Studies*, 82(290), pp. 1-44.

Eaton, Jonathan and Samuel Kortum (2002), "Technology, Geography, and Trade," *Econometrica*, 70, pp. 1741-1779.

de Gortari, Alonso (2020) "Disentangling Global Value Chains," *mimeo.*

Ramondo, Natalia and Andrés Rodríguez-Clare (2013) "Trade, Multinational Production, and the Gains from Openness," *Journal of Political Economy*, 121(2), pp. 273-322.

Timmer, P., Marcel, Erik Dietzenbacher, Bart Los, Robert Stehrer, and de Gaaitzen Vries J. (2015), "An Illustrated User Guide to the World Input-Output Database: the Case of Global Automotive Production," *Review of International Economics*, 23(3), pp. 575-605.

Wang, Zi (2021) "Headquarters Gravity: How Multinationals Shape International Trade," *Journal of International Economics*, 131, pp. 103477.

Watabe, Yuta (2021) "Triangulating Multinationals and Trade," [Doctoral dissertation, The Pennsylvania State University].

第10章

貿易・家計パネルデータの利用課題

マテウス・シルバ・シャンギ

はじめに

　本章では，母集団を代表するパネルデータにアクセスすることの重要性，それらがどのように収集されているのか，またそれらの潜在的な限界について議論する。例として，国際貿易と家計のパネルデータを取り上げる。第1節では，国際貿易分野で公開されているパネルデータとその問題点を取り上げる。第2節では，家計パネルデータの種類，問題点，および質を向上させるための手法について説明する。最後に，利用可能なデータの限界を理解することの重要性について述べる。

第1節　国際貿易分野のパネルデータ

　定量的研究では，ある主体（例えば国や個人）について，異なる時点（例えば，年別または月別）で収集されたデータを使用することを時系列分析と呼ぶ。一方，特定の期間に収集された多数の主体のデータを使用することを横断的な研究と呼ぶ。国際貿易分野では，輸出者と輸入者の異なる組み合わせなど，多くの主体の複数時点に関するデータを使用した研究が一般的であり，これは縦断的またはパネルデータ分析と呼ばれる。実際，国際貿易データは表10-1に示すように，多くの次元と集計レベルを持つ。輸出側と輸入側を様々な地理レベルで集計することもできるし，時間についても様々な期間で集計することができる。貿易フローは貿易商品分類に従って分類，細分化さ

表 10-1 貿易データの一般的項目 (HS 分類)

輸出者	世界	地域	国	都市	企業	事業所
輸入者	世界	地域	国	都市	企業	事業所
時間	年次	四半期	月次	日次		
製品	総額	類 (2 桁)	項 (4 桁)	号 (6 桁)		
単位	金額	重量	数量	面積	長さ	品目数

注:貿易フローは,統一システム (HS) 以外にも,産業別の分類である SITC (Standard International Trade Classification) や,生産段階別の分類である BEC (Broad Economic Categories) などで分類されることもある。表には掲載していないが,重量以外にも様々な尺度がある。

れており,金額や品目数など様々な測定単位で報告されている。貿易データはこうした様々な次元の組み合わせとして,パネルデータを形成している。

Hsiao (2007) が指摘しているように,パネルデータの利用は,横断的データや時系列データよりもいくつかの利点を有する。第一に,パネルデータは横断的データや時系列データよりも自由度や変動性が高く,計量経済学的推定の効率性を向上させる。簡単に言えば,より多くのデータを用いる方が良いということである。第二に,様々な次元について多くのデータを利用できることは,複雑な行動の特定に貢献する。最後に,より多くの次元が利用できることにより,計算や統計的推論をシンプルにすることができる。

パネルデータが複雑な行動の特定に貢献する方法の一つは,省略変数の影響を制御することである (Hsiao 2007, pp. 4)。この方法は,国際貿易の分野,特に研究者が貿易の主力モデルである重力モデルを使用する場合によく用いられる。Yotov (2022) と Head and Mayer (2014) が指摘しているように,重力モデルを推定する際には,様々な固定効果 (例えば時間,輸出国,輸入国,輸出国・時間,輸入国・時間,輸出入国ペアに関するもの) を制御することが一般的な慣行であり,主要な実証貿易経済学者によって推奨されている。この戦略の意図は,多国間抵抗項 (Anderson and van Wincoop 2003) や,時間に対して不変で輸出入国ペアなどに固有のその他の観察可能または観察不可能な特性を制御することである。言い換えれば,パネルデータの利用は,固定効果の導入を可能にし,ある国や期間に固有であるが,データが不足していたり,それらの情報を収集することが不可能であるために観察できない特性の

影響を制御することができる。

　国際貿易分野の研究者は主に二種類のデータを用いることが多い。一つは国際機関が公表している貿易データであり，もう一つは企業や各国政府が提供しているミクロデータである。これらのデータは必ずしも完全に公開されているわけではなく，アクセスするために許可が必要であったり，有料であったりする。そのため，国際貿易センター（ITC）や，世界銀行，国際連合（UN）などの機関によって提供されている，公開貿易データを利用することが一般的である。これらの機関は世界，地域，国レベルで様々な製品の貿易額を集計して提供している。

　これらの機関は，各国が報告したデータを収集し，時には微調整を行ったうえで，利用者に公表していることを認識することが重要である。そのため，データの質は貿易情報の収集における透明性と正確性に応じて，国によって異なる可能性がある。さらに ITC（2014）によると，為替レートの変動とミラー（mirror）統計も報告値に影響を与える可能性がある。為替レートの問題は，一年間の集計期間の直後に現地通貨の貿易額を米ドルに換算することが一般的であるため，変動の大きい通貨がデータの精度に影響を与えることである。

　ミラー統計の問題は，ある国が貿易データを提供していないときに，貿易相手国のデータを使用する場合に起こりうる。ITC は他国から報告されたデータを使用して，貿易データを報告していない国のデータを作成している。例えば，A 国が B 国向け輸出額を報告していない場合，ITC は B 国が報告する A 国からの輸入額のデータを使用して，A 国の輸出データを作成する。しかしながら，両国が貿易データを報告していない国間の貿易を特定することはできない。したがってデータ利用者として，利用可能な貿易データにはいくつかの問題があり，十分に正確ではない可能性があることを理解することが重要である。

　ミラー統計の問題と関連して，輸出データと輸入データでは報告方法が異なることに注意すべきである。Epaphra（2015）によると，輸出額は FOB 価格ベースで表され，輸入額は CIF 価格ベース（保険料，運賃込み）で表されている。したがって，A 国から B 国への輸出額と B 国の A 国からの輸入額

を比較すると，輸入額（CIF）は輸出額（FOB）を上回ることが予想される。興味深いことに，一部の研究者（Fisman and Wei 2004；Javorcik and Narciso, 2008；Mishra et al. 2008）は，報告された輸出額と輸入額を比較し，上述の予想が必ずしも当てはまらないことを示した。報告されたデータが正確でないことが，その理由の一つであろう。さらにこれらの研究は，この不一致が発生しやすいパターンを特定した。具体的には，輸入関税率の高さと，報告された輸入額と輸出額の間のギャップの間に，統計的に有意な関係を確認した。この結果から，意図的な虚偽申告（単位の過少申告や虚偽表示など）や密輸による脱税の存在を指摘している。

　もう一つの問題は，貿易フローを分類するために使用される貿易統計分類に関するものである。ITC（2014）に示されているように，各国の貿易統計の報告方法の統一を目指して，世界税関機構（World Customs Organization）と「商品の名称及び分類についての統一システムに関する国際条約」によって，統一システム（HS）コードが開発され，1988 年 1 月 1 日に発効した。大多数の国が貿易データの報告にこのコードを採用した。コードは統一されているが，「HS は，技術又は国際貿易のパターンの変化に照らして，HS が最新のものに保たれることを確保することの重要性を認めている HS 条約の前文に従って，定期的に見直され，改訂される」（ITC 2014, pp. 112）。1988 年以降，すでに合計 6 回の改訂が行われている[1]。

　しかしながら，貿易統計を報告する際に使用するバージョンを各国が選択できるため，新たな問題が発生している。例えば，A 国は 2022 年に改訂された HS コードを使用して 2023 年の貿易を報告し，B 国は 2017 年に改訂された HS コードを使用して 2023 年の貿易を報告し，C 国は 2012 年に改訂された HS コードを使用して 2023 年の貿易を報告することが可能である。HS コードのバージョンによって商品分類が変わる可能性があるため，異なる期間の異なる国のデータの比較が難しくなる。バージョン間の対応表はあるが，対応が十分でない場合がある。

---

[1]　これまでのバージョンと利用可能年は以下の通りである：H0（1988 年以降），H1（1996 年以降），H2（2002 年以降），H3（2007 年以降），H4（2012 年以降），H5（2017 年以降），および H6（2022 年以降）。

第 10 章　貿易・家計パネルデータの利用課題　　*177*

　図 10-1 と図 10-2 は，それぞれコード 853670 と 392690 [2] の場合を示している。図 10-1 に示されている通り，製品 853670 は，製品 392690，690919，741991，および 741999 の統合として，2007 年の改定で作成された [3]。一方，製品 392690 は，2007 年の改定で三つの部分に分割された（コード 300691 [4]，392690，および前述の 853670）。さらに，2012 年の改定で 392690 は二つのコード（392690 と 961900 [5]）に分割され，2017 年の改定も同様である。このことから，2002 年の改定に従った 392690，690919，741991，および 741999 のデータがあったとしても，2007 年の改定で 853670 として分類された 392690 の割合を観察できないため，2007 年以前の 853670 の貿易額を完全に復元できない。さらに，2007 年以前の貿易額において，2002 年の改定に従った 392690 のデータがあったとしても，2007 年の改定に基づいた 392690，

図 10-1　製品 853670 の対応

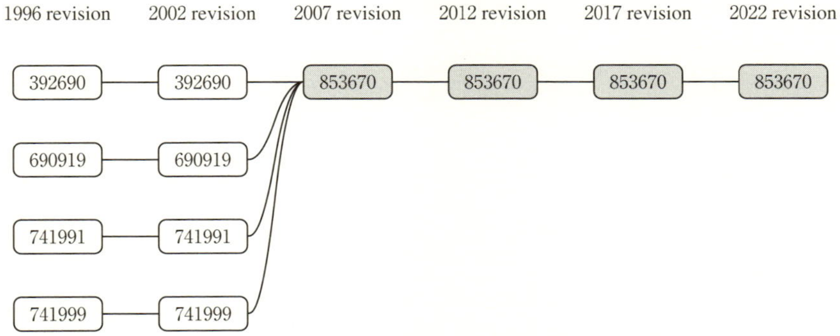

出所：ITC-Trade Map（http://www.trademap.org/stCorrespondingProductCodes.aspx）

---

2)　コード 853670 は「光ファイバー用又は光ファイバーケーブル用の接続子」，コード 392690 は「その他のプラスチック製品及び第 39.01 項から第 39.14 項までの材料から成る製品」である。

3)　コード 690919 は「陶磁製の理化学用その他の技術的用途に供する物品のうち，磁器製でもモース硬さが 9 以上の物品でもないもの」，コード 741991 は「銅製品のうち，鎖及びその部分品」，コード 741999 は「他に分類されない銅製品」である。

4)　コード 300691 は「瘻造設術用と認められるゲル」である。

5)　コード 961900 は「生理用のナプキン及びタンポン，おむつ及びおむつ中敷きその他これらに類する物品」である。

図 10- 2　製品 392690 の対応

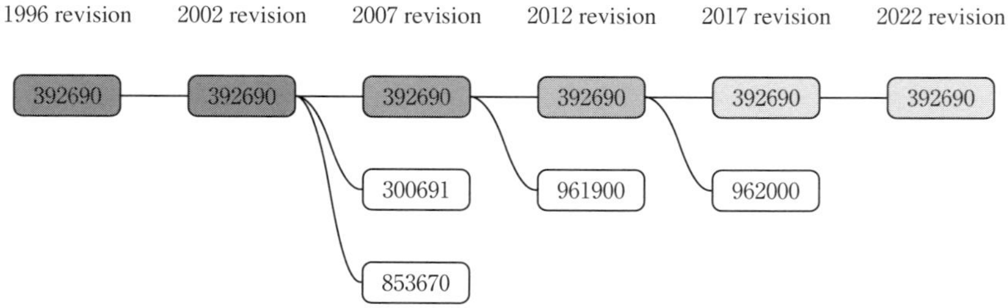

1996 revision	2002 revision	2007 revision	2012 revision	2017 revision	2022 revision
392690	392690	392690	392690	392690	392690
		300691	961900	962000	
		853670			

出所：ITC-Trade Map（http://www.trademap.org/stCorrespondingProductCodes.aspx）

300691，および 853670 を完全に計算することはできない。新しい各コードに帰属された 392690 の割合を観察できないためである。

　以上から，国や年に応じて製品が高度に細分化された貿易データを比較する際に，データが異なるバージョンの HS で報告されている場合，注意する必要がある。同じ問題は，産業別の分類である SITC（Standard International Trade Classification）や，生産段階別の分類である BEC（Broad Economic Categories）などで分類された貿易データを扱う場合にも起こりうる。多くの場合，対応表が存在するが，いずれの分類にも複数の改定があり，完全に追跡できない場合がある。

　これまで貿易データベースがどのように構築されているか，そしてデータの収集と変換で起こりうる問題について議論してきた。これらを理解することは，入手可能な情報をどのように利用できるか，あるいは利用できないか，また不完全なデータの利用から生じるバイアスの可能性について判断するために不可欠である。

第 2 節　家計パネルデータ

　多くの経済分野で不可欠な二つ目のデータは，家計パネルデータである。個人レベルのデータを収集することで，家計の経済状況や行動の変化を縦断的に分析することができる。この種のデータを収集することの重要性と難し

さを探る前に，まずデータがどのように収集されているかを理解する必要がある。政府は経済的・法的な根拠を背景に，主に行政データ，国勢調査，サンプル調査の三つの方法でデータを収集している。

行政データは，出生や死亡の登録，納税など，日常業務の一環として非統計的な理由で登録された情報である。前節で述べた貿易データも行政データの一例である。行政データの利点は，国勢調査や調査データよりも収集コストが低く，回答者が常に提供しなければならない情報であるため，回答者に余分な負担がかからないことである。データを取得する二番目の方法は，公式な人口数を得るための国勢調査である。国勢調査では，全国民が要求された情報（事前にアンケートで定義された）を政府に提供しなければならない。したがって，このデータソースは非常に詳細であり，母集団を表す。三番目の一般的な方法は，サンプル調査であり，人口の一部から，その部分が母集団を代表するような方法でデータを取得する。この三番目の方法の利点は，低コストであり，データをより速く，より短い期間で取得できることである（国勢調査は回答者が多いことから，データ収集には時間がかかり，5年から10年ごとに行われる）。これに加えて，小規模であるためデータの質をコントロールしやすいというメリットがある。

政府が収集したデータは通常，国内総生産（GDP），雇用率，インフレ率，就学率などの時系列指標として集計され，公表されている。しかし，細分化されたデータ，特に個人や企業レベルのデータへのアクセスは非常に困難であり，時間がかかり，社会科学の進歩を妨げている。この問題を克服するために，多くの大学や研究機関は，手頃なコストで代表的な情報を収集するためにサンプル調査に頼ってきた。こうして収集された情報へのアクセスは容易であり，多くの場合，政府でさえ持っていない情報を，十分に代表性を持ちながら得ることができる。そのため，サンプル調査の数は増加しており，特定の集団から情報を得るためのツールとして，政府によるデータに代わる重要な手段となっている。

サンプル調査では，調査票を柔軟に作成することができるため，学歴，就業状況，生活時間の分布，健康状態，支出の配分など，世帯構造や個人の属性に関連した幅広い情報を収集することができる。国勢調査よりも短い期間

180

に代表性を有する情報を収集することができることもあり，過去数十年の間
に，家計調査は社会科学研究や政策評価のための重要な統計源となりうるこ
とを示した。しかしながら，これらの利点にもかかわらず，代表的な家計調
査の収集は非常に複雑な作業である。以下では収集プロセスとデータの品質
を保証するための手段について，より詳細に説明する。

2.1　サンプル調査の収集プロセスと代表性の問題

　良質な家計調査パネルデータの構築は簡単な作業ではない。最初に取り組
む必要がある問題は，サンプリング方法である。家計調査パネルデータは所
与の母集団を代表することが期待されるので，データ収集プロセスは，すべ
ての母集団メンバーが平等に選択される機会を持つような確率サンプリング
である必要がある。これにより，便宜的サンプル（convenience sample），合
目的的サンプリング（judgmental or purposive sampling），スノーボールサンプ
リング（snowball sampling），割当サンプリング（quota sampling）などの非確
率サンプリング手法は排除される。

　確率サンプリングの最も一般的なタイプとして，単純ランダムサンプリン
グ（simple random sampling），クラスターサンプリング（cluster sampling），シ
ステマティックサンプリング（systematic sampling），および層化ランダムサ
ンプリング（stratified random sampling）が挙げられる。単純ランダムサンプ
リングでは，母集団のすべてのメンバーが同じ確率でランダムに選択される。
クラスターサンプリングでは，母集団を地域などのクラスターに分割した後，
一部のクラスター内の全メンバーに対して単純ランダムサンプリングを実行
する。システマティックサンプリングでは，母集団のメンバーが与えられた
順序で配置され，サンプルメンバーは一定の間隔（例えば，集団のリスト上の
5個体ごと）で選択される。最後に，層化ランダムサンプリングでは，クラ
スターサンプリングと同様に母集団をより小さなグループに分割するが，サ
ンプルは各グループから個別に抽出される。

　慶應義塾家計パネル調査（KHPS）および日本家計パネル調査（JHPS）の
データ収集で採用されたサンプルデザインを参照して，サンプリング方法の
複雑さを説明する[6]。2009 年の JHPS データの収集を取り上げる。Chang et

al.（2022）に示されているように，JHPS のサンプルは 20 歳以上の個人に限定され，二段階の層化ランダムサンプリング法によって抽出されている。つまり，日本を地域と市町村の分類に従って 24 の層に層化し，各層の被験者数を前年の住民基本台帳に登録された人口に比例して割り当てている。最後に，各層内の地区を系統的なランダムサンプリングプロセスに従って選択し，各地区で平均 10 人の被験者を，事前に決められた各層の合計被験者数に達するまで選択している。これらの被験者もランダムにサンプリングされている。データ収集の過程で，選択された対象者の中には連絡が取れなかったり，調査への参加を拒否したりする者に対しては，データの代表性を維持するために，予備の被験者を選択するという追加的な手段が採用されている[7]。

　横断世帯データの場合，これらの手法はデータの代表性を保証するのに十分である。しかし，JHPS/KHPS のようなパネルデータの場合，データの代表性に影響を与える可能性のある別の問題がある。調査からの脱落（attrition）である。調査からの脱落とは，無回答によるサンプル対象者の喪失を指す。調査の疲労（調査への参加を続けることを拒否する），対象者と連絡を取ることができない，または対象者を見つけることができないことは，無回答の一般的な理由である[8]。基本的に，第二回以降の脱落は，データの代表性に影響を与える可能性のあるサンプル対象者の喪失をもたらす。調査の脱落は一般的にランダムに発生するものではないため，パネルデータの代表性に対する脅威となる。

　パネル調査の代表性に影響を与える他の問題は，調査の回数が進むにつれて，人口の最も若い部分を代表する観察数が減少するという事実である。例

---

[6]　Chang et al.（2022, pp. 1-2）によると，JHPS/KHPS は，2004 年から実施されている「慶應義塾家計パネル調査」（KHPS）と，2009 年から導入された「日本家計パネル調査」（JHPS）を統合し，2014 年に創設された。JHPS/KHPS の主な目的は，日本の母集団を代表するデータを提供し，それによって経済主体による動的行動の分析を可能にすることである。調査は，世帯構成，個人属性，学歴，就業状況，時間利用，健康状態，幸福度，所得，資産などの包括的な項目を対象としている。

[7]　3 人から 5 人の予備被験者が同じ調査地域から無作為に選ばれた。これらの予備被験者は，元の被験者と，性別，年齢群において同様の特徴を有している。

[8]　脱落は，例えば，人が物理的に死亡したり，国を離れたり，集団世帯や組織に加わったりすることで調査範囲から除外されることとは異なる（Chang et al. 2022, p. 10）。

えば，2019 年の JHPS の最も若い被験者は 30 歳以上であった。したがって，このままでは 2019 年以降，20 歳代の日本人の動向は JHPS に反映されないことになる。

2.2 代表性の問題の解決

調査回数に応じた回答者の年齢の増加と，ある年齢カテゴリーを代表する観察数の減少は，トップアップサンプルの追加によって克服できる。すなわち，最初の回答者の収集と同じ手順で新しいコホートを抽出する。JHPS は，20 歳代の回答者を置き換えることを目的として，2019 年にトップアップサンプルを行った。トップアップサンプルは，無回答事例や調査範囲から除外された事例の損失も置き換えることができるため，調査の脱落の影響を減らすのに役立つ。

しかし，トップアップサンプルを追加するだけでは代表性の問題を克服するのに十分ではない。調査データから得られる指標が，対象母集団を表していることを保証するために不可欠な手段は，サンプリングウェイトの使用である。サンプリングウェイトは，ウェイト付けされた観測値の合計が対象母集団のそれと等しくなるように，各サンプル観測値に付けられる値である。言い換えれば，サンプリングウェイトは，各サンプリング対象が表す母集団の平均単位数を指す。

採用したサンプリング法に基づいて，設計ウェイトを計算することができる。設計ウェイトは，各個体の選択確率の逆数として計算される。前述の JHPS の例では，二段階の層化無作為抽出法を採用しているため，地区 d および層 s の個体 i の選択確率の逆数として，次のように設計ウェイトが計算される。

$$P_{ids} = Pr(\text{d selected}) \times Pr(\text{i selected in } d) = \frac{a_s}{A_s} \times \frac{b_{ds}}{B_{ds}} \qquad (1)$$

a_s は層 s で選択された地区の総数である。A_s は層 s の地区の総数である。b_{ds} は層 s に局在する地区 d で選択された個体の総数である。B_{ds} は層 s に局在する地区 d の個体の総数である。

第10章　貿易・家計パネルデータの利用課題　　*183*

　各層の個体のサンプルサイズは層の個体総数に比例するように割り当てられているため，選択確率は各個体で同じであり，個体 i の設計ウェイト（dw_i）は次のようになる。

$$dw_i = \frac{1}{P_{ids}} = \frac{N}{n} \qquad (2)$$

N は母集団サイズ，n はサンプル全体のサイズである。

　前述したように，第二回以降では調査サンプルが脱落する問題を抱えており，調査範囲から除外されるサンプルもある。したがって，これらの問題を考慮した設計ウェイトの調整が必要となる。JHPS では，ロジスティックモデルを用いた無応答調整と，キャリブレーションプロセスによる外部情報を用いた調整の二つの手順が採用されている。

　まず t 回目に参加した個体が $t+1$ 回目にも参加する確率をロジスティックモデルによって推定し，その結果を用いてウェイトを調整する。Chang et al.（2022）に示されているように，$\tilde{b}_i^{(t)}$ が t 回目における個体 i の基本ウェイトである場合，第一回では $\tilde{b}_i^{(1)} = bw_i$ が個体の設計ウェイトとなる。第二回以降では，個体 i が t 回目（r_t）に参加したとして，$t+1$ 回目（$\tilde{r}_{t+1}$）で応答する推定確率を $p_i^{t,\,t+1} = Pr(i \in \tilde{r}_{t+1} \mid i \in r_t)$ とする。すべての i について $p_i^{t,\,t+1} > 0$ とすると，$t+1$ における基本ウェイトは，t における基本ウェイトから次のように導出される。

$$\tilde{b}_i^{(t+1)} = \frac{\tilde{b}_i^{(t)}}{p_i^{t,\,t+1}} \qquad (3)$$

$p_i^{t,\,t+1}$ の推定には，ロジスティックモデルに基づく従来のアプローチが採用される。特定の個体 i が t 回目に参加した場合，この個体 i から収集されたデータを t 回目に使用して，個体 i が再び $t+1$ 回目に参加する確率を推定することができる。ロジスティック回帰モデルを使用して，応答傾向を次のように推定する。

$$\text{logit}\{Pr(resp_{it+1} = 1 \mid X_{it})\} = \beta_0 + \beta_1 X_{it1} + \cdots + \beta_p X_{itp} \qquad (4)$$

$resp_{it+1}$ は個人 i が $t+1$ 回目に参加する確率，X_{it} は $resp_{it+1}$ の予測因子となる補助変数である。JHPS のケースでは，ロジスティック回帰モデルの予測因子は，婚姻状況，性別，年齢，所得層，世帯規模などの変数を含んでいる。

推定された応答傾向 $\widehat{Pr}(resp_{it+1}=1 \mid X_{it})$ が得られたら，次の方法で各個人のウェイトを調整する。

$$w_{it+1} = wb_{it} \times \frac{1}{\widehat{Pr}(resp_{it+1}=1 \mid X_{it})} \qquad (5)$$

その後，起こりうる応答バイアスを減らし，サンプル精度を高めるために，得られたウェイトを外部集団ベンチマークに従ってキャリブレーションする。一般的に，これらの外部集団ベンチマークは，国勢調査または政府調査から得られる，細分化された人口レベルの情報を使用して構築される。JHPS の場合，キャリブレーションに使用される外部集団ベンチマークは，統計局の労働力調査に基づいて構築されている。

最後に，追加サンプルを抽出する場合は，集団を統合する必要がある。Chang et al.（2022）によると，異なる時点の異なる集団から抽出された二つの個人サンプルの統合は，図 10-3 に示すことができる。図 10-3 において，s_1 と s_2 は，それぞれ集団 U_1 および U_2 を代表する個体の二つのサンプルを示す。サンプル s_1 の各個人 i がサンプリングウェイト $w_i^{(1)}$ を，サンプル s_2 の各個人 i がサンプリングウェイト $w_i^{(2)}$ を得る。統合サンプル（$\tilde{s} = s_1 \cup s_2 - s_1 \cap s_2$）のウェイト w_i^{INT} は，次の式で表される。

図 10-3 個体の二つのサンプルの統合

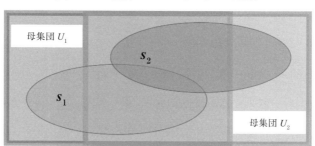

出所：Chang et al.（2022）

$$w_i^{INT} = \begin{cases} w_i^{(1)} & \text{if } i \in [s_1 \cap (U_1 - U_{inter})] \\ w_i^{(2)} & \text{if } i \in [s_2 \cap (U_2 - U_{inter})] \\ \theta w_i^{(1)} + (1-\theta) w_i^{(2)} & \text{if } i \in (s_1 \cap s_2 \cap U_{inter}) \\ \theta w_i^{(1)} & \text{if } i \in (s_1 \cap \overline{s}_2 \cap U_{inter}) \\ (1-\theta) w_i^{(2)} & \text{if } i \in (\overline{s}_1 \cap s_2 \cap U_{inter}) \end{cases} \quad (6)$$

$U_{inter} = U_1 \cap U_2$ であり，共有パラメータ θ は 0 から 1 の間を取り，通常は $\theta = 1/2$ とする。その他には，$\theta = n_1/(n_1 + n_2)$ と設定することもある。n_1 は s_1 のサイズ，n_2 は s_2 のサイズである。

JHPS の場合，2009 年のサンプル（S_{K09}）と 2019 年の追加サンプル（S_{K19}）があり，各サンプルはそのサンプルが作成された期間の母集団を表す（U_{K09} および U_{K19}）。集合論に基づき，統合されたサンプルウェイトの計算では，母集団 U_{K09} と母集団 U_{K19} の和集合を考える。この場合，2019 年に日本に住んでいた 30 歳以上の日本人と，2009 年に日本に住んでいた 20 歳以上の日本人の母集団が重複することになる。図 10-4 は，2019 年の JHPS2009 と JHPS2019 の統合を示している。

JHPS2009 の各個人 i にウェイト $w_{it}^{(K09)}$ を与え，JHPS2019 の各個人 i に

図 10-4　2019 年の JHPS2009 と JHPS2019 の統合[9]

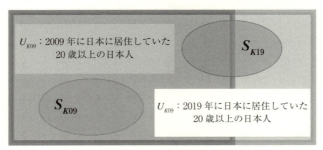

資料：著者による作成。

---

[9] JHPS におけるサンプリングでは反復を許さないため，集団 U_{K09} と U_{K19} に交差があるが，サンプル S_{K09} と S_{K19} は交差しない。

ウェイト $w_{it}^{(K19)}$ を与えた場合，以下の一般式に従って統合されたウェイト w_{it}^{INT} を計算することができる。

$$
w_{it}^{INT} = \begin{cases}
w_{it}^{(K19)} & \text{if } i \, \epsilon \, [S_{K19} \cap (U_{K19} - U_{inter})] \\
\theta w_{it}^{(K09)} & \text{if } i \, \epsilon \, (S_{K09} \cap \bar{S}_{K19}) \\
(1-\theta) w_{it}^{(K19)} & \text{if } i \, \epsilon \, (\bar{S}_{K09} \cap S_{K19})
\end{cases}
\quad （7）
$$

U_{inter} は JHPS2009 と JHPS2019 の母集団（U_{K09} および U_{K19}）の共通部分であり，パラメータ θ は0と1の間にある。このプロセスを説明するために，2019年のウェイトを考えてみよう。20歳から29歳の回答者は $w_{it}^{(K19)}$，JHPS2009の30歳以上の回答者は調整されたウェイト $\theta w_{it}^{(K09)}$，JHPS2019の30歳以上の回答者は調整されたウェイト $(1-\theta) w_{it}^{(K19)}$ を持つ。集団を統合する際には，統合ウェイトの計算後に先述のキャリブレーションが行われる。これにより，2009年と2019年の集団を含むサンプルデータ全体が，対象となる母集団（例えば2019年に日本に居住する20歳以上の日本人の総人口）を表すことになる。

おわりに

本章では，国際貿易と家計パネルデータを例として，データ収集におけるいくつかの問題と，これらのデータが代表性を有するための方法をいくつか取り上げた。研究に際して，データの利用可能性と利用可能なデータが持つ潜在的な問題を考えることが重要である。例えば，細分化された貿易データ（例えばHS6桁製品）を用いて，特定の製品グループの貿易マージン（内延・外延）を分析する場合，どのようなことに注意すべきであろうか。第1節で述べたように，利用可能なデータが同じHSバージョンで報告されているかどうかを確認し，そうでない場合，異なるHSバージョンの対応表を調べ，完全な変換が可能であることを確認する必要がある。完全な変換が不可能な場合，貿易マージン（特に外延）の分析が不可能になるかもしれない。また，便宜的サンプルのような，非確率サンプリング手法を用いて収集された調査データを用いる政策評価研究の場合はどうであろうか。第2節で述べたよう

に，非確率サンプリング手法によって収集された調査データは，所与の母集団を代表していない可能性があるため，その結果は細心の注意を払って検討されるべきである。結局のところ，不正確なデータの使用は偏った結果をもたらす。その意味で，利用可能なデータベースの問題点を認識し，結論を導く際や他の研究の結果を受け入れる際には，より慎重になることが重要である。

参考文献

Anderson, James E. and Eric van Wincoop (2003) "Gravity with Gravitas: A Solution to the Border Puzzle," *American Economic Review*, 93(1), pp. 170-192.

Chang, Mateus Silva, Guillaume Osier, and Kayoko Ishii (2022) "Japan Household Panel Survey (JHPS/KHPS) Sampling Weights. Panel Data Research Center," Keio University. PDRC Discussion Paper Series, DP2022-003, pp. 1-29.

Epaphra, Manamba (2015) "Tax Rates and Tax Evasion: Evidence from Missing Imports in Tanzania," *International Journal of Economics and Finance*, 7(2), pp. 122-137.

Fisman, Raymond, and Shang-Jin Wei (2004) "Tax Rates and Tax Evasion: Evidence from 'Missing Imports' in China," *Journal of Political Economy*, 112(2), pp. 471-496.

Mishra, Prachi, Arvind Subramanian, and Petia Topalova (2008) "Tariffs, Enforcement, and Customs Evasion: Evidence from India," *Journal of Public Economics*, 92(10-11), pp. 1907-1925.

Head, Keith and Thierry Mayer (2014) "Gravity Equations: Workhorse, Toolkit, and Cookbook," in Gita Gopinath, Elhanan Helpman, and Kenneth Rogoff, eds., *Handbook of International Economics*, Vol. 4, Elsevier, pp. 131-195.

Hsiao, Cheng (2007) "Panel Data Analysis—Advantages and Challenges," *TEST*, 16, pp. 1-22.

ITC (2014) "Trade Map User Guide," International Trade Centre (https://www.trademap.org/Docs/TradeMap-Userguide-EN.pdf), accessed on February 27, 2024.

Javorcik, Beata S. and Gaia Narciso (2008) "Differentiated Products and Evasion of Import Tariffs," *Journal of International Economics*, 76(2), pp. 208-222.

Yotov, Yoto (2022) "Gravity at Sixty: The Workhorse Model of Trade," CESifo Working Paper No. 9584, pp. 1-45.

第 11 章

グリーン貿易と低炭素経済

林　晉禾

はじめに

　環境物品の生産には，多大なエネルギー，資源の投資が必要である。エネルギー効率を高め，再生可能エネルギーを促進する低炭素経済では，エネルギー消費を削減しながら環境物品の供給を増やすことが可能である[1]。環境物品を低炭素経済の枠組みに統合することは，社会的，経済的，環境的側面を包含した持続可能な開発にとって重要である。世界的な環境意識の高まりに伴い，環境に優しい素材を用いた製品に対する需要が高まっている。そうしたなか，OECD 諸国では，経済活動が環境に与える負の影響を最小限に抑えるための様々な政策が実施されている（Johnstone et al. 2012）。国レベルでは，環境規制は汚染を効果的に緩和しており（Greenstone and Hanna 2014），国々の政策は国際的な環境基準に大きな影響を与えている（Congleton 1992；Cole et al. 2006）[2]。しかし，これらの環境政策は，企業に追加的な操業コストを課すことにもなる。たとえば，環境に優しい製品の要件を満たすために，企業は新しい技術を開発し，新しい材料を利用しなければならない。

　環境規制は，企業が汚染を減らすために設備や技術を更新することを奨励

1）　Cole et al.（2005）は，環境イノベーションは汚染集約度の制御に有効であり，企業は環境生産性を向上させる動機を有すると論じている。

2）　Congleton（1992）は，民主主義国家は権威主義体制に比べて厳しい環境政策をとる傾向があることを示している。Cole et al.（2006）は，政府の腐敗が少ない国ほど厳しい環境政策をとると主張している。

することによって，クリーン技術のイノベーションを促進する（Deche-zleprêtre and Sato 2017）。しかし，新しい技術の開発はしばしば不確実性を伴い，そうした市場リスクによって投資家は消極的となる[3]。パリ協定は，バイオエネルギーや地質学的貯蔵などの環境技術のブレークスルーを促進した。たとえば，ドイツは環境技術の開発に積極的に投資しており，技術革新に大きく貢献している。

低炭素経済への移行には，エネルギー政策および経済政策の改革が必須である（Foxon 2011；Daumas 2023）。これは，一国の経済が脱炭素化してこそ，低炭素経済に移行することを意味する。グリーン・イノベーションは，炭素排出量を効果的に削減できるため，低炭素政策に大きな影響を与える（Chen and Wang 2023）。革新的な技術は企業によって開発されることが多いものの，低炭素投資に対する政府の支援は極めて重要である。政府が多額の投資を行って企業の環境技術の研究開発を促進すれば，国家競争力は高まり，低炭素社会を実現することができる。したがって，環境技術の所有が増加している国は，低炭素経済へ移行していると言える（Linnenluecke et al. 2019）。

低炭素経済，環境規制，環境イノベーションは相互に関連している。第1に，低炭素経済は，環境規制によって後押しされて形成される。排出基準，炭素取引制度，エネルギー補助金の施行を通じて，政府は再生可能エネルギーの利用を奨励しつつ，企業に炭素削減措置の採用を義務付ける（Montero 2002）。こうした規制枠組みは，企業や市場の低炭素化，低炭素経済への移行を後押しする。第2に，低炭素経済における伝統的産業から持続可能な産業への移行は，環境イノベーション抜きには実現しない。最後に，環境規制は新技術の認証を承認する上で重要な役割を果たし，それが環境イノベーションの進展を促し，結果として環境物品の生産を増加させる。したがって，持続可能な開発は，これら3つの要素の相乗的な相互作用に依存している。

既存研究では，環境物品と技術イノベーションは別々のトピックとして広範に検討されてきた（Costantini and Crespi 2008；Steenblik 2005；Linnenluecke

---

[3]　新技術の開発における不確実性要因には，研究開発サイクルの長さ，技術の安定性，市場の受容性などがある。

and Smith 2019)。一方で，両者を統合した研究はまだ限られている。本章では，2000年から2017年までのOECD諸国とその186ヵ国の貿易相手国における環境物品輸出と特許件数の関係を調べることで，こうした関連文献のギャップを埋める。また，グリーン貿易と環境イノベーションの分野で独自の影響力を持つ日本にも特に注目する。

　本章の構成は以下の通りである。第1節では関連文献を概観する。第2節では環境物品と特許の動向を述べる。第3節ではデータと手法の概要を述べる。第4節では結果を述べたあと，結論とする。

第1節　文献レビュー

　環境イノベーションは，国の競争力，環境の持続可能性，雇用に影響を与える重要な要因として認識されている（Inoue et al. 2013；Ghisetti and Pontoni 2015；Triguero et al. 2017）。排出や汚染を削減する技術や製品は，環境への影響を最小限に抑え，生態系の状態を改善し，生物多様性を保全するのに役立つ（Hart 1995；Porter and Linde 1995）。企業の製品に対するグリーン認証は，より多くの消費者を惹きつけ，それによって企業のブランド認知とイメージを高めることができる（Bansal 2005）。したがって，環境イノベーションは，環境保護を支え，さらなるイノベーションを促すだけでなく，企業のブランドイメージにもプラスの影響を与え，国の長期的な発展と社会の持続可能性にも貢献する。

　環境特許は，一般的に技術革新の指標とみなされている（Jaffe and Palmer 1997；Brunnermeier and Cohen 2003；Popp 2005；Barbieri 2015）。Johnstone et al.（2012）は，各国の厳しい環境政策が環境イノベーションを促進する可能性があると主張している。Ferreira et al.（2020）は，環境特許が欧州諸国の経済成長にプラスの効果をもたらすことを示しているが，ユーロ圏諸国ではその効果は明らかではない。Abban et al.（2023）は，欧州における特許と炭素排出量の関係を分析し，環境特許が近隣諸国の環境の質の向上に貢献していることを示唆している。Carrión-Flores and Innes（2010）は，環境特許と汚染排出量の間に双方向の負の関係があることを明らかにしている。

192

　環境物品の生産は，国の経済と環境保全を結びつける。貿易の観点からは，環境物品には生態環境を改善し環境被害を減らす製品や技術が含まれる。これらの製品の持続可能性と環境への便益は広く研究されている（Tamini and Sorgho 2018；Zugravu-Soilita 2018）。Matsumura（2016）は，APEC 諸国間の環境物品貿易を検討し，生産の細分化が貿易に影響を及ぼす重要な要因であることを強調している。Can et al.（2021）は，「Green Openness Index」を導入して OECD 諸国のグリーン貿易を推定し，「Green Openness Index」が環境劣化を効果的に抑制することを示唆している。Cantore and Cheng（2018）は，環境税が環境圧力を緩和し，環境産業の新市場の開発を促進する可能性があると主張している。さらに，特に先進国への輸出においては，環境税の増加が環境物品の輸出量を増加させる可能性があることを示唆している。

　環境物品の消費は環境の質の向上に貢献する一方，その生産プロセスは環境の質に悪影響を及ぼす可能性がある（Nimubona 2012）[4]。環境物品と環境特許の相互作用については，これまで十分な研究がなされていない。そこで本章では，OECD 諸国の環境物品の輸出に対する環境特許の影響を分析する。

第 2 節　OECD 諸国における環境物品と環境特許の状況

2.1　OECD 諸国における環境物品

　図 11-1 は，2000 年から 2017 年までの OECD 諸国と日本の環境物品輸出の推移を示したものである。全体としては，17 年の間に明確な拡大が見られる。注目すべきは，金融危機の影響もあったが，その後は急速な回復が見られることである。また，OECD 諸国では 2011 年以降，若干の減少が見られたものの，全体としてはプラスの傾向が続いている。2000 年の OECD 諸国の環境物品輸出総額は 1,809 億 4,067 万ドルであった。2017 年には 5,454 億 2,578 万ドルと倍増した。日本の輸出動向は OECD 諸国全体と同様であり，2000 年の 262 億 7,442 万ドルから 2017 年には 515 億 1,247 万ドルと倍増した。

---

[4]　Nimubona（2012）は，貿易自由化は世界の厚生を向上させるかもしれないが，個人レベルでは効用は低下すると主張している。

第 11 章　グリーン貿易と低炭素経済　　*193*

図 11- 1　OECD 諸国と日本の環境物品輸出，2000 ～ 2017 年

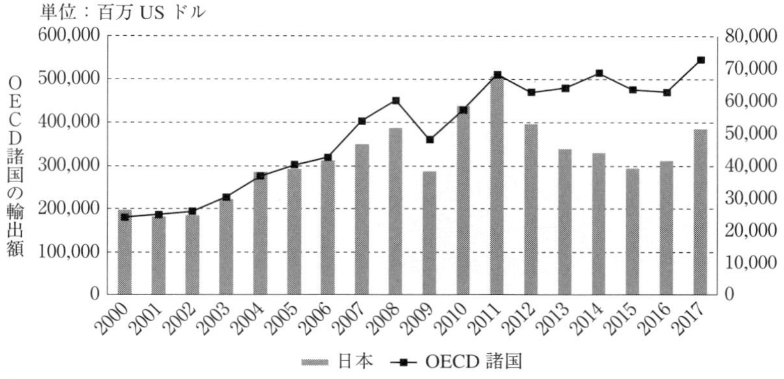

単位：百万 US ドル

```
O
E    600,000                                              80,000
C                                                                日
D    500,000                                              70,000   本
諸                                                        60,000   の
国   400,000                                              50,000   輸
の                                                        40,000   出
輸   300,000                                                       額
出                                                        30,000
額   200,000                                              20,000
     100,000                                              10,000
          0                                                    0
     2000 2001 2002 2003 2004 2005 2006 2007 2008 2009 2010 2011 2012 2013 2014 2015 2016 2017
```

■ 日本　■— OECD 諸国

資料：UN Comtrade から入手したデータを用いて筆者計算。

表 11- 1　OECD における環境物品輸出額上位 10 ヵ国，2000 年と 2017 年の比較

（単位：百万 US ドル）

国	2000 年輸出額	国	2017 年輸出額
米国	43,044.40	ドイツ	110,106.61
日本	26,274.42	米国	81,735.04
ドイツ	23,292.62	日本	51,512.47
イタリア	13,735.54	メキシコ	38,124.79
英国	10,915.11	韓国	30,986.23
フランス	10,413.10	イタリア	30,219.68
メキシコ	6,540.29	英国	21,259.92
カナダ	6,395.04	チェコ	21,043.73
ベルギー	5,216.76	カナダ	20,552.04
スイス	4,772.44	フランス	20,347.58

資料：UN Comtrade から入手したデータを用いて筆者計算。

これは，環境物品の需要と供給が大幅に増加したことを示している。輸出額の増加は，環境保全への国際的なコミットメントの高まりと環境物品の経済的重要性の高まりを反映しており，環境の持続可能性が世界的に重視されていることを示唆している。

　表 11-1 は OECD 加盟国の環境物品市場における上位 10 ヵ国の輸出状況を示しており，持続可能な製品への経済的焦点の大きなシフトを示している。

2000年から2017年までの間，ドイツ，米国，日本はトップ輸出国であっただけでなく，2000年と2017年のOECD輸出総額のかなりの部分を占め，より強い支配力を示した。特に，ドイツの372.71%という目覚ましい輸出成長は，市場におけるドイツの優位性を示している。米国と日本も大幅な増加を示し，環境に優しい市場の主要プレーヤーとしての地位を固めた。特に，チェコは2000年の10億5,564万ドル（18位）から2017年には210億4,373万ドル（8位）へと1,893.45%の大幅な増加を示した。これは，環境物品の生産と輸出の目標を定めた拡大を反映している。表11-1は，持続可能な製品に対する需要の増加を反映しているだけでなく，この急成長する分野で市場シェアを獲得するために各国が行った戦略的な経済変革も示している。

2.2 OECD諸国の環境特許

各国は，環境保全と経済発展の間のトレードオフに直面している。環境特許は，そうしたトレードオフに対処し，持続可能な開発を促進するための手段となり得る。そのため，OECD諸国は環境特許の整備を重視している。図11-2は，OECD諸国の環境特許件数を示している[5]。環境特許は年々増

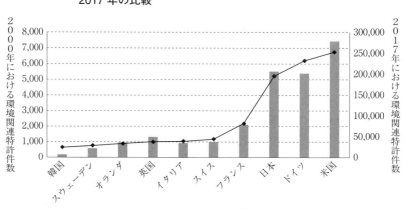

図11-2 OECDにおける環境関連特許件数上位10カ国，2000年と2017年の比較

資料：OECD Statisticsから入手したデータを用いて筆者計算。

加している。OECD諸国は，2000年に27,229.75件の環境特許を新たに追加し，2017年までに1,064,062.73件に達している。環境特許の追加件数は，米国が最も多く，2000年から2017年までに合計253,056.83件追加された。同時期に，ドイツは232,356.00件，日本は195,708.23件の環境特許を追加した。

2.3 環境物品と特許

まず，OECD諸国における環境物品の輸出と環境特許の関係を図11-3に

図11-3 OECD諸国の環境物品輸出と特許，2000年と2017年の比較

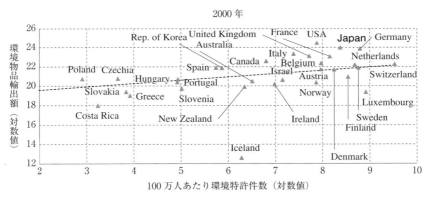

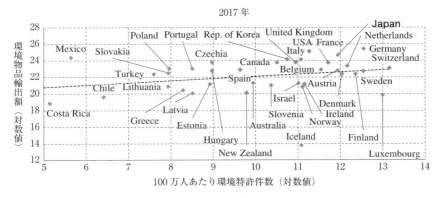

資料：UN Comtrade，OECD Statisticsから入手したデータを用いて筆者計算。

---

5) 環境特許件数は，環境特許累積を人口で割ったものである。

示す。2000 年と 2017 年の環境物品輸出と特許の間には正の相関が存在する。
2017 年と比較して，2000 年のトレンドラインは急勾配を示しており，2000
年の環境特許の増加が 2017 年よりも OECD 諸国の環境物品輸出に大きな影
響を与えていることが示唆される。特に，アイスランドは環境特許が多いに
もかかわらず，環境物品輸出が少ない。この差は，アイスランドが地理的に
比較的離れているため，貿易量が少ないことに起因している可能性がある。
トレンドラインの右上に表示されている日本は，環境物品輸出と特許の両方
が多い。ただし，図 11-3 では貿易に影響を与える国固有の要因は十分に考
慮されていない。そこで次節では，重力モデルを用いて，環境特許が環境物
品輸出に与える影響を推定する。

第 3 節　データと方法

3.1　データ

　本章では，HS コード 6 桁レベルで特定した環境物品 122 品目について，
OECD 加盟国の貿易データを分析する。具体的には，UN Comtrade から入
手した 2000～2017 年の 122 品目の貿易データを国ごとに集計し，二国間レ
ベルの環境物品輸出のデータセットを作成した。貿易に影響を与える可能性
のある要因として，国内総生産（GDP），国家間の距離，国境隣接ダミー，
共通言語ダミー，歴史的植民地関係ダミーなどを Centre d'Etudes Prospec-
tives et d'Informations Internationales（CEPII）のデータベースから取得した。
注目する低炭素経済の指標には，環境特許データを用いる。環境特許データ
は，OECD Statistics データベースから，欧州特許庁（EPO）が OECD 加盟
国に付与した特許を中心に取得した。

3.2　実証的方法論

　本章では，OECD 加盟国の環境特許と環境物品輸出の関係を検討する。
Tinbergen（1962）は，二国間貿易を二国間の経済規模と距離で測る重力モデル
を提案している。基本重力モデルは式（1）で表される。

$$\ln(Export)_{ijt} = \beta_0 + \beta_1 \ln(GDP)_{it} + \beta_2 \ln(GDP)_{jt} + \beta_3 \ln(Distance)_{ij}$$
$$+ \beta_4 Contiguity_{ij} + \beta_5 Language_{ij} + \beta_6 Colony_{ij} + \varepsilon_{ijt} \quad (1)$$

ここで，下付き文字 $i = 1, 2, …, 38$ は，OECD 加盟国を表す。$j = 1, 2, …, 186$ は，OECD 加盟国を含む OECD 加盟国の貿易相手国を表す。$t = 1, 2, …, 18$ は，2000 年から 2017 年を表す。$Export_{ijt}$ は，i 国から j 国への t 年の環境物品輸出額を表す。GDP_{it} は i 国の GDP を表す。$Distance_{ij}$ は i 国と j 国の間の距離を表す。$Contiguity_{ij}$，$Language_{ij}$，$Colony_{ij}$ は，それぞれ，国と国が共通の国境を有する場合，言語が共通の場合，歴史的植民地関係を持つ場合は値を 1 とし，そうでない場合は 0 とするダミー変数である。

　さらに，式（2）の通り，低炭素経済の枠組みの中で，環境関連特許が環境物品の輸出に与える影響を分析する。Linnenluecke et al.（2019）のアプローチに従い，累積特許数を人口（100 万人）で割って環境関連特許の付与数を算出する。環境関連特許は $Patent_{it}$ と表記する。

$$\ln(Export)_{ijt} = \beta_0 + \beta_1 \ln(GDP)_{it} + \beta_2 \ln(GDP)_{jt} + \beta_3 \ln(Distance)_{ij}$$
$$+ \beta_4 Contiguity_{ij} + \beta_5 Language_{ij} + \beta_6 Colony_{ij} \quad (2)$$
$$+ \beta_7 \ln(Patent)_{it} + \varepsilon_{ijt}$$

ただし，Anderson and van Wincoop（2003）は，貿易は多角的貿易抵抗（multilateral resistance）の影響も受けると主張している。そこで，この多角的貿易抵抗を制御するために，輸出国（α_i），輸入国（α_j），時間（α_t），国ペア（α_{ij}）ごとの固定効果を導入した。したがって，実証モデルは次の式（3）と（4）のように表される。

$$\ln(Export)_{ijt} = \beta_0 + \beta_1 \ln(GDP)_{it} + \beta_2 \ln(GDP)_{jt} + \beta_3 \ln(Distance)_{ij}$$
$$+ \beta_4 Contiguity_{ij} + \beta_5 Language_{ij} + \beta_6 Colony_{ij} \quad (3)$$
$$+ \beta_7 \ln(Patent)_{it} + \varepsilon_{ijt} + \alpha_i + \alpha_j + \alpha_t$$

$$\ln(Export)_{ijt} = \beta_0 + \beta_1 \ln(GDP)_{it} + \beta_2 \ln(GDP)_{jt} + \beta_3 \ln(Patent)_{it}$$
$$+ \varepsilon_{ijt} + \alpha_{ij} + \alpha_t \quad (4)$$

198

第4節　実証分析結果

4.1　ベンチマーク結果

　表11-2は，OLS と PPML という2つの異なる回帰モデルを用いたベンチマーク推計結果である。（1）と（2）は OLS の結果，（3）と（4）は PPML の結果である。いずれのモデルにおいても，GDP 変数（輸出国と輸入国の GDP）は環境物品貿易と正の相関を示し，経済規模が貿易量の重要な決定要因であることが確認された。距離変数はすべての回帰式において負の係数を持ち，貿易障壁であることを示しているが，PPML モデルではその影響はそれほど深刻ではない。国境隣接ダミー変数は，OLS モデルでは有意に正の係数を持つが，PPML モデルではより強い正の効果を持ち，近隣諸国が環境物品の貿易をより多く行っていることを示唆している。共通言語ダミー変数は正の係数を持ち，言語を共有することで貿易が促進されることを示しているが，PPML モデルでは影響が少ない。植民地ダミー変数は，OLS モデルでは有意に正の係数を持つが，PPML モデルでは負の係数を持つ。これは，PPML モデルでは貿易額がゼロとなるケースも考慮するため，異なるダイナミクスを示唆している可能性がある。

　本章で検討している環境特許は，環境破壊を最小限に抑えることを目的とした技術における国レベルのイノベーションを示す重要な指標である。これらの特許は，再生可能エネルギーソリューションから効率的な廃棄物管理システムに至るまで，新しい環境物品の創出に不可欠である。環境特許の係数は，イノベーションが環境物品貿易の強力な推進力であることを示す説得力のある証拠を提供する。具体的には，国が環境特許を増加させると，環境物品貿易の増加と一致する可能性が高いことを結果は示唆している。この関係は，OLS モデルと PPML モデルでは一貫して正の関係にあるが，PPML モデルの係数がやや高い傾向にある。これは，貿易額がゼロとなるケースの取り扱いを含め，PPML モデルが貿易データの複雑さを正確に捕捉する能力を有することを反映している可能性がある。

　環境特許の経済的影響は大きい。正の係数は，環境分野におけるイノベー

第11章　グリーン貿易と低炭素経済　*199*

表11-2　ベンチマーク推計結果, OLS および PPML

	OLS		PPML	
	(1)	(2)	(3)	(4)
ln（輸出国 GDP）	0.288***	0.316***	0.489***	0.438***
	(0.044)	(0.033)	(0.096)	(0.058)
ln（輸入国 GDP）	0.696***	0.733***	0.517***	0.525***
	(0.024)	(0.018)	(0.041)	(0.027)
ln（距離）	−1.589***		−0.850***	
	(0.011)		(0.012)	
国境ダミー	0.125***		0.537***	
	(0.041)		(0.031)	
言語ダミー	0.684***		0.249***	
	(0.022)		(0.025)	
植民地ダミー	1.525***		−0.129*	
	(0.045)		(0.071)	
ln（環境特許）	0.528***	0.616***	0.618***	0.651***
	(0.022)	(0.017)	(0.088)	(0.048)
定数項	4.471***	−10.986***	−0.623	−6.302***
	(0.940)	(0.695)	(1.954)	(1.128)
観測値数	92,938	92,938	122,416	122,416
決定係数 R^2	0.793	0.897	0.949	0.987
輸出国 FE	はい	いいえ	はい	いいえ
輸入国 FE	はい	いいえ	はい	いいえ
年 FE	はい	はい	はい	はい
国ペア FE	いいえ	はい	いいえ	はい

注：*$p < 0.10$, **$p < 0.05$, ***$p < 0.01$

ションに焦点を当てている国が持続可能な慣行に貢献しているだけでなく，世界市場で競争優位を獲得する可能性が高いことを示している。これらのイノベーションは，国際的に需要の高い優れた製品やより効率的な製品の生産につながることが多い。また，一国の環境特許の量は，持続可能性に対するコミットメントを反映していると見ることができ，それは貿易関係や市場需要にプラスの影響を与える可能性がある。さらに，一国における相当数の環境特許の存在は，この分野の研究開発を促進する支援的な政策枠組みを示している可能性がある。このような政策は，投資を呼び込み，さらなるイノベーションを促進し，これらの製品を輸出する国の能力を強化する。

4.2 地域貿易

表11-3 は，OECD 加盟国同士の貿易と OECD 加盟国と非加盟国の間の貿易を区別して，環境物品貿易の地域的影響を示したものである。前節と同様に，OLS モデルと PPML モデルを用いて分析した。特に環境特許に注目する。OECD 加盟国間の貿易については，環境特許と貿易の間に正の関係があり，その係数は 0.533 から 0.715 である。これは，OECD 加盟国同士では，国内の環境特許が環境物品の貿易活動の実質的な指標であることを示している。OECD 加盟国と非加盟国間の貿易を見ると，環境特許の係数は正であるが，0.387 から 0.644 の範囲で一般的に低い。このことは，環境特許は依然として貿易に正の影響を与えているが，OECD 加盟国が非加盟国と貿易を行う場合，その影響は小さいことを示唆している。

OECD 加盟国同士の貿易と OECD 加盟国と非加盟国の間の貿易の係数の

表 11-3　地域貿易の影響

	OECD 加盟国同士				OECD 加盟国から非加盟国への輸出			
	OLS		PPML		OLS		PPML	
	(1)	(2)	(3)	(4)	(5)	(6)	(7)	(8)
ln（輸出国 GDP）	0.333*** (0.062)	0.365*** (0.044)	0.449*** (0.093)	0.398*** (0.065)	0.275*** (0.055)	0.277*** (0.042)	0.719*** (0.140)	0.645*** (0.086)
ln（輸入国 GDP）	0.716*** (0.055)	0.745*** (0.039)	0.718*** (0.078)	0.699*** (0.055)	0.779*** (0.030)	0.785*** (0.023)	0.546*** (0.066)	0.553*** (0.040)
ln（距離）	−1.384*** (0.014)		−0.946*** (0.013)		−1.848*** (0.015)		−0.934*** (0.025)	
国境ダミー	0.030 (0.041)		0.400*** (0.028)		0.803*** (0.074)		1.187*** (0.064)	
言語ダミー	0.602*** (0.036)		0.239*** (0.024)		0.710*** (0.026)		0.594*** (0.039)	
植民地ダミー	−0.529*** (0.148)		−0.999*** (0.094)		1.440*** (0.050)		0.645*** (0.047)	
ln（環境特許）	0.542*** (0.031)	0.533*** (0.022)	0.705*** (0.087)	0.715*** (0.054)	0.520*** (0.028)	0.644*** (0.021)	0.387*** (0.077)	0.455*** (0.042)
定数項	1.776 (1.624)	−10.424*** (1.141)	−4.133* (2.325)	−9.552*** (1.523)	5.537*** (1.144)	−11.697*** (0.872)	−3.092 (3.296)	−10.012*** (1.738)
観測値数	23,514	23,514	25,086	25,086	69,424	69,424	97,330	97,330
決定係数 R^2	0.863	0.937	0.943	0.985	0.733	0.861	0.944	0.983
輸出国 FE	はい	いいえ	はい	いいえ	はい	いいえ	はい	いいえ
輸入国 FE	はい	いいえ	はい	いいえ	はい	いいえ	はい	いいえ
年 FE	はい	はい	はい	はい	はい	はい	はい	はい
国ペア FE	いいえ	はい	いいえ	はい	いいえ	はい	いいえ	はい

注：*p＜0.10, **p＜0.05, ***p＜0.01

第11章　グリーン貿易と低炭素経済　*201*

違いは，いくつかの要因による可能性がある。第1に，OECD加盟国は同程度の技術開発と環境基準を共有しており，環境物品の貿易において特許がより重要な要素となっている可能性がある。これらの国は，パートナー内でより高度な特許で保護された製品を生産し，貿易を行う可能性が高い。また，OECD加盟国と非加盟国では，技術力や環境規制が異なり，取引される環境物品の種類や複雑さに影響を与える可能性がある。一般的に，OECD加盟国は環境基準や持続可能性基準が厳格である。そのため，低炭素経済への移行に向けた優れた技術や意識の向上が期待される。さらに，OECD加盟国と非加盟国では，経済環境，貿易環境が異なることが示唆される。環境特許が環境物品貿易に与える影響には，所得格差，発展水準，規制枠組みなどの要因が影響する可能性がある。

4.3　経済発展水準

表11-4は，OLSとPPML回帰モデルを用いて先進国と途上国を比較し，経済発展水準が環境物品貿易に与える影響についての実証結果を示している。先進国については，環境特許が貿易の重要な決定要因となっており，（1）と（3）のOLS係数とPPML係数はそれぞれ0.503と0.705であり，（2）と（4）のPPML係数は0.547と0.723と，やや高い。これは，先進国間の環境物品貿易において，イノベーションと技術進歩が主要な要因として役割を果たしていることを強調している。途上国についても，環境特許の係数は，（5）と（6）のOLS係数は0.534と0.659，（7）と（8）のPPML係数は0.396と0.444と，プラスではあるが比較的低い。このことは，環境イノベーションが貿易に影響を与える一方で，途上国との取引ではその影響がそれほど顕著ではないことを示唆している。

先進国と途上国の間の係数の違いには，いくつかの理由が考えられる。先進国は一般的に，より高度な技術と厳しい環境規制を有しており，これは環境物品貿易のより高い割合が革新的な特許技術によって推進される可能性が高いことを意味する。これらの国はまた，新しい環境技術の開発に投資するためのより多くの資源を有しており，より多くの特許数と貿易へのより大きな影響をもたらす。逆に，途上国は厳格な環境基準を有しておらず，技術革

表 11- 4　経済発展水準の影響

	先進国				途上国			
	OLS		PPML		OLS		PPML	
	(1)	(2)	(3)	(4)	(5)	(6)	(7)	(8)
ln（輸出国 GDP）	0.376*** (0.062)	0.382*** (0.043)	0.404*** (0.093)	0.355*** (0.059)	0.230*** (0.059)	0.259*** (0.046)	0.827*** (0.161)	0.778*** (0.109)
ln（輸入国 GDP）	0.705*** (0.046)	0.768*** (0.032)	0.602*** (0.068)	0.605*** (0.045)	0.768*** (0.032)	0.760*** (0.025)	0.370*** (0.063)	0.373*** (0.045)
ln（距離）	−1.317*** (0.014)		−0.879*** (0.012)		−1.956*** (0.017)		−0.977*** (0.024)	
国境ダミー	0.316*** (0.045)		0.435*** (0.030)		0.430*** (0.077)		1.144*** (0.056)	
言語ダミー	0.386*** (0.034)		0.303*** (0.026)		0.773*** (0.028)		0.483*** (0.036)	
植民地ダミー	1.494*** (0.080)		−0.608*** (0.084)		1.406*** (0.055)		0.783*** (0.051)	
ln（環境特許）	0.503*** (0.031)	0.547*** (0.022)	0.705*** (0.094)	0.723*** (0.056)	0.534*** (0.030)	0.659*** (0.023)	0.396*** (0.084)	0.444*** (0.049)
定数項	0.764 (1.461)	−11.655*** (1.019)	−1.254 (2.247)	−6.740*** (1.369)	7.428*** (1.237)	−11.096*** (0.953)	−1.626 (3.594)	−8.974*** (2.083)
観測値数	33,482	33,482	39,243	39,243	59,456	59,456	83,173	83,173
決定係数 R²	0.851	0.933	0.946	0.986	0.733	0.858	0.953	0.985
輸出国 FE	はい	いいえ	はい	いいえ	はい	いいえ	はい	いいえ
輸入国 FE	はい	いいえ	はい	いいえ	はい	いいえ	はい	いいえ
年 FE	はい	はい	はい	はい	はい	はい	はい	はい
国ペア FE	いいえ	はい	いいえ	はい	いいえ	はい	いいえ	はい

注：*p＜0.10, **p＜0.05, ***p＜0.01

新にあまり焦点を当てていない可能性があり，その結果，特許を取得した環
境物品の需要が低下する可能性がある。その代わりに，途上国の環境物品貿
易は，特許に依存しない基本的または不可欠な環境技術により焦点を当てて
いる可能性がある。さらに，途上国は最新の特許技術の生産と輸入の両方の
能力を制限する財政上およびインフラ上の制約に直面している可能性があり，
これはモデルで観察されたより低い係数を説明することができる。

4.4　日本のケース

　日本は，特に環境技術とグリーンエネルギーソリューションに関連する分
野において，技術革新におけるリーダーシップで長い間認識されてきた。日
本の政府や企業は，歴史的に多くの研究開発投資を行ってきた。その結果，
環境技術が飛躍的に進歩し，特許も豊富になった。表 11-5 は，日本と貿易

表 11-5　日本のケース

	OLS		PPML	
	(1)	(2)	(3)	(4)
ln（輸出国 GDP）	1.027***	1.026***	0.602***	0.602***
	(0.159)	(0.159)	(0.141)	(0.141)
ln（輸入国 GDP）	0.676***	0.671***	0.546***	0.546***
	(0.066)	(0.066)	(0.061)	(0.061)
ln（距離）	13.893		0.000	
	(13.083)		(.)	
ln（環境特許）	0.771***	0.770***	0.768***	0.768***
	(0.127)	(0.127)	(0.132)	(0.132)
定数項	− 154.008	− 27.114***	− 11.975***	− 11.975***
	(119.561)	(3.909)	(3.475)	(3.475)
観測値数	3785	3785	3887	3887
決定係数 R^2	0.936	0.936	0.988	0.988
輸出国 FE	はい	いいえ	はい	いいえ
輸入国 FE	はい	いいえ	はい	いいえ
年 FE	はい	はい	はい	はい
国ペア FE	いいえ	はい	いいえ	はい

注：*p＜0.10, **p＜0.05, ***p＜0.01

相手国との間の二国間環境物品貿易の推計結果である。特に，日本の最大の関心事でもある環境特許に注目する。

　環境特許が環境物品の貿易に与える影響は顕著である。日本では，輸出国の環境特許が1％増加すると，貿易は約0.77％増加する。この結果は，表11-2の他の OECD 諸国と比較して，日本が環境特許の動向に敏感であることを示唆している。環境特許は，国際的な環境基準や持続可能な製品に対する消費者の選好を満たす，新しく洗練された製品を生産する能力の指標となる。強力な産業基盤と技術リーダーの歴史を持つ日本にとって，この関係は，イノベーションがいかに国際市場で競争優位を生み出すかを浮き彫りにしている。したがって，我々の分析結果は，日本の環境物品貿易を支える環境特許の重要な役割を明らかにしている。この傾向は，技術革新と環境物品市場の拡大が密接に関連していることを示している。

おわりに

　環境イノベーションは，環境保護の重要な要素と考えられている（Inoue
et al. 2013）。これには，エネルギー効率の向上を目的とした製品や技術の進
歩と，企業が高公害産業から低炭素産業に移行することを促進するための
様々な政策の実施が含まれる。したがって，環境イノベーションは，国を低
炭素経済に導くために重要である。また，環境物品の生産と貿易は，国の環
境保護へのコミットメントの指標となる。国が高度な経済発展を達成するに
つれて，しばしばより多くの環境問題に直面する。これらの問題に対処する
ために，各国は伝統的な製品から環境に優しい製品に徐々に置き換え，より
多くの環境物品を生産し，貿易をしている。

　本章では，国レベルのデータを用いて，2000年から2017年までのOECD
諸国の環境物品の輸出に対する環境特許の影響を分析した。まず，OECD
諸国の環境特許と環境物品輸出の状況を概観した。OECD諸国の環境物品
輸出は，2000年から2017年にかけて約3倍に大幅に増加している。日本の
環境物品輸出も例外ではない。環境特許に関しては，米国，ドイツ，日本は
2000年から2017年にかけて他国を大きく引き離して特許を蓄積しており，
経済成長と環境イノベーションの両立に注力していることがわかる。

　また，2000年と2017年の環境物品と特許の関係を視覚的に観察すると，
正の相関関係が見られる。OECD諸国の中では，特に日本は環境物品と特
許の両方でこの数年間トップの地位を維持している。環境特許が環境物品の
輸出に与える影響を，重力モデルを用いて，固定効果を考慮して推計した。
その結果，OECD諸国では，環境特許の累積数が1％増加すると，環境物品
の輸出が増加することが示された。具体的には，この増加は環境物品の輸出
の0.528％から0.651％の増加に相当する。日本を輸出国，輸入国として見た
場合，環境特許の影響は他のOECD諸国に比べて顕著である。具体的には，
環境特許が1％増加すると，環境物品の輸出が約0.77％増加する。我々の結
果は，OECD諸国，特に日本が低炭素経済に移行しつつあることを示して
いる。

参考文献

Abban, O. J., Y. H. Xing, A. C. Nuţă, F. M. Nuţă, P. S. Borah, C. Ofori, and Y. J. Jing, (2023) "Policies for carbon-zero targets: Examining the spillover effects of renewable energy and patent applications on environmental quality in Europe," *Energy Economics*, 126, 106954.

Anderson, J. E. and E. van Wincoop (2003) "Gravity with gravitas: A solution to the border puzzle," *American economic review*, 93(1), pp. 170-192.

Bansal, P. (2005) "Evolving sustainably: A longitudinal study of corporate sustainable development," *Strategic management journal*, 26(3), pp. 197-218.

Barbieri, N. (2015) "Investigating the impacts of technological position and European environmental regulation on green automotive patent activity," *Ecological Economics*, 117, pp. 140-152.

Brunnermeier, S. B. and M. A. Cohen (2003) "Determinants of environmental innovation in US manufacturing industries," *Journal of environmental economics and management*, 45(2), pp. 278-293.

Can, M., Z. Ahmed, M. Mercan, and O. A. Kalugina (2021) "The role of trading environment-friendly goods in environmental sustainability: Does green openness matter for OECD countries?," *Journal of Environmental Management*, 295, 113038.

Cantore, N. and C. F. C. Cheng (2018) "International trade of environmental goods in gravity models," *Journal of environmental management*, 223, pp. 1047-1060.

Carrión-Flores, C. E. and R. Innes (2010) "Environmental innovation and environmental performance," *Journal of Environmental Economics and Management*, 59 (1), pp. 27-42.

Chen, M. and K. Wang (2023) "The combining and cooperative effects of carbon price and technological innovation on carbon emission reduction: Evidence from China's industrial enterprises," *Journal of Environmental Management*, 343, 118188.

Cole, M. A., R. J. Elliott, and P. G. Fredriksson (2006) "Endogenous pollution havens: Does FDI influence environmental regulations?," *Scandinavian Journal of Economics*, 108(1), pp. 157-178.

Cole, M. A., R. J. Elliott, and K. Shimamoto (2005) "Industrial characteristics, environmental regulations and air pollution: an analysis of the UK manufacturing sector," *Journal of environmental economics and management*, 50(1), pp. 121-143.

Congleton, R. D. (1992) "Political institutions and pollution control," *The review of economics and statistics*, 412-421.

Costantini, V. and F. Crespi (2008) "Environmental regulation and the export dynamics of energy technologies," *Ecological Economics*, 66(2-3), pp. 447-460.

Daumas, L. (2023) "Financial stability, stranded assets and the low-carbon transition-A critical review of the theoretical and applied literatures," *Journal of Economic Surveys*, pp. 1-116.

Dechezleprêtre, A. and M. Sato (2017) "The impacts of environmental regulations on competitiveness," *Review of environmental economics and policy*, 11, pp. 181-360.

Ferreira, J. J., C. I. Fernandes, and F. A. Ferreira (2020) "Technology transfer, climate change mitigation, and environmental patent impact on sustainability and economic growth: A comparison of European countries," *Technological Forecasting and Social Change*, 150, 119770.

Foxon, T. J. (2011) "A coevolutionary framework for analysing a transition to a sustainable low carbon economy," *Ecological economics*, 70(12), pp. 2258-2267.

Ghisetti, C. and F. Pontoni (2015) "Investigating policy and R&D effects on environmental innovation: A meta-analysis," *Ecological Economics*, 118, pp. 57-66.

Greenstone, M. and R. Hanna (2014) "Environmental regulations, air and water pollution, and infant mortality in India," *American Economic Review*, 104(10), pp. 3038-3072.

Hart, O. (1995) "Corporate governance: some theory and implications," *The economic journal*, 105(430), pp. 678-689.

Inoue, E., T. H. Arimura, and M. Nakano (2013) "A new insight into environmental innovation: Does the maturity of environmental management systems matter?," *Ecological Economics*, 94, pp. 156-163.

Jaffe, A. B. and K. Palmer (1997) "Environmental regulation and innovation: a panel data study," *Review of economics and statistics*, 79(4), pp. 610-619.

Johnstone, N., I. Haščič, J. Poirier, M. Hemar, and C. Michel (2012) "Environmental policy stringency and technological innovation: evidence from survey data and patent counts," *Applied Economics*, 44(17), pp. 2157-2170.

Linnenluecke, M. K. and T. Smith (2019) "A primer on global environmental change," *Abacus*, 55(4), pp. 810-824.

Linnenluecke, M. K., J. Han, Z. Pan, and T. Smith (2019) "How markets will drive the transition to a low carbon economy," *Economic Modelling*, 77, pp. 42-54.

Matsumura, A. (2016) "Regional trade integration by environmental goods," *Journal of*

Economic Integration, pp. 1-40.

Montero, J. P. (2002) "Market structure and environmental innovation," *Journal of applied economics*, 5(2), pp. 293-325.

Nimubona, A. D. (2012) "Pollution policy and trade liberalization of environmental goods," *Environmental and Resource Economics*, 53, pp. 323-346.

Popp, D. (2005) "Lessons from patents: Using patents to measure technological change in environmental models," *Ecological economics*, 54(2-3), pp. 209-226.

Porter, M. E. and C. V. D. Linde (1995) "Toward a new conception of the environment-competitiveness relationship," *Journal of economic perspectives*, 9(4), pp. 97-118.

Steenblik, R. (2005) *Environmental goods: A comparison of the APEC and OECD lists* (No. 2005/4), OECD Publishing.

Tamini, L. D. and Z. Sorgho (2018) "Trade in environmental goods: evidences from an analysis using elasticities of trade costs," *Environmental and Resource Economics*, 70, pp. 53-75.

Tinbergen, J. (1962) *Shaping the world economy; suggestions for an international economic policy*, Twentieth Century Fund.

Triguero, Á., M. C. Cuerva, and C. Álvarez-Aledo (2017). "Environmental innovation and employment: Drivers and synergies," *Sustainability*, 9(11), 2057.

Zugravu-Soilita, N. (2018) "The impact of trade in environmental goods on pollution: what are we learning from the transition economies' experience?," *Environmental Economics and Policy Studies*, 20(4), pp. 785-827.

208

付録

表 A1　環境物品 122 品目のリスト

220100,	283220,	381500,	780600,	841430,	842129,	848140,	902580,	903010,
220710,	283510,	391400,	840991,	841440,	842139,	848180,	902610,	903149,
252100,	283521,	392020,	840999,	841480,	842191,	851410,	902620,	903180,
252220,	283523,	392490,	841000,	841490,	842199,	851420,	902680,	903210,
280110,	283524,	392690,	841011,	841780,	842220,	851430,	902690,	903220,
281410,	283525,	580190,	841012,	841790,	842381,	851490,	902710,	903281,
281511,	283526,	681099,	841013,	841911,	842382,	851629,	902720,	903289,
281512,	283529,	700800,	841090,	841919,	842389,	853931,	902730,	960310,
281610,	283822,	701990,	841320,	841950,	842490,	854140,	902740,	960350,
281830,	285100,	730900,	841350,	841960,	847439,	854389,	902750,	980390
282010,	290511,	731010,	841360,	841989,	847982,	870892,	902780,	
282090,	320910,	731021,	841370,	841990,	847989,	901320,	902790,	
282410,	320990,	731029,	841381,	842119,	848110,	902511,	902810,	
283210,	380210,	732510,	841410,	842121,	848130,	902519,	902820,	

出所：Steenblik（2005）.

第12章

ポイントデーと値引きデーの
プロモーション効果*

中川　宏道

はじめに

　現在，ポイントカードを導入している多くの小売業において，ポイント
デーが導入されており，通常のポイント付与率の「ポイント3倍デー」や
「ポイント5倍デー」などが行われている[1]。一方で，ポイントカード会員
を対象とした値引きデーを行っているチェーンも存在する[2]。イオンなどの
ように，ポイントデーと値引きデーを併用しているチェーンも存在する。

　それでは，ポイントデーと値引きデーでは，どちらの販売促進効果が大き
いのであろうか。経済合理性の観点からは，消費者にとって値引きの方がポ
イントよりも有利であることは明らかである。値引きによって手元に余分に
残る現金の方が，ポイントよりも流動性が高いためである。

　しかしながら，先行研究における様々な実験や購買データ分析から，必ず
しもポイント付与よりも値引きが選好される訳ではなく，場合によっては値
引きよりもポイント付与の方が選好されることが示されている。買物金額の
総額に応じて一定の割合のポイントが付与されるバスケット方式によるポイ
ント付与と値引きのサーベイ実験では，値引き・ポイント付与水準が低い水

---

*　本章は，中川（2024）第5章を要約したものである。

[1]　例えばイオンでは，毎月5日・15日・25日はポイント2倍デー，毎月10日はポイン
　ト5倍デーとなっている（2023年12月時点）。

[2]　例えばイトーヨーカドーでは，毎月8日・18日・28日は5%値引きデーとなってい
　る（2023年12月時点）。

準（1％および5％）のときには，値引きよりもポイント付与の方が知覚価値は高いことが示されている。さらに，食品スーパーで単品に紐付いてポイントが付与される商品ポイント方式によるポイント付与と単品の値下げの売上効果を実店舗のID付きPOSデータを用いて検証した中川・星野（2017）によると，商品単価が低いとき，または値引率・ポイント付与率が低いときに，値引きよりもポイント付与の方が売上効果は高くなることが示されている。

ただし，中川（2015）はバスケット方式のポイント付与と値引きに関するサーベイ実験であり，中川・星野（2017）は単品レベルのポイント付与と単品値引きに関する消費者の行動データ（ID付きPOSデータ）による分析結果である。バスケット方式のポイント販促や値引きに関して，POSデータなどの実データによる検証はまだ行われていない。

本研究の目的は，バスケットポイント方式に該当するポイントデーと値引きデーの効果を，実際の購買データを用いて明らかにすることである。以降，第1節では，ポイント付与および値引きの販促効果に関する研究のレビューを行い，先行研究の課題を明確にする。第2節において，分析データの概要を説明し，および本研究の仮説を提示する。第3節では，実際に使用したデータの詳細な説明，および効果測定に関するモデルの定式化をおこなう。第4節において分析結果を提示し，第5節では分析結果に関する考察をおこなう。

第1節　ポイント販促に関する先行研究のレビュー

1.1　先行研究

値引きとポイント付与の知覚価値に関する実験をおこなった研究として，中川（2015）と秋山（2011）があげられる。秋山（2011）は大学近隣にあるレストランでの750円のランチを想定した大学生対象のサーベイ実験（被験者内要因配置）を行い，値引率20％（150円の値引き）とポイント付与率20％（150ポイント付与）との比較により，値引きの方がポイント付与よりも割引のうれしさやお得感が高いことを示している。中川（2015）はバスケット方式の値引きとポイント付与の知覚価値に関するサーベイ実験（被験者間要因

第 12 章　ポイントデーと値引きデーのプロモーション効果　*211*

配置）をおこない，値引き・ポイント付与水準が 1％と 5％のときには，値引きよりもポイント付与の方が知覚価値は高くなる一方，値引き・ポイント付与水準が 10％と 25％のときには，値引きとポイント付与の知覚価値に有意差がないことを確認している。

　実際の小売業の購買データを用いて値引きとポイント付与の効果を比較した研究として，中川・星野（2017），Zhang and Breugelmans（2012），Wei and Xiao（2015）がある。

　これらのうち，単品方式のポイント付与と値引きの効果を比較しているのは，Zhang and Breugelmans（2012）と中川・星野（2017）である。Zhang and Breugelmans（2012）は，オンライン店舗において従来行われてきた単品方式の値引きを，すべて単品方式のポイント付与に切り替えた小売業を自然実験[3]として分析した結果，変更前の値引き対象アイテム数よりも変更後のポイント付与対象アイテム数が少なくなり，変更前の値引率よりも変更後のポイント付与率の方が小さくなっているにもかかわらず，変更前の値引きよりも変更後のポイント付与の方が売上効果は高いことを確認している。ただし，変更前後での販促の対象商品がコントロールされていないため，集計バイアスの可能性は残されている[4]。中川・星野（2017）は首都圏のスーパーマーケットの集計された POS データ（商品別店舗別日別の売上データ）を用いて単品方式の値引きとポイント付与の売上効果の比較した結果，値引率（ポイント付与率）が低い場合にはポイント付与の方が値引きよりも弾性値が高く，値引率（ポイント付与率）が高い場合にはポイント付与の方が値引きよりも弾性値が低くなることが確認されている。

　単品レベルではなく，カテゴリーレベルでのポイント付与と価格弾力性を比較しているのは，Wei and Xiao（2015）である。Wei and Xiao（2015）は，ポイント付与がカテゴリー単位で実施される小売業の購買履歴データを用いて多変量プロビットモデルによる分析を行い，カテゴリーレベルで価格弾力

---

3)　自然実験とは，調査者による意図的な介入ではなく，他者が与えた，あるいは自然にもたらされた要因の影響を検証するものである（野村 2017）。

4)　例えば変更前後での販促の対象商品が異なる場合，ブランド力の高い商品と低い商品とでは販促の効果が変わり得る。

性とポイント付与の弾力性を算出した結果，ポイント付与の弾性値よりも価格弾力性の方が高いことを確認している。ただし，Wei and Xiao（2015）のモデルは単品レベルではなくカテゴリーレベルである。分析対象のチェーンでは，ポイント付与の販促はカテゴリーレベルで付与されるため，ポイント付与の弾性値については問題はない。しかしながら価格弾力性については，単品レベルで実施される価格販促をカテゴリーレベルで集計して分析しているため，同一商品の値引きなのか，別のより低価格の商品に代替しているのかが区別できず，本来の意味での価格弾力性とはいえない。したがって，ポイント付与の弾性値よりも価格弾力性が高いとは単純に言い切れない。

　まとめれば，先行研究において，低いベネフィット水準ではポイント付与の方が値引きよりも知覚価値が高く，売上効果も高い一方，高いベネフィット水準ではポイント付与の方が値引きよりも知覚価値が低く，売上効果も低い傾向が確認されている。ただし，付与水準の高低の境がバスケット方式と単品方式で若干異なっている。例えばバスケット方式では5％は低い水準だが，単品方式では高い水準となる。また，上記の知見はバスケット方式のサーベイ実験研究，および単品方式のフィールド実験の結果によるものであり，消費者の実際の行動データ（フィールド実験）によるバスケット方式のポイント付与と値引きの効果はまだ確認されていない。

1.2　先行研究の課題

　以上の先行研究の結果を踏まえると，以下の研究上の課題を指摘することができる。すなわち，バスケット方式の値引きおよびポイント付与の効果について，消費者の実際の行動データ（フィールド実験）による検証はまだ行われていない。実験室実験およびサーベイ実験とは，原因となる変数を研究者が操作し，結果となる変数がどのように変化するかを調べる方法であり，①被験者に対して何らかの働きかけ（介入・操作）を行うこと，②実験群と統制群をもうけること，③被験者の無作為割り当てを行うこと，がなされている（野村 2017）。そのため，実験室実験およびサーベイ実験は内的妥当性の高い研究結果といえる反面，実験の状況が現実と異なるため，研究の生態学的妥当性が低く，外的妥当性がフィールド実験よりも低いと考えられる

第 12 章　ポイントデーと値引きデーのプロモーション効果　*213*

（野村 2017；星野 2009）。対照的に，フィールド実験は現実社会において実験を行うため，現実社会に存在する様々な影響を受けた結果であることから，一般化しやすい。その反面，フィールド実験の内的妥当性は実験室実験およびサーベイ実験に劣り，外的要因のコントロールが難しく，交絡しやすい（野村 2017）。したがって，実験室実験およびサーベイ実験とフィールド実験の両面からプロモーションの効果測定をアプローチしていくことで，内的妥当性および外的妥当性の高い研究結果となるため，フィールド実験による値引きおよびポイント付与の比較を行うことが求められる。

第 2 節　本研究の内容

　学術論文の論理構成としては，先に仮説を提示して，次に分析対象データを説明するのが一般的であるが（例えば近江 2016），本研究は分析対象チェーンの販促に関する自然実験であり，仮説設定もこのチェーンの販促の実施状況に大きく依存するため，先に分析対象データについて説明する。

2.1　分析データの概要

　使用するデータは，ドラッグストア A チェーン全店舗のポイントカード会員の，店舗別日別に集計された売上データである[5]。期間は，2007 年 3 月 1 日から 2008 年 2 月 29 日の 366 日であるが，13 日の（いずれかの店舗の）休店日があるため，全店で営業されている 353 日間を対象としている。2007 年 3 月 1 日時点での店舗数 150 のうち，2008 年 2 月 29 日までに閉店した 3 店舗を除き，分析対象店舗は 147 店舗となっている。

　分析対象チェーンのポイントカードの概要について説明する。100 円の買い物で 1 ポイントが付与され，100 ポイント単位で 100 円の割引を受けることができる。T ポイントや Ponta のような提携型ではなく，当該チェーンでのみポイントを貯め，当該チェーンでのみポイントを使用することができる。

---

5)　データの制約から，対象はあくまでポイントカード会員による売上であり，ポイントカードの非会員の売上は含まれていない。

分析対象チェーンの販促デーとしては，毎月5・6日はすべての顧客に対して5%値引きの値引きデー（以下，全員値引きデー），毎月11・12日はチラシ特売（以下，チラシデー），毎月17・18日はポイント5倍のポイントデー（以下，ポイントデー），毎月25・26日はポイントカード会員のみ5%値引きの値引きデー（以下，会員のみ値引きデー）である。すなわち，ポイント5倍デーとポイントデーはそれぞれ5%のポイント付与率と値引率であり，比較可能な水準となっている。したがって，ポイントデーと値引きデーの販促効果を比較することができる自然実験の状態となっている。

2.2　研究の目的

本研究の目的は，バスケット方式の値引きとポイント付与の効果を比較することである。本研究で使用するデータのチェーンは，2.1で述べたように，ポイントデーではポイント付与率が5%，値引きデーにおける値引率は5%となっている。したがって，1ヵ月のうちに値引率5%の日とポイント付与率5%の日が必ず存在するという状態を自然実験として利用し，来店客数に与える影響を比較する。その際に，来店客数に影響を与えると考えられる店舗面積や，土日祝日の影響についてもコントロール変数として考慮する。

本研究におけるフレームワークを示したのが図12-1である。チラシデー，全員値引きデー，会員のみ値引きデー，ポイントデーの売上金額，来店客数，客単価，顧客単価，買上数量への弾性値を測定し，会員のみ値引きデーとポイントデーの弾性値の比較を行う。

なお，小売店舗における売上金額，客数，客単価，商品単価，買上数量の関係について補足しておく。店舗の売上金額は，客数と客単価の積に分解できる。さらに客単価は，商品単価と買上数量の積に分解できる（図12-2）。したがって，単に売上金額への影響をみるのみならず，ポイントデーおよび値引きデータが売上金額を分解したときのどの指標に有効なのかを検討する。

さらにもう一点補足する。このチェーンでは通常のポイント付与率は1%であり，値引きデーにおいてもそれは変わらない。つまり顧客は，値引きデーには5%の値引きと1%のポイント付与の両方を享受することができる。これに対しポイントデーでは5%付与されることになるが，通常のポイント

第12章　ポイントデーと値引きデーのプロモーション効果　　215

図12-1　ポイントカード（ロイヤルティ・プログラム）に関する
　　　　　研究の全体像

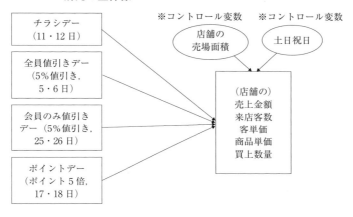

図12-2　店舗における売上金額の分解

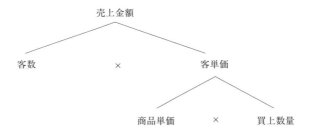

付与率は1％であるため，実質的には4％のポイント付与率が追加で付与されることになる。したがって，そもそも販促デーにおける価値としては値引きデーとポイントデーは同等ではなく，値引きデーの方が1％分高い価値であることに留意する必要がある。

2.3　研究の仮説

　本研究における仮説を導出する。ポイントカード会員が対象となるのは会員のみ値引きデーとポイントデーであるため，導出する仮説を会員のみ値引きデーとポイントデーの2つに絞ることとする。ただし，考察ではチラシ

図 12-3　販促デーにおける価値

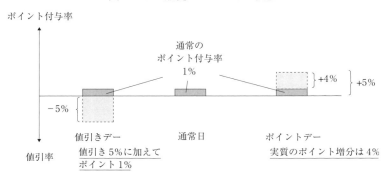

デーや全員値引きデーについても対象とする。

　第1節で確認したように，バスケット方式の値引きとポイント付与の知覚価値に関するサーベイ実験では，5％水準では値引きよりもポイント付与の方が高い知覚価値であることが確認されている（中川 2015）。したがって実際の購買行動についても，5％水準では，ポイントデーの方が値引きデーよりも売上金額および来店客数の効果が高いと考えられる。したがって，以下の仮説が導出される。

　仮説：【販促デーの売上金額効果】付与水準が5％では，ポイントデーの方が会員のみ値引きデーよりも効果は高い。

　図12-3で説明した通りポイントデーよりも値引きデーの方が高い価値であるため，その分は相殺されることになる。しかし，それでもなおポイントデーの方が値引きデーよりも高い効果であるならば，この効果は頑健であることが示される。

　なお被説明変数として，売上金額以外の来店客数，客単価，商品単価については，仮説を設けずに分析を行い，考察を行うものとする。

第12章　ポイントデーと値引きデーのプロモーション効果　　*217*

第3節　分析データとモデル

3.1　使用するデータの変数の定義

　本研究で使用するデータセットとしては，147店舗×366日のパネルデータである。ただし，定休日（不定期）を除き，当該期間に改装等で休業があった8店舗，および全店的に店休日であった4日間を除いているため，最終的に得られた観測数は51,300である。

　被説明変数はカード会員の来店客数である。説明変数は，チラシデー・ダミー（11日と12日を1），全員値引きデー・ダミー（5日と6日を1），会員のみ値引きデー・ダミー（25日と26日を1），ポイントデー・ダミー（17日と18日を1）である。来店客数に影響を与えるコントロール変数として，店舗の売場面積を時点固定で店舗によって異なるコントロール変数とし，土日祝日ダミー（土曜日と日曜日と祝日を1）を店舗固定で時点によって異なるコントロール変数としている。

3.2　分析モデル

　本研究では（1）式のようなモデルを推計し，会員のみ値引きデーとポイントデーの弾性値を求める。ただし，y_{it} は店舗 i 時点 t の被説明変数（売上金額，来店客数，客単価，商品単価，買上数量），***Flyer_D_t*** はチラシデー・ダミー，***AllDis_D_t*** は全員値引きデー・ダミー，***FSPDis_D_t*** は会員のみ値引きデー・ダミー，***POINT_D_t*** はポイントデー・ダミー，x_t は店舗固定で時点によって異なるコントロール変数，x_i は時点固定で店舗によって異なるコントロール変数，u_{it} は誤差項である。

$$\ln y_{it} = \alpha + \beta_1 Flyer\_D_t + \beta_2 ALLDis\_D_t + \beta_3 FSPDis\_D_t + \beta_4 POINT\_D_t \\ + \sum \theta_t x_t + \sum \rho_i x_i + u_{it} \tag{1}$$

　（1）式にもとづいて，日ごとのクロスセクション・データとしてすべてのデータをプールしてOLS推定するのが，プーリング（OLS）推定である。ただし今回扱うデータはパネルデータである。パネルデータとは，複数の経

済主体の情報を時系列で追跡したデータを指す。そのため，誤差項は（2）式のような構造をしていると仮定する[6]。μ_i は観察不可能な店舗独自の固有効果を表し，λ_t は観察不可能な時間効果，ν_{it} は撹乱項を表している。

$$u_{it} = \mu_i + \lambda_t + \nu_{it} \qquad (2)$$

　固有効果 μ_i と説明変数に相関がある場合，説明変数と誤差項の間に相関関係が生まれ，一致性が得られず，パラメータは BLUE にはならない[7]（山本 2015）。このため，固有効果 μ_i を明示的に考慮した推計を行う必要がある。すなわち，店舗ごとに期間平均値からの乖離をとった推定式を推定することで，時間を通じて変化しない固有効果 μ_i を除去する。これを固定効果モデルという。

　しかし，固有効果 μ_i と説明変数に相関がない場合，固有効果 μ_i があるために，同じ店舗 i の別の時点 t の誤差間で自己相関が生じる可能性が生じ，誤差項の共分散ゼロという仮定が満たされないため，効率性が得られず，パラメータは BLUE にはならない。そのため，誤差間の自己相関を考慮した一般化最小二乗法を用いて推定する変量効果モデルによって推定をおこなう。以上のプーリング推定，固定効果推定，変量効果推定をおこない，Breusch-Pagan 検定および Hausman 検定によって最もふさわしい推定方法を判定する。

第4節　分析結果

4.1　記述統計量
　分析にあたり，今回使用しているデータセット（日別店舗別）における被説明変数および説明変数の記述統計量をまとめたものが表12-1である。被

---

6)　このように「個体固有」の固定効果だけでなく「時点固有」の固定効果が含まれているモデルは，二元配置固定効果推定法もしくは二元配置変量効果推定法という。詳細は，北村（2009）を参照されたい。

7)　BLUE は，最良線形不偏推定量（Best Linear Unbiased Estimator）の略で，最小二乗推定量が最も適切な推定量となる条件である線形性，不偏性，効率性，一致性のことである（山本 2015）。

第12章　ポイントデーと値引きデーのプロモーション効果　　*219*

説明変数である売上金額の平均は 515,289 円，来店客数の平均平均は 244.47 人，客単価の平均は 2,111 円である。会員のみ値引きデーの平均がチラシデー，全員値引きデー，ポイントデーに比べて若干低くなっているのは，店休日の 3 営業日分だけ他の販促デーよりも少なくなっているためである。

変数同士の相関係数は，表 12-2 にまとめられている。説明変数同士で特に高い相関係数（具体的には 0.7 以上）のものは存在しない。

4.2　分析モデルにおける推定結果

このデータに基づいて，プーリング推定，変量効果モデル，固定効果モデルの 3 つのモデルによる推定結果が表 12-3 である。Breusch-Pagan 検定により，変量効果推定が採択される。さらには Hausman 検定により，変量効果推定が採択される。これらの検定結果から，変量効果推定が 3 つのモデルの中で最もふさわしい推定方法であることが判定された。

同様に，他の被説明変数（売上金額，来店客数，客単価，商品単価，買上数量）についても Breusch-Pagan 検定および Hausman 検定により，変量効果推定が採択された [8]。したがって，すべての被説明変数について，変量効果推定の結果をまとめたのが，表 12-4 である。表 12-3 のモデル 2 を表 12-4 に再掲している。その係数について，販促デーの効果としてまとめたのが図 12-4 である。

被説明変数が売上金額であるモデル 2 からみていく。係数は土日祝日ダミー以外はすべて有意である。会員のみ値引きデー・ダミーの係数が 0.4766 であるのに対し，ポイントデー・ダミーの係数が 0.4564 であった。係数の

---

[8]　モデル 4 ～ 7 の Breusch-Pagan 検定，および Hausman 検定の結果，すべてのモデルで変量効果モデルが採択されている。モデル 4 では，Breusch-Pagan 検定の結果は $\chi^2(1) = 78 \times 10^5$ で変量効果モデルが採択され，Hausman 検定の結果は $\chi^2(352) = 0.04$ で変量効果モデルが採択された。モデル 5 では，Breusch-Pagan 検定の結果は $\chi^2(1) = 31 \times 10^5$ で変量効果モデルが採択され，Hausman 検定の結果は $\chi^2(352) = 0.04$ で変量効果モデルが採択された。モデル 6 では，Breusch-Pagan 検定の結果は $\chi^2(1) = 47 \times 10^5$ で変量効果モデルが採択され，Hausman 検定の結果は $\chi^2(352) = 0.04$ で変量効果モデルが採択された。モデル 7 では，Breusch-Pagan 検定の結果は $\chi^2(1) = 46 \times 10^5$ で変量効果モデルが採択され，Hausman 検定の結果は $\chi^2(352) = 0.04$ で変量効果モデルが採択された。

表 12- 1　記述統計

	観測数	平均	標準偏差	最小	最大
●被説明変数					
売上金額	51,300	515,289	482782.30	15174	24800000
来店客数	51,300	244.47	211.67	10	4097
客単価	51,300	2110.96	393.98	1005.374	10405.98
商品単価	51,300	513.17	100.11	88.60483	1128.679
買上数量	51,300	4.23	1.00	1.921875	35.83607
●説明変数					
チラシデー・ダミー	51,300	0.07	0.25	0	1
全員値引きデー・ダミー	51,300	0.07	0.25	0	1
会員のみ値引きデー・ダミー	51,300	0.06	0.24	0	1
ポイントデー・ダミー	51,300	0.07	0.25	0	1
売場面積（坪）	51,300	160.50	56.26	36.39	361.87
土日祝日	51,300	0.31	0.46	0	1

表 12- 2　　相関係数マトリックス

	売上金額	来店客数	客単価	商品単価	買上数量	チラシデー・ダミー	全員値引きデー・ダミー	会員のみ値引きデー・ダミー	ポイントデー・ダミー	店舗面積(坪)	土日祝日ダミー
売上金額	1										
来店客数	0.9381	1									
客単価	0.2295	−0.0093	1								
商品単価	−0.1518	−0.2456	0.3387	1							
買上数量	0.3097	0.1942	0.5305	−0.5745	1						
チラシデー・ダミー	0.1678	0.1828	−0.0306	−0.191	0.1367	1					
全員値引きデー・ダミー	0.0862	0.0645	0.1232	0.0163	0.0791	−0.0736	1				
会員のみ値引きデー・ダミー	0.1715	0.1216	0.2134	0.0359	0.1297	−0.0685	−0.0685	1			
ポイントデー・ダミー	0.0763	0.0435	0.181	0.1031	0.0475	−0.0735	−0.0736	−0.0684	1		
店舗面積(坪)	0.1829	0.1549	0.1649	−0.2808	0.3622	0.0001	−0.0002	−0.0002	0.0001	1	
土日祝日ダミー	0.0283	0.0065	0.0721	0.0045	0.0552	−0.0132	−0.0378	−0.0413	0.0108	0.0012	1

第 12 章　ポイントデーと値引きデーのプロモーション効果　　*221*

表 12-3　推定結果（被説明変数は ln（売上金額））

被説明変数 ln（売上金額）	モデル 1 プーリング （OLS）推定	モデル 2 変量効果推定	モデル 3 固定効果推定
説明変数			
チラシデー・ダミー	0.6642 (0.0101)***	0.5019 (0.0201)***	0.5019 (0.0200)***
全員値引きデー・ダミー	0.4307 (0.0101)***	0.2575 (0.0201)***	0.2575 (0.0200)***
会員のみ値引きデー・ダミー	0.6599 (0.0108)***	0.4035 (0.0201)***	0.4035 (0.0200)***
ポイントデー・ダミー	0.4195 (0.0101)***	0.4766 (0.0201)***	0.4766 (0.0200)***
店舗面積（坪）	0.0030 (0.0000)***	0.0030 (0.0007)***	
土日祝日ダミー	0.0813 (0.0055)***	−0.0195 (0.0201)	−0.0195 (0.0200)
定数項	12.2639 (0.0080)***	12.2418 (0.1151)***	12.7313 (0.0142)***
日ダミーの有無	無	有	有
観測数	51,300	51,300	51,300
店舗数	−	147	147
全体の決定係数	0.1885	0.2553	0.2146
Breusch-Pagan 検定 （プールド OLS vs 変量効果）	$X^2(1) = 73 \times 10^7$ P = 0.0000		
Hausman 検定 （変量効果 vs 固定効果）	$X^2(352) = 0.04$ P = 1.0000		

注：*p＜.05，**p＜.01，***p＜.001
（　）内はモデル 1 は t 値，モデル 2・3 は z 値

表 12-4　推定結果（変量効果推定）

すべて変量効果推定 被説明変数	モデル2（再掲） ln（売上金額）	モデル4 ln（来店客数）	モデル5 ln（客単価）	モデル6 ln（商品単価）	モデル7 ln（買上数量）
説明変数					
チラシデー・ダミー	0.5019 (0.0201)***	0.4245 (0.0169)***	0.0774 (0.0112)***	−0.1108 (0.0109)***	0.1883 (0.0102)***
全員値引きデー・ ダミー	0.2575 (0.0201)***	0.2333 (0.0169)***	0.0242 (0.0112)*	−0.1061 (0.0109)***	0.1304 (0.0102)***
会員のみ値引き デー・ダミー	0.4035 (0.0201)***	0.2559 (0.0169)***	0.1476 (0.0112)***	−0.0289 (0.0109)**	0.1765 (0.0102)***
ポイントデー・ ダミー	0.4766 (0.0201)***	0.2999 (0.0169)***	0.1768 (0.0112)***	0.0428 (0.0109)***	0.1339 (0.0102)***
店舗面積（坪）	0.0030 (0.0007)***	0.0025 (0.0007)***	0.0006 (0.0002)***	−0.0010 (0.0002)***	0.0016 (0.0002)***
土日祝ダミー	−0.0195 (0.0201)	−0.0711 (0.0169)***	0.0516 (0.0112)***	−0.0033 (0.0109)	0.0548 (0.0102)***
定数項	12.2418 (0.1151)***	4.7643 (0.1138)***	7.4775 (0.0291)***	6.4129 (0.0377)***	1.0646 (0.0376)***
N	51,300	51,300	51,300	51,300	51,300

注：*p＜.05，**p＜.01，***p＜.001
（　）内は z 値

差について，帰無仮説を（1）式の$\beta_3 = \beta_4$として線形制約の検定を行ったところ，ポイントデー・ダミーの方が会員のみ値引きデー・ダミーよりも高かった（$\chi^2(1) = 13.30, p = 0.0003$）。したがって，**仮説**は支持された。先述の通り，会員のみ値引きデーの方がポイントデーよりもポイント1%付与の分だけ高いにもかかわらずこの結果が得られたため，仮説は非常に頑健であるといえる。

次に被説明変数が客数であるモデル4についてみていく。係数はすべて有意である。会員のみ値引きデー・ダミーの係数が0.2559であるのに対し，ポイントデー・ダミーの係数が0.2999であった。係数の差について，帰無仮説を（1）式の$\beta_3 = \beta_4$として線形制約の検定を行ったところ，ポイントデー・ダミーの方が会員のみ値引きデー・ダミーよりも高かった（$\chi^2(1) = 6.81, p = 0.0091$）。

被説明変数が客単価であるモデル5についてみていく。係数はすべて有意である。会員のみ値引きデー・ダミーの係数が0.1476であるのに対し，ポ

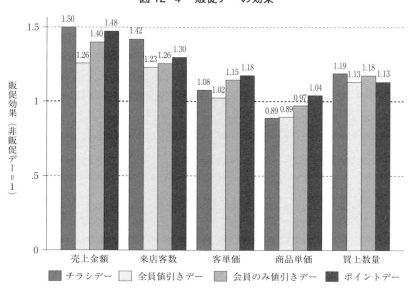

図12-4　販促デーの効果

イントデー・ダミーの係数が 0.1766 であった。係数の差について，帰無仮説を（1）式の $\beta_3 = \beta_4$ として線形制約の検定を行ったところ，ポイントデー・ダミーの方が会員のみ値引きデー・ダミーよりも高かった（$\chi^2(1) = 6.84, p = 0.0089$）。

　被説明変数が商品単価であるモデル 6 についてみていく。係数は土日祝日ダミー以外すべて有意である。会員のみ値引きデー・ダミーの係数が -0.0289 と負で有意であるのに対し，ポイントデー・ダミーの係数が 0.0428 であった。係数の差について，帰無仮説を（1）式の $\beta_3 = \beta_4$ として線形制約の検定を行ったところ，ポイントデー・ダミーの方が会員のみ値引きデー・ダミーよりも高かった（$\chi^2(1) = 6.84, p = 0.0089$）。

　被説明変数が買上数量であるモデル 7 についてみていく。係数はすべて有意である。会員のみ値引きデー・ダミーの係数が 0.1765 であるのに対し，ポイントデー・ダミーの係数が 0.1339 であった。係数の差について，帰無仮説を（1）式の $\beta_3 = \beta_4$ として線形制約の検定を行ったところ，会員のみ値引きデー・ダミーの方がポイントデー・ダミーよりも高かった（$\chi^2(1) = 43.92, p = 0.0000$）。

　以上の効果について，グラフにまとめたのが図 12-4 である。非販促デーを 1 としたときに，被説明変数がどの程度変化するかをまとめている。まとめると，売上金額においては，ポイントデーが会員のみ値引きデーよりも高くなる。来店客数においては，ポイントデーが会員のみ値引きデーよりも高くなる。客単価はポイントデーが会員のみ値引きデーよりも高くなる。商品単価については，ポイントデーだけが 1 を超えるが，会員のみ値引きデーは減少する。買上数量だけは，会員のみ値引きデーがポイントデーよりも高くなる。

第 5 節　考察

5.1　結果の解釈

　本研究において，チラシデー，全員値引きデー，会員のみ値引きデー，ポイントデーが来店客数に与える効果を，パネルデータを用いた変量効果モデ

ルによって推定した。本研究の結果から解釈できることは，以下の 3 点である。

　まず第 1 に，付与水準が 5％という比較的低い水準では，ポイントデーの方が会員値引きデーよりも効果（特に売上金額，来店客数）が高いという結果は，Thaler（1985）のメンタル・アカウンティング理論を援用した中川（2015）および中川・星野（2017）の現金とポイントに関するメンタル・アカウンティング理論の仮説と合致する。すなわち少額の現金は当座勘定になるが多額の現金は貯蓄勘定となり，少額のポイントは貯蓄勘定となるが多額のポイントは当座勘定になるがゆえに，5％という比較的低いベネフィット水準においては，単品方式だけではなくバスケット方式においてもポイント付与の方が値引きよりも有効であると解釈できる。

　それでは，どのような顧客が値引きデーおよびポイントデーに反応するのであろうか。本研究では ID 付き POS データを使用しているため，顧客の行動属性（購買金額など）によってセグメントを分けることが可能である。ここでは探索的に，顧客を購買金額によってヘビー・ミドル・ライトに分け，それぞれのセグメントごとに販促デーの効果を比較する[9]。その分析結果が表 12-5 および図 12-5 にまとめられている[10]。ライト層ではポイントデーは有意ではなく，会員のみ値引きデーも負で有意になっている。ライト層では唯一，チラシデーのみ正で有意である。ミドル層ではチラシデーが最も高い効果であることはライト層と同様であるが，ポイントデーも会員のみ値引きデーも正で有意である。係数の差について，帰無仮説を（1）式の $\beta_3 = \beta_4$ として線形制約の検定を行ったところ，ポイントデー・ダミーと会員のみ値

---

9)　当該期間のポイントカード会員の購買金額により 1/3 ずつの階級に分け，下位 1/3 をライト層，次の 1/3 をミドル層，最後の 1/3 をヘビー層としている。ただし，期間の途中入会や引越等による途中離脱の影響を除くため，分析期間の前後 1 年（2006 年 3 月 1 日から 2007 年 2 月 28 日および 2009 年 3 月 1 日から 2010 年 2 月 28 日）に売上実績のある会員に限定している。各階層の基本統計量は，以下の通りである。

	人数	平均購買金額	標準偏差	最小購買金額	最大購買金額
全体	774,500	28,786	36,539	50	2,585,739
ライト層	258,188	4,795	2,754	50	9,944
ミドル層	258,152	17,885	5,278	9,945	28,499
ヘビー層	258,160	63,680	45,364	28,500	2,585,739

引きデー・ダミーとの間に有意差はなかった（$\chi^2(1) = 2.62, p = 0.1052$）。正で有意なのはチラシデーだけであり、販促効果はチラシデーだけが 1 を超えている[11]。全員値引きデーおよびポイントデーは有意ではなく、会員のみ値

表 12-5　推定結果（購買金額三分位ごと）

被説明変数 ln（売上金額）	ライト層 変量効果推定	ミドル層 変量効果推定	ヘビー層 変量効果推定
説明変数			
チラシデー・ダミー	0.3410　(0.0502)***	0.4308　(0.0314)***	0.5097　(0.0244)***
全員値引きデー・ダミー	−0.1263　(0.0502)*	0.0965　(0.0314)**	0.3355　(0.0244)***
会員のみ値引きデー・ダミー	−0.1399　(0.0502)**	0.1871　(0.0314)***	0.4950　(0.0244)***
ポイントデー・ダミー	−0.0586　(0.0502)	0.2136　(0.0314)***	0.5850　(0.0244)***
店舗面積（坪）	0.0018　(0.0005)***	0.0023　(0.0006)***	0.0033　(0.0008)***
土日祝ダミー	−0.2380　(0.0502)***	−0.095　(0.0314)**	−0.0444　(0.0244)
定数項	9.5868　(0.0909)***	10.6599　(0.1054)***	11.6024　(0.1366)***
N	51,272	51,300	51,300

注：*p<.05, **p<.01, ***p<.001
（　）内は z 値

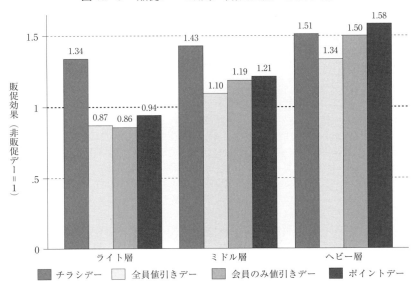

図 12-5　販促デーの効果（購買金額三分位ごと）

引きデーは負で有意であった。ミドル層ではすべての販促デーが正で有意であるものの，チラシデーの効果が他の販促デーよりも高くなっている。係数の差について，帰無仮説を（1）式の $\beta_3 = \beta_4$ として線形制約の検定を行ったところ，ポイントデー・ダミーと会員のみ値引きデー・ダミーとの間に有意差はなかった（$\chi^2(1) = 0.71, p = 0.3993$）。ところがヘビー層では，ポイントデーの販促効果はチラシデーや会員のみ値引きデーよりも高くなっている。係数の差について，帰無仮説を（1）式の $\beta_3 = \beta_4$ として線形制約の検定を行ったところ，ポイントデー・ダミーの方が会員のみ値引きデー・ダミーよりも高かった（$\chi^2(1) = 13.59, p = 0.0002$）。したがって，ポイントデーはヘビー層にとって特に有効であるといえる。

　第2に，同じ値引きデーでも，会員のみ値引きデーの方が全員値引きデーよりも効果が高いという結果は，ポイントカード会員にとっては同じ価値にもかかわらず，ポイントカード会員限定の販促デーの方が全員対象の販促デーよりも価値が高いと知覚している可能性を示唆している。これは，「手に入りにくくなるとその機会がより貴重なものに思えてくる」という希少性の原理と合致する（Cialdini 2009）。その背景として，自由な選択が制限されたり脅かされたりすると，自由を回復しようとする欲求によって，その自由を以前よりも欲することによって妨害に反発するという心理的リアクタンス理論と整合的である（Brehm and Brehm 1981）。

　第3に，ポイントデーは販促デーのなかでも唯一商品単価を引き上げる効

10）　ライト層，ミドル層，ヘビー層のすべてにおいて，Breusch-Pagan 検定，および Hausman 検定の結果，すべてのモデルで変量効果モデルが採択されている。ライト層の Breusch-Pagan 検定の結果は $\chi^2(1) = 29 \times 10^5$ で変量効果モデルが採択され，Hausman 検定の結果はすべて $\chi^2(352) = 0.28$ で変量効果モデルが採択された。ミドル層の Breusch-Pagan 検定の結果は $\chi^2(1) = 54 \times 10^5$ で変量効果モデルが採択され，Hausman 検定の結果はすべて $\chi^2(352) = 0.11$ で変量効果モデルが採択された。ヘビー層の Breusch-Pagan 検定の結果は $\chi^2(1) = 71 \times 10^5$ で変量効果モデルが採択され，Hausman 検定の結果はすべて $\chi^2(352) = 0.05$ で変量効果モデルが採択された。

11）　ライト層において，客数がゼロとなるサンプルが欠損値となっているため，サンプルサイズは 28 少ない 51,272 となっている。このため，ライト層においては若干係数が過大評価されている。ただし，過大評価されても会員のみ値引きデーやポイントデーはなおマイナスとなっており，本章での議論に影響はない。

果があるということである。これは，高額商品を購入するほどポイントが貯まるという知覚が働くためであることが考えられる。

5.2　インプリケーション

　本研究におけるインプリケーションとしては，以下の3点があげられる。

　まず第1に，売上金額や来店客数を増加させたいときには，値引きデーよりもポイントデーの方を優先すべきである。商品単価を引き上げる希有な販促ともいえる。特に，ヘビー層の顧客を増加させたいときには，値引きデーよりもポイントデーを優先すべきである。

　第2に，ライト層やミドル層を取り込むためには，チラシデーは値引きデーやポイントデーよりも有効である。これは，ライト層やミドル層は，相対的に店舗での購入金額が低いがゆえに，ポイントによる恩恵を受けているとは感じていないためと考えられる。

　第3に，4つの販促デーのなかでは，全員値引きデーは効果が低いため，店舗からみた優先度は高くおくべきではないということである。4つの販促デーの中では売上金額への影響は全員値引きデーは最も低いだけでなく，来店客数や客単価，商品単価においても最も低い。

5.3　本研究の限界と今後の研究課題

　研究をさらに発展させるためには，以下の2点に取り組む必要があると考えられる。まず第1に，本研究は（データの制約から）カード会員に限定したものであるが，非会員も含めた効果検証を行うことが，今後の課題である。非会員を含めた分析により，チラシと値引きとポイントのそれぞれの役割分担がより明確になると考えられる。

　第2に，本研究は店舗レベルの分析（店舗×日の来店客数）を行っているが，消費者レベルの分析を行うことが今後の課題である。例えば消費者レベルのパネルデータ分析（日×消費者）によるロジット・モデルを行うことにより，個人要因の調整効果も明らかになると考えられる。個人要因の調整効果の検証が，今後の研究課題として残されている。

参考文献

Brehm, S. S. and J. W. Brehm（1981），*Psychological Reactance: a Theory of Freedom and Control*. Academic Press.

Cialdini, R. B.（2009），*Influence: Science and Practice*. Pearson/Allyn and Bacon.

Thaler, R.（1985），"Mental Accounting and Consumer Choice," *Marketing Science*, 4（3），199-214.

Wei, L. Y. and J. J. Xiao（2015），"Are Points like Money? An Empirical Investigation of Reward Promotion Effectiveness for Multicategory Retailers," *Marketing Letters*, 26（1），pp. 99-114.

Zhang, J. and E. Breugelmans（2012），"The Impact of an Item-Based Loyalty Program on Consumer Purchase Behavior," *Journal of Marketing Research*, 49（1），pp. 50-65.

秋山学（2011）「割引におけるポイント・貨幣の主観的価値」『人間文化』41-47.

近江幸治（2016）『学術論文の作法―〔付〕リサーチペーパー・小論文・答案の書き方［第2版］』成文堂.

北村行伸（2009）『ミクロ計量経済学入門』日本評論社.

中川宏道（2015）「ポイントと値引きはどちらが得か？―ポイントに関するメンタル・アカウンティング理論の検証―」『行動経済学』8，pp. 16-29.

中川宏道・星野崇宏（2017）「ポイント付与と値引きはどちらが効果的か？―マグニチュード効果を導入したプロモーション効果の推定―」『流通研究』第20巻第2号，1-15頁.

中川宏道（2024）『ポイントカードの消費者行動』千倉書房.

野村康（2017）『社会科学の考え方―認識論，リサーチ・デザイン，手法』名古屋大学出版会.

星野崇宏（2009）『調査観察データの統計科学―因果推論・選択バイアス・データ融合』岩波書店.

山本勲（2015）『実証分析のための計量経済学―正しい手法と結果の読み方』中央経済社.

第13章

これからの「社会の変え方」を探して
——ソーシャルイノベーションの二つの系譜と
コレクティブ・インパクト

井上 英之

はじめに

　今,「社会の変え方」は, どのように変化しようとしているのだろうか?

　人類の歴史を通じて, 貧困や格差, 戦争や災害, といった問題は常に存在してきたが, 新たに顕在化している気候変動なども合わせ, 課題の規模や複雑性は, 急速に増している。そんななか, 従来のやり方だけでは思うような結果が出せず, 私たちは「社会の変え方」を意識的に進化させていく必要に迫られている。

　ソーシャルイノベーションとは, 新たな社会を創造しようとする試みの"結果"と"プロセス"のことである。結果としての,「社会の変化」そのものを指すこともあるが, 同時に, 急速に移り変わる世界のなか, その手法も常に進化していることが必要だ。つまり, 新たな「社会の変え方」を探求し続けるプロセスや, プロセスのデザインのことも指している。結果もプロセスも指していることが, 重要なポイントになっている[1]。

　筆者は長年, 社会起業と呼ばれる起業のあり方や, それを含めた, ソーシャルイノベーションを生み出していくための生態系づくりに携わってきた。この数年間は雑誌『スタンフォード・ソーシャルイノベーション・レビュー

---

[1]　SSIR の創刊号では, ソーシャルイノベーションをこのように定義している。「社会のニーズと課題に対してまったく新しい解決策を発明し, 支援を得て, 社会に実装するプロセス」(ニー & ゴードン [2021])。

（SSIR）』日本版の立ち上げに従事し，雑誌をきっかけとした，様々な人たちの知見の共有や対話の始まるコミュニティをつくってきた[2]。

　SSIR は，ソーシャルイノベーションの実践知を集め，新たな研究や知を創造し，次なるアクションにつなげるためのメディアとしてスタンフォード大学ビジネススクール内で 2003 年創刊された（現在は独立し，大学内の PACS というセンター内にある[3]）。ビジネスと政府と，社会セクターを横断的につなぎ，多くの実務家や各分野の専門家，学術関係者が出会い，実践と知見が集う，分野の“交差点”としての場を提供している。また，多くの社会課題に国境を越えた連携が必要となる今，日本語の他，中国語，韓国語，アラビア語，スペイン語，ポルトガル語など多くの言語でも出版されている[4]。

　本章では，この SSIR に登場し，実務やさまざまな議論のベースとなってきた主要論文の内容を踏まえながら，急速に変化する世界の中，新たな「社会の変え方」を模索する，ソーシャルイノベーションの流れがどのように変遷し，どこに行こうとしているのか，ここから見える概況を紹介したい。この中で，大きなポイントとなるのが，2011 年に最初の論文が発表された「コレクティブ・インパクト」と呼ばれる，異なるプレーヤーたちの協働による集合的な社会変化をデザインする概念と実務的な手法，そして実際に起きた社会の動きである。最初に，まずベースとなるソーシャルイノベーションという分野について紹介してこう。

第 1 節　ソーシャルイノベーションとは？

1.1　なぜ，今ソーシャルイノベーションなのか？

　日本全国の主要都市の駅前などで，『ビッグイシュー日本版』という雑誌を販売する人の姿を見たことがあるだろうか。これは，ホームレス状態にあ

---

[2]　なお，SSIR 日本版は，立ち上げをした一般社団法人ソーシャル・インベストメント・パートナーズの下での事業を 2023 年末で終了し，2024 年から，大学院大学至善館によるフェーズ 2 に移行した。URL：https://ssir-j.org/restart-initiative/

[3]　Stanford Center on Philanthropy and Civil Society　https://pacscenter.stanford.edu/

[4]　ニー & ゴードン（2021）。

る人たちの自立を目的とした，有限会社による「ビジネス」である。

　この雑誌の特徴は，雑誌の売り上げの50％以上が，ホームレス状態にある販売者の収入になることにある。雑誌が一冊売れれば，手元にどの程度残るかが分かるため，その積み上げで，何冊売れれば家賃の支払いが可能になるかが分かり，目標ができる。家賃が支払えれば，住所が手に入り，一気に就職活動を行いやすくなる。「自立」への第一歩となる。

　もう一つの特徴が，社会との関係性が生まれることだ。毎日，路上に立っていると，販売を通じて知り合った人たちが増えていく。彼らから「元気？」や「昨日，休んでいたね」といった声がかかるようになる。家族や友人，職場などとのつながりを失って，路上でのホームレス状態になった彼らは，この仕事を通じて世の中との関係性や自尊心を取り戻し始めていく。

　ビッグイシューが目指すのは，誰にも居場所があり，ホームレスという状況が生まれない世の中である。実際，販売者の中には，日々の路上で販売する姿が，ある経営者の目にとまり「うちで働きませんか」と声をかけられて，その会社に就職した事例もある。収入や就職以上に，自分のことを見てくれている人がいた，という意味においても，大変な出来事である。

　一方で，ホームレスという状況を生み出してきた背景は，もう少し複雑だった。この販売者の場合，新しい会社の中に自分の居場所が見つけられず，間もなく会社を辞めてしまった。路上にいるほうが一人でいられて，気楽でいいと感じてしまったからだ。

　ビッグイシューの取り組みが成功したとしても，その背景となる社会の側も変わらない限り，元の状況に戻ってしまう。そもそもホームレスが生まれる一因は，今の職場や社会に多様な人たちやあり方を受容する余地が少ないことにある。加えて，状況の打開には，メンタル面のケアであったり，PCスキルの習得であったり，さまざまな専門のサポートが欠かせない。つまり，NPOを始めとした単体の事業者の努力だけでなく，企業や政府，専門家など多数のプレーヤーが協力して初めて，社会の状況をシステムから変えてい

くようなビジョンを実現できるということだ。

　また，このように，何らかの手法をやってみて生まれた結果や一次情報を
もとに，またさらに次の探究に向かう。この繰り返しが，ソーシャルイノ
ベーションの手法として，またあらゆる課題解決のプロセスに重要なことは，
言うまでもない。

　この『ビッグイシュー日本版』は，創刊から18年間で累計942万冊を販
売，ホームレス状態の人に14億8,920万円の収入を提供している（2022年3
月現在）[5]。この種のストリートペーパー販売事業は，世界の各地に存在し
ているが，さまざまな背景をもって社会の端に追いやられた人たちが，こう
したビジネスや支援プログラムを通じて，これまでとは違う人生の展開を見
出していく。**その事業の成果や変化のプロセスから**，社会に新しい文脈を生
み出していく。これは「社会起業」（Social Entrepreneurship）と呼ばれたやり
方の一つである。

　なお，主体となる個人や事業を指す，ソーシャル・アントレプレナー（So-
cial Entrepreneurs，社会起業家）という言葉や，このような起業をする "マイ
ンド" や "行為" を指す，ソーシャル・アントレプレナーシップ（Social En-
trepreneurship，社会起業家精神もしくは社会起業）という表現は，1990年代後
半から現象として幅広く使用され，この言葉が使われるきっかけとなった狭
義の意味と，より本質的な広義の意味があるとされていた。前者では，
NPOなど非営利組織が，経営的な安定性や社会的な目的を達成するために，
ビジネスや経営の手法をどう活かすかに主眼が置かれ，後者では，営利か非
営利かを超えて，社会におけるイノベーションを生み出すことに重点が置か
れ，より深い社会システムの変更を実現するために，ビジネス手法の活用を
含めたあらゆる創意工夫をするとしている[6]。

　もともと「ビジネスの手法を活用して，社会の課題を解決する」という分
野は，後述する通り，世界的に1990年代後半から一つの潮流となり，日本
でも2000年代前半から注目されるようになった。当初，「社会起業家」や

---

[5]　ビッグイシューHPより。22年3月末時点で106人が販売，これまでの登録者数は
2,009人，14億8,920万円の収入を提供している。https://www.bigissue.jp/about/

「ソーシャルベンチャー」「ソーシャルビジネス」といった言葉で表現されていたが，近年ではより広く，既存の企業や政府が主体となる動きも含めて「ソーシャルイノベーション」と称される。

　ソーシャルイノベーションとは，上述した通り，一義的には「社会における複雑な課題に，これまでになかった発想やアイデア，組み合わせによって変革を起こし，新しい社会状況を生み出すこと」（＝結果）だ。また，これに関わる動きやプロジェクトに対して，さらには，変化を起こした手法や，変化を実現するプロセスそのものを指しても，この用語を使う[7]。こうした言葉の使われ方を見ても，社会の課題と向き合うことを通じて，我々が今後どのように生きて，どんな新しい文脈で，どんな社会をつくろうとしているのか，意図する未来の姿が問われている。さらには人新世と呼ばれる現在，人類が大きな影響を与えている地球や他の生物たちと，どんな関係を築いていこうとしているのかが問われている。

　社会課題の「解決」を目指す中での，現状への根本的な問い直しが，ソーシャルイノベーションと呼ばれる分野の背景といっていいだろう。

　そして，ビッグイシューの例にもあったように，複雑となった多くの現在の社会課題に対して，単独の事業やプログラムを通じてのインパクトは限ら

---

[6]　ビジネススクールでのテキストとしてよく使われていた Bornstein（2004）では，社会起業家とは「たいていは，社会的な目的を果たすためにビジネスや経営のスキルをどう活かすか，に主眼がおかれて」いて，非営利組織がいかにベンチャー事業を通じて収入を得るかがテーマになっているが，彼らを「世界を変える力（transformative force）」として捉え，社会の課題を解決に導くために新しいアイデアを抱き，ビジョン実現のため，粘り強い努力と創意工夫を行い，人々の行動パターンや考え方を変え，変化を広げていく意図そのものが本質だとした。同様に，社会起業研究の父と呼ばれた，Dees and Anderson（2006）は，社会起業には二つの流派があると分析していた。一つは，ソーシャル・エンタープライズ派，もう一つはソーシャル・イノベーション派である。前者は，やはり NPO が事業をおこし，事業収入をあげて事業を成功させることに主眼が置かれている。一方，後者は，それがビジネスモデルを持って収入をあげているかではなく，営利・非営利にかかわらず，結果として，ビジョンを掲げた社会変化を生み出す，ソーシャルイノベーションを起こしているかに主眼を置き，それをソーシャル・アントレプレナーシップだとしている。実際には，両者はきれいに分かれるものではないが，当時の状況や議論をよく表している。

[7]　Phills et al.（2008）.

れてしまう。問題を生み出している社会のシステム自体の変化（Systemic Change）を見据え，個別の努力の限界を超えて，企業や非営利組織，行政，その他の多様なプレーヤーとの協働を通じて，ソーシャルイノベーションを起こそうというアプローチは，「コレクティブ・インパクト」（Collective Impact）と名付けられ，世界的に重要な潮流となっている。

1.2　コレクティブ・インパクトとは何か

　このコレクティブ・インパクトというテーマは，2011年，SSIR誌で「コレクティブ・インパクト」という論文[8]が発表されてから，事象に名前やコンセプトが付いたことで，取り組みが世界各地で急速に展開した。ジョン・カニアとマーク・クラマーによるこの論文では，これまでの，問題解決に向けて個々の組織がそれぞれ努力する進め方（アイソレイテッド・インパクト）や通常のコラボレーションとは一線を画す集合的なアプローチを，「コレクティブ・インパクト」（社会変化の共創）として説明している。

　この論文において，彼らは，コレクティブ・インパクトを「異なるセクターから集まった重要なプレーヤーたちのグループが，特定の社会課題の解決のため，共通のアジェンダに対して行うコミットメント」と定義した。

　ある課題に対してさまざまなプレーヤーが連携，協力することは新しい話ではない。これまでも，途上国における新薬やワクチン開発の官民連携パートナーシップなど，ある共通の目的に対して複数のセクターからプレーヤーが集まる例は多々あった。

　コレクティブ・インパクトのアプローチは，大きく五つの点でそれまでのものと異なる。その課題に取り組むための，セクターを横断した重要プレーヤーたちで構成するグループによって，①課題に対する共通の理解を醸成し，**共通のアジェンダ**への長期的なコミットをすること，②その行動の基盤として，**共同の測定システム**を持つこと，③それぞれの活動を**相互に補強し合う**こと，④互いに**継続的な**コミュニケーションをしていること，⑤そしてこれらすべてをサポートする独立した**バックボーン組織のスタッフが支援**してい

---

[8]　Kania and Kramer（2011）.

ること，である。

　これにより，参画するプレーヤーたちは，一つの組織で完結する解決策を見つけ出しては資金調達する，個別のアジェンダの追求を手放し，複雑で相互依存的になった今の社会に適応するよう，取り組み全体として最も重要な目的に対して合意したアジェンダに基づいて，それぞれの強みを活かしながら動き出すのである。こうしたフレームワークを明示した点において，この論文は画期的であった。

　この論文で，コレクティブ・インパクトの事例として取り上げられているのが，この分野でよく知られる，ストライブ（Strive Together）だ。このネットワークには，米国オハイオ州シンシナティ市とその周辺の財団トップ，自治体の担当者，学校区の代表，地域の大学学長，教育関連の数百の NPO や地域団体の代表など 300 人以上が参画。彼らは，教育領域のある一点だけの修正をしても，すべての領域が一斉に改善されなければ大した違いを生まないと考えていた。その結果，乳幼児から 20 代前半までの，若者たちの人生のあらゆる段階での教育における質の改善を共通のミッションと定め，「ゆりかごから就職まで」を合い言葉に，その実現に向けた共通の測定手法を取り入れた。

　そして，当初の 3 年にわたり 15 のグループに分かれて 2 週に一度，コーチやファシリテーターを交えた 2 時間の場を開催し続け，進捗の共有，共通のパフォーマンス指標の開発を始めとした構造化されたプロセス，何よりも互いに学び合いサポートし合う土壌をつくった。

　その結果，当時の景気後退や，行政からの教育予算が削減されたにもかかわらず，発足 4 年で，3 つの大きな公立学区で，彼らの追跡する 53 の成功指標のうち，高校の卒業率，4 年生の読解力と数学のスコア，義務教育を受ける準備のできた未就学児の数など，34 の指標で顕著な改善を実現した[9]。

　他に，企業が社会課題に取り組むためのコレクティブ・インパクトとして，M&M's やスニッカーズなどで知られる，菓子メーカーのマーズ（Mars）の事例も紹介している。同社は，カカオの主な調達先であるコートジボワール

---

9)　Kania and Kramer（2011）.

において，貧困で苦しむカカオ農家 50 万人以上の生活改善のために，やはりセクター横断的な連携を実行している。NGO や地方政府，世界銀行や同業他社との協力の結果，この地域の単位当たりの収穫量が 3 倍になり，農家収入が激増，同時に，マースのサプライチェーンの持続可能性の向上にもつながっている [10]。

　こうした，集合的なインパクトを目指す取り組みに名前と位置づけが付いたことには大変な価値があった。カニアらは，こうした取り組みが，それまで頻繁に見られなかったのは「それが不可能だからではなく，試み自体が極めて少ないから」であり，「これまで個別のアクションに目を向けすぎて，コレクティブ・インパクトが持つ可能性を見過ごしてきた」としている。この論文は，その後に続く，実践や経験知の共有と世界的な学び合いへの呼びかけでもあった。この呼びかけは大きな反響を呼び，これ以降，数多くの国において実践が始まり，その事例や学びが共有，現在もアップデートされ続けている [11]。

　さて，コレクティブ・インパクトには，ソーシャルイノベーションの二つの大きな系譜が合流していると筆者は考えている。一つが，ビジネスの手法を活用することで，ソーシャル分野のインパクトを上げていこうとする，いわば「王道」の社会起業の系譜だ。もう一つは，個人・組織・社会はつながっており，個々人の価値観やマインドセットの変容なくして，根本的なシステム的な社会変容は起こらないと考える，対話を中心としたプロセス重視の系譜である。

　それまで，あまり交わることがなかったこの二つの系譜が，この頃に，コレクティブ・インパクトに代表される形で合流し始めた。次節では，これらの系譜につながっていく，1990 年代後半の世界的な「社会起業」ブームをその背景とあわせて紹介する。

---

[10]　Kania and Kramer（2011）

[11]　コレクティブ・インパクトに関するネットワークは，たとえば，米国の Collective Impact Forum，カナダの Tamarack Institute，オーストラリアの Collaboration for Impact などがある（Kania et al. 2022 を参照）。

第2節 「社会起業」ブームとその背景

2.1 90年代終わりの社会起業ブームまで

　20世紀後半の資本主義経済の発展に伴う，世界経済の拡大やグローバル化は，多くの人々の生活水準の向上を実現し，より自由な行動や社会への関わり方を可能にした。同時に，貧富の差の拡大や社会の分断，地球環境問題をふくめた複合的な課題も加速させた。これらを背景に，社会セクターや市民セクターと呼ばれる，NPOやNGOなどの活動が団体数や規模の点でも急拡大した。また，政府による社会政策にも限界があり，企業には利益をあげ納税を行う貢献にとどまらない，企業市民としての社会課題に対する関与への期待が高まった。

　政府，ビジネス，NPO・NGOや市民活動。より複雑化し続ける社会の課題に向き合うためにも，これらの役割を再定義し，越境したクロスセクターの動きが重要だと言われるようになった。

　こうした流れの中，1990年代に，行政サービスの民営化や，PPP（Public Private Partnership）やPFI（Private Finance Initiative）と言われる政府と民間の連携スキームなど，政府とビジネスの境界線の変更の動きが広まった。さらには，90年代後半には，米国のパブリック・マネジメント[12]や英国でNPM（New Public Management）と呼ばれた，ビジネスの手法を政府セクターに導入する動きもあった。米国クリントン政権時に，ゴア副大統領がリードしたナショナル・パフォーマンス・レビュー（NPR）という連邦政府の経営改革運動はその象徴で，著者も，ワシントンDCの大学院生時代にインターンとして，行政評価（performance measurement）の導入を始めとした，ワシントンDC市政府の経営改革の只中にいた経験がある[13]。

---

[12]　パブリック・マネジメント（Public Management）は「行政経営」とも訳され，行政経営は，伝統的な行政管理（Public Administration）から，特に90年代後半に，民間企業における経営理念・手法を導入することを通じて，行政部門の効率化・活性化を図り，より良き結果を意図したものだった。

[13]　井上（2001）。

続いて，90年代終わりに登場した，世界的なITベンチャーブームが引き起こした，もう一つの新しいムーブメントが，ソーシャル・アントレプレナー（社会起業家）や，ソーシャル・アントレプレナーシップ（社会起業家的なマインドによる行動）と呼ばれる，新しい挑戦のスタイルである[14]。技術的なイノベーションやその発想が，組織やビジネスのやり方，そして市場に影響を与えたように，新たに自分たちの生き方や社会への関わり方を変化させようという動きが重なっていった[15]。

当時「ニューエコノミー」とも呼ばれた，ITベンチャーが巻き起こす新たな流れに，ある種の万能感を持った若い起業家や市民，ビジネスパーソンたちが「市場は変えた，次は，新しく社会を変える時だ」と，社会を変革する起業家として，世界の各地でさまざまな動きを始めた[16]。彼らは，小さな主体でも大きくつながれるテクノロジーの利点，ビジネスの持つイノベーションを生み出す力や，規模を拡大・再生産する能力に注目し，これを使って，社会の課題解決を新しい手法で取り組もうと挑んだのである[17]。

この潮流は，ビジネススクールや若い起業家からの営利・非営利を問わない新たな起業を次々と生んだだけでなく[18]，既存のNPOや非営利団体にも大きな影響があった。既存の非営利団体が，ソーシャル・エンタープライズと呼ばれる事業を始めた。加えてこうした事業を支援すべく，中間支援や資

---

[14] 2000年から雑誌『PEN』に度々掲載された，ニューヨーク在住のフォトグラファー・渡辺奈々氏の書いた，ソーシャル・アントレプレナーについての一連の記事（渡邊 2000）は，日本の若い社会起業家たちにも影響を与えた。

[15] Bornstein（2004）参照。

[16] 各国のITベンチャーが生態系として集積する都市や地域に重なるように，社会起業の生態系が生まれることが多かった。米国では，ボストン，NY，ワシントンDC，テキサス州ダラス，シリコンバレー，シアトルなど。欧州でも同様で，都市を中心にテクノロジーベンチャーの生態系とのコミュニティの重なりが特徴的だった。日本でも渋谷周辺の，ビットバレーと呼ばれた起業の生態系の近くにNPO法人ETIC.などが，社会起業のコミュニティを築いた。また，先進国の都市に限らず，アフリカやアジア，南米などを含めた地域では，アショカ財団やスコール財団などを含めた支援団体や国際機関が，これらを発掘，支援やネットワークを構築した。

[17] 渡邊（2000）。「企業には社会的視点を，NPOには経営感覚を。」という見出しのついた，日本で社会起業を紹介した最初の記事のひとつ。この動きの背景には，セクターを越える動きのみならず，これからの生き方や働き方に対する期待が込められていた。

第 13 章　これからの「社会の変え方」を探して　　*239*

金提供側から関わろうとする動きも生まれた。

　社会起業家という存在を定義し，世界に知らしめたアショカ財団や，スコール財団など，新興の財団が生まれた他，ベンチャーキャピタルの手法で，非営利団体や社会的な目的を持った事業を支援する「ベンチャー・フィランソロピー」の設立が続いたのも象徴的だった。NPO 等の非営利組織に対して，財団が単年度に一定の助成金を出すという従来のモデルではなく，ベンチャーキャピタルのように，ハンズオンで事業をサポートする形で中長期的に資金提供する仕組みだ。プログラムへの直接的な資金支援だけではなく，中長期的な経営基盤の強化へのサポートが入っているのが特徴となっている。この手法を提唱したのが，"Virtuous Capital：What Foundations Can Learn from Venture Capitalists"（「美徳の資本：財団はベンチャーキャピタルから何が学べるか？」未訳）という 1997 年に *Harvard Business Review* に掲載された論文だった。この論文をベースに，一時期，全米で数多くの「ベンチャー・フィランソロピー団体」が設立された[19]。

　ベンチャー・フィランソロピーは，ビジネスで育った手法をソーシャルセクターに活用する一つの象徴だった。20 世紀の米国社会に大きく貢献した，民間財団という社会変革装置について語った *The Foundation*[20] という本（2007 年）では，米国の民間大型財団が，実業界での成功者たちによって設

---

[18]　多くの著名ビジネススクールが，社会起業に関する授業群を設立し（コロンビア大学，UC バークレーなど），世界のビジネススクールの連携に発展する，Global Social Venture Competition などのプランコンペの開催も始まった。ハーバード大学のビジネススクールとケネディスクール共催による Social Enterprise Conference や，オックスフォード大学ビジネススクール主催の Skoll World Forum といった代表的なカンファレンスなども，この頃から年次開催され現在も続いている。

[19]　Letts et al.（1997）。ベンチャー・フィランソロピーの代表例がサンフランシスコの REDF だ。彼らは，社会的インパクトを金額に換算する評価手法，SROI（Social Return On Investment）を提唱し，世界的な話題となった。プライベート・エクイティとして知られる KKR の創業者の一人，ジョージ・ロバーツ氏が創業した。また，2001 年から，ワシントン DC の Venture Philanthropy Partners（VPP）が「Venture Philanthropy 2001：The Changing Landscape」という，北米のベンチャー・フィランソロピー団体の状況を描いた年鑑を発行していた。日本では，ソーシャル・インベストメント・パートナーズ（SIP）が日本における本格的なベンチャー・フィランソロピー団体である。

[20]　Fleishman（2007）。

立され，現在に至るまでの歴史と経緯，そして展望を描いている。この中で，20世紀の最後に訪れたベンチャー・フィランソロピー設立ブームが，21世紀において既存の大型財団や支援のあり方，フィランソロピーそのものを変えていくだろうと予告している。その後，ベンチャー・フィランソロピーは，北米では下火となったが，そのアプローチは欧州やアジアなどでも広がり，既存の財団や国際機関，政府などのプログラムに影響を与えていった（著者が2003年に立ち上げた，「ソーシャル・ベンチャー・パートナーズ（SVP）東京」も，ベンチャー・フィランソロピー団体の一端となる[21]）。

ソーシャル・アントレプナーシップの潮流は，NPOなどにおける，組織の経営やプログラムにビジネスの手法を活用することにとどまらず，資金提供やサポートのあり方における新たな提案にもつながっていた。クロスセクターの人や知見の越境が，新たな展開を切り開こうとしていた。

2.2　スケールと社会起業

社会起業ブームから始まったこの流れが，NPOや社会セクターにとどまらない多様な主体による，新たな社会ビジョンの実現や課題解決を目指したプロジェクトや事業を生み，また，そのための資金調達や経営支援，成果の評価手法の進化といったツールもあわせ，セクターを超えた「ソーシャルイノベーション」という分野として表現されるようになっていく。

そして，この動きに関わる多くの人たちにとって，ビジネスとの重要な接点でもあり，常に大きなテーマになっているのが「スケール」（規模の拡大）だ。社会を変えるよりよいやり方を世の中に広げるには，どうすればよいのか？　NPOや社会セクターのプロジェクトでよくある悩みは，ある地域でうまくいった事例でも，規模を大きくしたり，他の地域に展開したりしようとすると，いくつもの困難が立ちふさがることだ。

---

[21]　Social Venture Partners（SVP）は，米国シアトルから始まった社会起業むけ投資団体で，パートナーとして関わる個々のメンバーによる資金提供に加えて，それぞれの経験やスキルを活かして協働する投資先団体に対する経営支援を行うのがその原型である。現在では世界40以上の都市に展開するSVP Internationalのネットワークにとって，SVP東京は，最初の北米以外のアフィリエイトとして2006年に正式加盟した。

第13章　これからの「社会の変え方」を探して　*241*

　どうしたら局地的な個別の解決で終わらずに，より広い範囲にインパクト
を出していけるのか。実際，たとえば，1994年に当時の米大統領のビル・
クリントンは，教育分野におけるスケールの難しさについて，彼のスピーチ
の中で次のように指摘している。「ほぼすべての（教育の）問題は，誰かが
どこかで個別に解決している。だが私たちはどうやら，解決策を別の場所で
複製することがうまくできないようだ。」[22]

　一方ビジネスの世界では，多くの場合，規模の拡大こそが重要な命題と
なっていて，日々の切磋琢磨から，常にその知見を更新している。フィラン
ソロピーの世界においても，資金獲得の重要なキーポイントは，拡大可能性
や，他地域へ展開しうるモデル性となることが多い。半面，目的なき規模の
拡大によってビジネスが社会問題を生み出してきた事例も数知れない。この
テーマには，社会セクターとビジネスセクターが共に学び，新たな未来をつ
くるためのヒントがあふれている。

　2003年に，スタンフォード大学のビジネススクール内で創刊された雑誌
『スタンフォード・ソーシャルイノベーション・レビュー』（SSIR）では，当
初から，このスケールというテーマについて，いくつもの論考を重ねてきた。
これは，SSIRという場を通じて，コンサルタントや研究者，実務のリー
ダーたちが，それぞれの専門を背景に，幾度も，研究や実践と議論を重ねて
きた軌跡でもある。

　次節から，いよいよ，「コレクティブ・インパクト」論文の登場（2011年）
に至るまでの，ソーシャルイノベーション分野の二つの系譜のうち，一つ目
となる，社会起業系のソーシャルイノベーションの系譜を紹介する。

第3節　ソーシャルイノベーション，二つの系譜 [23]

3.1　第一の系譜──「スケール」を求める，ソーシャルイノベーション

　一つ目の系譜は，既述の通り，社会起業に代表される，ビジネスの手法を
活用することで社会課題を解決しようとする流れだ。その中でも，スケール

---

22)　Bradach（2003）

を実現することが大きな関心事となっている。戦略，マーケティングや営業，データの活用，管理面では人事，財務や労務・法務といった点から，組織の生産性やアウトカムの向上を図りつつ，社会に対してこれまでのパターンを変えるような（pattern changing），例外的に優れた事例やアイデアを他地域に展開することで，社会全体に目に見える変化を生み出すことが主眼にあった。

　それは，特定の商品やサービスが，市場を通じて広がっていくプロセスや戦略を，社会課題の解決手法に関しても，何らかの形で応用しようとしたともいえる。組織や社会の限られたリソースを，その効果が何らかの形で実証された（proven）手法やプロジェクトに投入することで，最大限のインパクトをあげようと，よく「レバレッジ」（テコの原理）を利かせる，という言葉も使われる。

　団体の生産性やプログラムのアウトカムの向上，プロジェクトや事業の拡大や拡散という点において，一定以上の成果があがったことは間違いない[24]。一方で，社会分野に参入したビジネスパーソンや起業家，また，こうしたアプローチに関心を持つ人たちも，実際関わっていく中で，スケールに関していくつもの課題があることを学んでいく。数多くの製品やサービスを届けようとするだけでなく，どうしたら，それらを通じて背景にある人々の行動力やマインド，そして目指す社会の「変化」を実現できるのか。

　いくつもの現場からの経験や学びが共有され，社会課題の一刻も早い解決のために，スケールにおいて優先すべきは，単独の自社事業の規模以上に，社会に対するインパクトだという認識の下，さまざまな論文が発表された。

　SSIR の創刊号において，ジェフリー・ブラダックが発表した論文は，こ

---

[23]　ソーシャルイノベーションの二つの系譜の背景とコレクティブ・インパクトに関しては，井上（2019）も参考にされたい

[24]　2014 年 9 月 9 日のスタンフォード大学 PACS 主催のコンファレンスで，ジェフリー・ブラダック氏は，基調講演において下記の指摘をしている。Teach For America が 75 万人（当時）の子供たちにリーチするなど，この数十年で数多くの NPO/NGO が規模において急成長している。同時に，その数は，社会全体で支援を必要としている子供たちの総数に遥かに及ばない。我々は組織を中心としたアプローチ（Organization-centric pathways）だけではなく，分野全体にフォーカスしたアプローチ（Field-centric pathways）を行う必要がある。後者においては，人々の無意識的な態度や振る舞い，規範を変えていくこと（Alter attitudes, behaviors and norms）が大切だとした。

の流れにおいて大変画期的であった[25]。彼は，ビジネスにおける規範の拡大と，非営利分野の現場において大切にしていることが錯綜する中で，改めて，事業の拡大そのものが目的ではなく，インパクトをスケールすること，つまり，特定の社会の課題解決手法が広がり，結果として世界が変化することに重点を置いた。その際，そのプログラムが持っている，変化を起こす手法である「セオリーオブチェンジ（Theory of Change）」を明確にし，新たな場所に実装していくことを強調した。同様に，社会起業研究の父と呼ばれるグレゴリー・ディーズは，同様の文脈で，なぜ，何のために，自分たちがスケールを望むのかを明確にしつつ（Why），組織やプログラムに内在する，「何を」（What to scale）「どのように」（How to scale）スケールするのかを整理するなど，この分野での知見の共有が進んだ[26]。

　さらに，ヘザー・グラントらが2007年に示した，リサーチ結果は大きな影響を与えた[27]。米国で大規模に成長した12のNPO団体のへの調査の結果明らかとなった，彼らの成長した要因は，一般の思い込みとは異なっていた。これらの団体は，その運営において「完璧な経営管理^{パーフェクト・マネジメント}」をしていたというよりも，むしろ外部で影響力ある他のプレーヤーとの「連携」が効いていた。グラントたちは，政府や企業，メディア，他のNPOなど，さまざまな関連するプレーヤーと共に協働し，より大きな力（Forces for Good）を共創的に生み出すことが，結果として，より深い世の中のマインドや行動を変えることにもつながり，自社も含めたネットワークのインパクトとして，世の中のシステム変容につながることを指摘した。

　続く2008年に，ディーズらが示した，ソーシャルイノベーションを引き起こすには，自社事業の周辺にある「生態系^{エコシステム}」をデザインする必要性の指摘も重要だった[28]。他にも，「あなたのエンドゲームは何か？」という著名論文では，取り組んでいる社会課題が"解決"した際には，その分野の全体の中で，自社ですべてをカバーするのではなく，実際に自分たちの役割はどの

---

25)　Bradach（2003）.

26)　Dees et al.（2004）.

27)　Grant et and Crutchfield（2007）.

28)　Bloom and Dees（2008）.

部分で，他のプレーヤーたちとどのように役割分担をするのか，また，そこまでどのようにたどり着くのか，といった最終的な到達点までの「ゲームの終わらせ方」（＝エンドゲーム）を描く必要性を説いている[29]。

実際に，社会に必要なイノベーションを引き起こしていくには，ビジネス分野で培ってきた意義ある手法や経験を生かしながらも，それにとどまらない広い視野が必要であることに関わる人たちが気づき始めた。ここで，もう一つの系譜と重なり始める。世界は一人ひとりの人間の意識・無意識の行動や習慣の集積で，それがシステムとなって動いている。個人，組織，社会はつながっており，個人の価値観やマインドセットが現状のパターンから変容し，その集合体でもある場やグループが変容していくことが，私たちの生きる世界のシステム変化には欠かせない。

3.2　第2の系譜――「対話」を通じた，ソーシャルイノベーション

ソーシャルイノベーションの二つ目の系譜は，地域や組織，特定のグループにおいて，対話などのワークショップ，共にいる経験を通じて，自己や他者，そこにいる人たちの背景についての理解を深め，より高い画素数の中から，新たな選択肢やビジョンが出現していくプロセスに対して，ソーシャルイノベーションと呼んでいるものである。

このアプローチのすそ野は広く，紛争解決，途上国のコミュニティ開発，行政への住民参画，地域づくり，さらには，企業の組織開発といった分野で，専門家や参加する人々が対話などを通じて，どうしたら人や組織が変わるのか，地域や社会は変わるのかについて，探究と実践が重ねられてきた[30]。そこで見られる人やグループ，組織や地域の変容に対しても，ソーシャルイノベーションという言葉があてられてきた。

たとえば『学習する組織』（2011年）の著者である経営学者ピーター・センゲは，社会をすべてがつながっている全体性を持った複雑なシステムであ

---

[29]　Gugelev and Stern（2015）.

[30]　たとえば，欧州を中心に展開している，フューチャーセッションやリビングラボといった，多様な人たちが集まり対話し共創する場やプログラムから生まれる成果やそのプロセスも，新たな文脈を生み出しながら大切な試みを重ねている。

第13章 これからの「社会の変え方」を探して　　*245*

り，自分もその一部であるととらえる「システム思考」なくして，組織や社
会の状況を変えることはできないと説いている。2015年にSSIRに発表した
「システムリーダーシップの夜明け」では，企業や政府，NGOをまたいで，
もしくは，地域やチームの中で，多様なプレーヤーが力を発揮する「システ
ムリーダーシップ」の実践や知見を紹介している[31]。

　センゲと共に『出現する未来』（センゲ他 2006）を書いた，オットー・
シャーマーは，「U理論」（2009）を発表，「自分自身の知覚フィルターやバ
イアスを理解し，それを手放し，他者のそのままを観て感じると，自ずと他
者とともに創りたい未来や選択肢が出現していく」というプロセスを，多数
の経営者やイノベーターたちへのインタビューで発見し，これを意図して引
き起こす方法を提唱，現在の分断する世界での変化に役立てようとしてい
る[32]。

　また，ロイヤル・ダッチ・シェル社における「シナリオ・プランニング」
を通じたビジョンと戦略構築や，アパルトヘイト後の南アフリカでの平和構
築プロセスなどに実績のある，アダム・カヘンなどの専門家たちは，異なる
価値観や立場を持つ人たちがどうやったら対立を越えて新しい未来を創って
いけるか，という対話や協働の方法を開発している[33]。

　これらに共通する考え方として，先述のセンゲと，EI（エモーショナル・
インテリジェンス：感情的知性）の提唱者として知られるダニエル・ゴールマ
ンは，『21世紀の教育』（原題：Triple Focus）という共著で，「私」（Inner）と
「他者」（Other）と「世の中のシステム」（Outer）のつながりについて述べて
いる[34]。

　たとえば，みずからの「寂しい」という感情を否定すると，他者の寂しさ
は受け入れがたい。だが，自分の寂しさの背景を理解し，受容すると（In-
ner），他者のそれをより明確に理解できるうえ（Other），同じような世の中
の孤独感の存在について，はるかに高い解像度で見えてくる（Outer）。いか

---

[31]　Senge et al.（2015）.

[32]　Scharmer and Kaufer（2013）

[33]　カヘン（2014）

[34]　Goleman and Senge（2014）.

に，個人における受容や変容が，組織や社会のシステム理解につながるのか
を説明している。

　また，馴染みの公園に対する自分の想いやその背景を理解した時（Inner），
年齢や身体性など，立場の異なる他者にとっての公園の位置づけが想像でき
るようになる（Other）。その時，公園というシステム全体に対しての視野が
広がり，よりよい公園のあり方や利用の仕方についての新たな選択肢が出現
し始める（Outer）。

　「私」（わたし）という存在が，いかに，この世界のシステムの声を代表し
ているか。SSIR に 2020 年に発表された「わたしを犠牲にせず，社会を変え
よう」（原題：Connecting Individual and Societal Change）では，個人のウェル
ビーイングを高めることが決して自分勝手なことではなく，いかに，他者へ
の理解を深め，それがコレクティブな協働を推進し，社会のシステム変化に
つながるかについて論じている [35]。

　ここでまとめ切るのは難しいが，この系譜の背景としては，古くから人間
の地域社会などにあった，社会的な動物として人間が生きるための「知」や，
社会の「作り方・変え方」について経験を通じて磨き上げてきたものがベー
スにあり，それを今，現状の人類をめぐる状況の中，新たなテクノロジー
（技術）として，アップデートしようという試みともいえる。欧米に限らず，
日本にもアジアにも，さまざまな場所に，人が対話し，また，自然や儀式を
通じて，より大きなものにつながり体感するところから，課題やそれをめぐ
るより大きなシステム全体を感じ取る。そこから，どうやって，このコミュ
ニティや関係性，社会をよりよく進めていくのか，ということに関して，さ
まざまな知見を積み上げてきた。その知見と，現在の人間社会のパラダイム
シフトがどのように再合流していくのか，というテーマでもあるだろう。

3.3　二つの流れが出合う

　スケールを追う一つ目の系譜，より深いシステム変化を視野にいれた二つ
目の系譜のいずれにおいても乗り越えなくてはならない課題があった。

---

[35]　Grdina et al.（2020）.

第13章　これからの「社会の変え方」を探して　*247*

　ビジネスの手法を社会分野に適用する第一の系譜では，「問題は外にありそれを直す」という，これまでの問題解決思考を基盤としてきたのに対して，この第二の系譜では，「社会と個人は複雑系のフラクタル（相似形）構造になっているため，社会の問題は，同じ構図が自分の中にもある」ととらえている。そして，対話や観察などを通じて，自分や他者を含めたシステムのダイナミズムに気づき，新たな選択肢を出現させていくアプローチを取る。

　第一の系譜においては，即効性を求めるあまり，根本的な解決を先送りにしてプロジェクトを推進していることが見られた。加えて，スケールのためには，モノやサービスだけでなく，人の価値観やマインドセットも他地域展開する必要に迫られ，関係するプレーヤーの背景理解や関係性，その場所にある（place based）複雑な文脈も視野に入れる大切さが明らかになってきた。

　一方，第二の系譜においては，効果が表れるまで一定の時間がかかる。対話や内省を重視するあまり，目に見える動きには至らないこともあった。これまで繰り返してきた背景や慣習的なパターンに対して，丁寧な積み重ねが必要なのは自明のことではあるが，プロジェクトを推進していくための具体的な手法も重要である。

　こうしたことを背景に，現在，直面している多くの複雑な社会課題から次に進むためには，もう一歩，視野を広げたアプローチが必要で，異なる立場のプレーヤー同士の内面や背景への理解を互いに進めながら，一組織の事業努力だけでは実現しない未来の選択肢を生み出すことを志向し始めた。ソーシャルイノベーションのさまざまな場面で，両者が出会い始めたのである。

　その本格的な議論と実践のきっかけとなったのが，ジョン・カニア，マーク・クラマーたちが2011年にSSIRに発表した論文，「コレクティブ・インパクト」だった。複雑になった社会の課題に対して中央や権威からのトップダウンのアプローチだけに頼らない，分散的かつ自律的なアプローチも合わせていくことは，時代の要請でもあった。

第4節　エクイティの実現にむけて

4.1　コレクティブ・インパクト論文の影響

　個々の組織や団体がそれぞれの力を発揮しつつ協働するための枠組みと方法論を示した「コレクティブ・インパクト」（2011 年）への反響は非常に大きく，世界中で，新たにこれを意図した動きと，そこからの学びを共有するネットワークが始まった[36]。論文発表後，すぐに SSIR のダウンロード記録をぬりかえ，10 年間で 100 万回以上ダウンロードされ，学術誌にも 2400 回以上，引用されている[37]。

　一方で，批判や意見も寄せられた。よく知られるのが，カナダのタマラック・インスティテュート（Tamarack Institute）によるものだ[38]。

　これは当初の論文から始まる動きが計画性や方法論にこだわる傾向（第一の系譜に見られたもの）にあることを指摘し，そうした管理志向から，もっと関わる人たちの声や背景に学ぶプロセスを大切にする "ムーブメント" に軸足を移すべきだと主張した。今まで通りのリーダーたちが，コレクティブ・インパクトをも引っ張るのではなく，そのやり方そのものを変更していくことこそが，より深い変化と結果につながるのではないか。

　端的にいえば，コレクティブ・インパクトのイニシアティブまでもが，一部のエリートのものになってはいないか，という指摘ともいえるだろう。同時にこれを，新たな権力闘争にせず，それぞれ異なる人たちが持つそれぞれの特権や背景を生かし，世に貢献できるよう，社会の変革を進める際の構造やガバナンス変更への提案でもあった。

　こうした数多くの議論や実践を超えて，最初の論文からほぼ 10 年経った

---

[36]　第三者による調査もこのアプローチが規模の大きなインパクトに貢献していると評価している。たとえば，2018 年の，米国 Spark Policy Institute とカナダ ORS Impact によるレポート "When Collective Impact Has Impact" 等を参照。また，北米以外の事例では，例えば，理数系の教育に対してコレクティブ・インパクトのアプローチを行った，イスラエルの STEM 教育などが興味深い（https://www.businessinsider.jp/post-179592）。

[37]　Kania et al.（2022）.

[38]　Kania et al.（2022）.

第13章　これからの「社会の変え方」を探して　*249*

2022年にカニア，クラマーらが発表したのが，SSIR 2022年冬号の「コレクティブ・インパクトの北極星はエクイティの実現である」（原題：Centering Equity in Collective Impact）だ[39]。ここで，彼らは，コレクティブ・インパクトに関する重要な定義の変更を行った。文面に「エクイティ」という言葉を明確に入れたのである。

> 「コレクティブ・インパクトとは，集団やシステムレベルの変化を達成するために，ともに学び，連携して行動することによってエクイティ（構造的な格差の解消）の向上を目指す，コミュニティの人々とさまざまな組織によるネットワークである。」

なぜこのような再定義が必要だったのか。米国社会はこの10年，政治的，経済的，社会的分断の深刻化を経験してきた。その姿は世界の縮図でもある。それぞれの分断には複雑な歴史的，構造的要因が背景にある。エクイティとは「公正さ」や「公平性」などとも訳されるが，その本質は，表面的な対策にとどまらない，社会的な構造が生み出した格差や差別の解消を目指すことだ[40]。

社会には本来多様な人たちがいる。人種，性別，学歴，生まれ住む地域，民族，家族構成などの属性が，どのように私たちの差別や格差と結びついてきたのか。そこに向き合わないかぎり，限定的な成果しかもたらさないという手痛い学びと，さらなる人類への希望から，このエクイティを中心に据えた新しいコレクティブ・インパクトの方向性が示された。

米国では，2020年のジョージ・フロイド氏の殺人事件に代表される多くの同種の事件や，新型コロナウィルスによる有色人種コミュニティへの抑圧，

---

[39]　Kania et al.（2022）.

[40]　Kania et al.（2022）では，エクイティ（Equity）の定義について，アーバン・ストラテジーズ・カウンシルの下記の定義を引用している。「エクイティとは，社会における機会や，結果としての現状，代表性における格差を体系的に評価し，これらの格差を重点的なアクションを通じて是正していくことで達成される，公平性（フェアネス）と正義（ジャスティス）のことである。」

先住民族も含めた構造的な人種問題など，建国以来の歴史に根差した問題が噴出している。日本においてももちろん例外ではない。少数民族，地域，性別，戦争，過去の階級などに関係した，数々の社会的なトラウマを抱えてもいる。冒頭で紹介したビッグイシューの販売員たちも，その多くが，属性交差的[41]（インターセクショナル）で，複数の意味でのマイノリティである。彼らの存在は，この社会における生き方や，あり方が主流（メインストリーム）の型とは少し異なる人たちにとって居場所がないことを示している。

　エクイティは，実は非常に身近な問題である。私たちは誰しも，どこかで何らかの形のマイノリティとしての自分を経験している。普段は注意を向けていなくても，多様な自分が自分の中にはいる。学校や職場で，地域や家族の中で，少数派であると感じるとき，実は，この世界に数多くいる，同じような他者を“代表”してもいる。それに気づいたとき，そこから同じような他者を理解し，また，別の立場の他者に注意を向け，彼らとつながり，新たな選択肢をつくり出す可能性ともなる。今，我々は，異なる立場を超えたコレクティブな協働をする社会を模索している。エクイティをめぐる社会の問題は，いよいよ人類の課題として，世界の多くの人たちの目の前にさまざまな形で立ち現れている[42]。

　ここで改めて強調しておきたいのが，「集合的」と「集団的」の違いだ。コレクティブな取り組みとは，“個を排して，集団のために一枚岩になる”ことではない。集合的アプローチは，個人が多様な自分自身を理解することを通じて，異なる他者の背景の理解を進めるところから始まる。そこから，多様な社会のあり方に届くような協働が可能となる。

---

[41]　Kania et al.（2022）では，キンバリー・クレンショー（Kimberle Crenshaw）の提唱した定義として，「インターセクショナリティ（intersectionality）とは，社会から周縁化された個人や集団の経験において見られる，複数の差別（人種，性別，階級など）が組み合わさり，重なり合い，交差している複雑に積み重なった状態」を紹介している。

[42]　井上（2021）。

4.2　エクイティを実現していく戦略——対話によるナラティブの変更とデータの使用

　さて，この新たな論文では，こうしたエクイティを中心に据えたコレクティブ・インパクトを実現していくために，重要となる五つの戦略を実例と共に展開している。ここでは，論文中で一つ目にあげられている項目，「データと文脈に基づき，取り組みの的を絞る」に絞って紹介するが，ソーシャルイノベーションの二つの系譜がそれぞれの学びを生かし合い，社会としての前進のために，新たな進め方を模索している姿が見える。

　この一つ目の戦略として強調しているのは，エクイティの実現のために，対話によるナラティブ（＝繰り返されている語られ方）の変更と，そのうえでの適切なデータの活用をする，ということだ。そのために，①参加者たちの間で，専門用語，歴史，そして個人の経験（ストーリー）について共通の理解を進め，信頼関係をつくりながら，データの背景にある深い文脈について共有すること，②適切でかつ正確に細分化された（disaggregated）データを収集すること，③これまで周縁に追いやられてきた当事者が実際のデータ分析に共に関わること，と表現している。

　当事者となる，周縁に追いやられている人々の状況には，深い歴史や背景があり，文脈がある。この文脈は，多くの場合，既に固定化された社会や権力の構造から，特定の社会的な「ナラティブ」と呼ばれる，よく共有されている語られ方によって位置づけられ，長期にわたりそれを繰り返してきている。たとえば，貧困の原因を説明しきれないとき，人種的な思い込みを持ち出してしまい，歴史的な法制度などの経緯が横に置かれてしまう[43]。その結果生まれていたナラティブ自体に気づき，これまで，どのような背景があって，現在の状況や一般的な見解を生み出していたのかについて，自覚的

---

43)　Kania et al.（2022）では，黒人が米国の経済的繁栄を享受できていない現代に至るまでの，背景となる歴史的事実に目を向ける例として，米国のレッドライニングの例を紹介している。「第二次世界大戦後，アメリカ連邦政府が意図的に有色人種に対する住宅融資の差別（レッドライニング）を是認した」ことが，その後，白人の中流家庭が代々享受できたような資産形成の手段を奪い，当時，赤線を引かれた地域が，今日の低所得エリアとそのまま重なる現状につながっているという。

になる必要がある。

　地域に関わるステークホルダーたちが，当事者たちと共によく話し，聞き，学ぶ。一人ひとりの経験に心を寄せ，耳を傾けるという行為そのものが，その地域に関わるステークホルダーたちへの信頼を構築する。このプロセスで，新たなナラティブや見方に気づき，また，既存の既得権にしかなかった権限を開き共有し，組織のガバナンスの変更を行い，共通の理解を打ち立てていくための，さまざまな試行錯誤や，その経験からの知見が生まれている。

　そのうえで，初めて，データを活用するという段階になる。だが，活用するためのデータ収集の際，いわゆる集計データ（aggregated date）だけを見ていると，人種や民族，性別，性的指向，所得水準，細かな居住地域などによる差異には気づけない。新型コロナウィルスが大流行した際に，より細分化したデータ（disaggregated data）を使った解決策の絞り込みができなかったために，対策が後手にまわった事例によく表れている。たとえば，当該地域に住む「アジア人」というデータはあっても，出自となる国や地域の特定はされていない。人種・民族別の感染率や検査データ収集がなかったために，当初，罹患率にばらつきがあることが分からなかったという[44]。

　論文では，細分化データの収集やその精度をあげていくよう，行政機関や研究者などに働きかけることを提案している。社会的な発言力の弱い市民による見解や提案を，このようなデータによって裏付け，社会の選択肢を増やしていくことは，これからの民主主義や市民科学の文脈において極めて重要だろう[45]。

　そして3点目に，そのデータを分析する際に，必ずデータの当事者たちにデータを共有し，その分析や理解を深めることに加わってもらうことである。定量的なデータセットだけでは，最も不利益を被っている人たちだけが知っている重要な文脈がとらえられないことがある。関わる関係団体のリーダーたちや，実際の経験を持つ住民などが，共に分かりやすいビジュアルデータなどを見ながら分析し，解釈し，文脈を共有する大切さを指摘している。

---

[44]　Kania et al.（2022）.

[45]　SSIR 日本版 vol. 3.0（SSIR Japan 2022）では，「科学技術とインクルージョン」というタイトルで，このテーマを特集した。

第13章 これからの「社会の変え方」を探して　　*253*

　実際には，プロジェクトのプロセスは事前に計画した通りの直線的なものではなく，より生成的な進み方をしていくものの，こうしたステップを通じたコレクティブ・インパクトの取り組みが，その場所の歴史や繰り返してきた文脈と，当事者たちの状況を浮かびあがらせるような定量的・定性的な細分類データに基づいた具体的な戦略を生み出す。そのことで，構造的な不平等の解消を明確に意識した，システムからの変化を生み出し，地域における成果につながっていくとしている。

おわりに

　今，コレクティブ・インパクトをめぐる動きは，こうした特定の場所に根差した，プレース・ベースド（place based）なアプローチを行いながら，これまでの構造を変えていくような展開を見出していくことに向かっている。同時に，こうした取り組みを行う場所やプロジェクトどうしがネットワークすることによって，知見の交換など連携を行い，オープンなシステムの中で社会全体としてインパクトを生み出していく。各地における深いシステム変化と，連携による横展開でのスケールの両方を見出そうとしている。

　これは，たとえば，WEB3.0 などの言葉で語られている，分散型で各拠点をネットワークし変化を生み出そうとするテクノロジー分野の進化とも並行している時代感覚がある。実際，2023 年に，NTT 東日本社が，ソーシャルイノベーションを企業のビジョンとして掲げ，地域とのコレクティブ・インパクトを目指すことに着手しているのは一つの象徴だろう。各地で地域との関係性を深め，地域に根差したシステム変化を狙いながら，技術やネットワークにより地域間で連携し，それを集合的に地域や社会の変革を展開，それを企業の存在意義としていこうという試みである [46]。

　ここまで，「社会の変え方」を探求していくソーシャルイノベーション分野から見える潮流を，SSIR 誌の論文を中心に概要を紹介してきた。当然な

---

[46]　NTT 東日本は，2023 年に掲げた「地域循環型社会の共創」という新たなパーパスのもと，企業のビジョンを，「地域の価値創造企業として，『SOCIAL INNOVATION パートナー』をめざします」としている。

がら，ここに紹介した「社会の変え方」の系譜や新たな動向も，これが決定版ではなく，常に試行錯誤しながら，"やってみる"ことを通じて，実際の社会からの一次情報を取り，過去と現在に学び，欲しい未来への意図を更新しながら進めている，生きたものである。

　常に移り変わる社会や環境，人々の動きのすべてを言語化しまとめることはできないが，私自身が実務として経験し，同時に研究等を通じて探究してきた状況の一端でもお伝えできれば幸いである。何より，我々の生きるこの世界には，素晴らしいことに，まだ知らないこと，分からないことがたくさんある。未知にあふれるこの世界と，知的探究や分析，過去のアーカイブや学問領域との行き来こそが，私が，慶應義塾大学の木村福成研究室のもとで学んだ大切なエッセンスであり，木村先生の体現する，発展途上国などの生きた現場での体験と，実際にそこにある人や社会に役立つための，手段としての経済学やさまざまな分析手法を通じた世への貢献だと理解している。

　私にとっては，慶應義塾大学の木村福成ゼミで経験したことが原点となって今も社会の新しいあり方への探求を，仲間や出会うさまざまな人たちと共に歩んでいる日々である。

参考文献

Bornstein, David（2004）*How to Change the World: Social Entrepreneurs and the Power of New Ideas*, Oxford University Press.（『世界を変える人たち—社会起業家たちの勇気とアイデアの力』井上英之監訳，有賀裕子訳，ダイヤモンド社，2007 年.）

Bloom, Paul N. and J. Gregory Dees（2008）"Cultivate Your Ecosystem," *Stanford Social Innovation Review*, Winter.

Bradach, Jeffrey L.（2003）"Going to Scale," *Stanford Social Innovation Review*, Spring 2003.（「規模の拡大を目指して」（『これからの「社会の変え方」を、探しにいこう。』SSIR Japan，2021 年，pp. 72-87.）

Bradach, Jeffrey and Abe Grindle（2014）"Emerging Pathways to Transformative Scale", *Stanford Social Innovation Review*, Spring.

Cabaj, Mark and Liz Weaver（2016）"Collective Impact 3.0: An Evolving Framework for Community Change," Community Change Series, Tamarack Institute.

Dees, J. Gregory and Beth Battle Anderson (2006) "Framing a theory of social entre-preneurship: building on two schools of practice and thought," in Research on Social Entrepreneurship: Understanding and Contributing to an Emerging Field: ARNOVA Occasional Paper Series, edited by Rachel Mosher-Willams, Washington, D. C.: Association for Research on Nonprofit Organizations and Voluntary Action, pp. 39-66.

Dees, Gregory, Beth Battle Anderson and Jane Wei-Skillern (2004) "Scaling Social Impact: Strategies for spreading social innovations," *Stanford Social Innovation Review*, Spring.

Drucker, Peter F. (1985) *Innovation And Entrepreneurship*, Harper & Row.（『新訳イノベーションと起業家精神（上）』上田惇生訳，ダイヤモンド社，1997年.）

Fleishman, Joel L. (2007) *The Foundation: A Great American Secret; How Private Wealth is Changing the World*, PublicAffairs.

Goleman, Daniel and Peter Senge (2014) *The Triple Focus: A New Approach to Education, More Than*, Sound（『21世紀の教育—子どもの社会的能力とEQを伸ばす3つの焦点—』井上英之監訳，ダイヤモンド社，2022年.）

Grdina, Linda Bell, Nora Johnson and Aaron Pereia (2020) "Connecting Individual and Societal Change," *Stanford Social Innovation Review*, Mar. 11, 2020.（「『わたし』を犠牲にせず社会を変えよう」『スタンフォード・ソーシャルイノベーション・レビュー日本版01　ソーシャルイノベーションの始め方』SSIR Japan，2022年.）

Grant, Heather McLeod and Leslie R. Crutchfield (2007) "Creating High-Impact Non-profits," *Stanford Social Innovation Review*, Fall.（「大きなインパクトの生み出し方」『これからの「社会の変え方」を、探しにいこう。』SSIR Japan，2021年，p. 88.）

Gugelev, Alice and Andrew Stern (2015) "What's Your Endgame?," *Stanford Social Innovation Review*, Winter.（「あなたのエンドゲームは何か？」『これからの「社会の変え方」を、探しにいこう。』SSIR Japan．2021年，pp. 54-71.）

Kania, John and Mark Kramer (2011) "Collective Impact," *Stanford Social Innovation Review*, Winter.（「コレクティブ・インパクト」『これからの「社会の変え方」を、探しにいこう。』SSIR Japan，2021年，pp. 166-178.）

Kania, John, Junious Williams, Paul Schmitz, Sheri Brady, Mark Kramer & Jennifer Splansky Juster (2022) "Centering Equity in Collective Impact," *Stanford Social Innovation Review*, Winter.（「コレクティブ・インパクトの北極星はエ

クイティの実現である」『スタンフォード・ソーシャルイノベーション・レビュー日本版 04　コレクティブ・インパクトの新潮流と社会実装』SSIR Japan，2023 年.）

Letts, Christine W., William P. Ryan, and Allen S. Grossman（1997）"Virtuous Capital: What Foundations Can Learn from Venture Capitalists," *Harvard Business Review*, March.

Martin, Roger L. and Sally Osberg（2007）"Social Entrepreneurship: The Case for Definition," *Stanford Social Innovation Review*, Spring.（ロジャー・L・マーティン、サリー・オズバーグ「ソーシャルアントレプレナーシップを定義する」スタンフォード・ソーシャルイノベーション・レビュー日本版（web 記事），https://ssir-j.org/social_entrepreneurship_the_case_for_definition/）

Phills, James A., Jr., Kriss Deiglmeier and Dale T. Miller（2008）"Rediscovering Social Innovation", *Stanford Social Innovation Review*, Fall.（「ソーシャルイノベーションの再発見」『これからの「社会の変え方」を、探しにいこう。』SSIR Japan，2021 年，pp. 12-29.）

Scharmer, Otto and Katrin Kaufer（2013）*Leading from the Emerging Future: From Ego-System to Eco-System Economies*, Berrett-Koehler Publishers（『出現する未来から導く―U 理論で自己と組織、社会のシステムを変革する出現』英治出版，2015 年）

Senge, Peter（2006）*Fifth Discipline: The Art & Practice of The Learning Organization*, Crown（『学習する組織』枝廣淳子他訳，英治出版，2011 年.）

Senge, Peter, Hal Hamilton, and John Kania（2015）"The Dawn of System Leadership," Stanford *Social Innovation Review*, Winter 2015.（「システムリーダーシップの夜明け」『これからの「社会の変え方」を、探しにいこう。』2021 年，SSIR Japan，pp.30-47.）

（邦語文献）

井上英之（2001）「米国　パブリック・マネジメントへの誘い」『行政評価の基礎知識 50』第 7 章，東京法令出版.

井上英之（2019）「コレクティブ・インパクト実践論」『DIAMOND ハーバード・ビジネス・レビュー』2019 年 2 月号，ダイヤモンド社

井上英之（2021）「『わたし』から物語をはじめよう」『これからの「社会の変え方」を、探しにいこう。』SSIR Japan，pp. 5-9.

カヘン，アダム『社会変革のシナリオ・プランニング―対立を乗り越え、ともに難題を解決する』小田理一郎・東出顕子訳，英治出版，2014 年.（Adam Kahane, Adam（2012）Transformative Scenario Planning: Working Together

第 13 章　これからの「社会の変え方」を探して　　*257*

to Change the Future, ReadHowYouWant）

センゲ，P., O. シャーマー，J. ジャウォースキー（2006）『出現する未来』野中郁次
　　郎監訳，高遠裕子訳，講談社．（Senge, Peter M., C. Otto Scharmer and Jo-
　　seph Jaworski（2005）Presence: An Exploration of Profound Change in Peo-
　　ple, Organizations, and Society, Crown Business.）

ニー，エリック，マイケル・ゴードン（2021）「ようこそ、社会を変える実践者た
　　ちのグローバルなコミュニティへ！」『これからの「社会の変え方」を、
　　探しにいこう。』SSIR Japan, pp. 10-11.

SSIR（2022）「スタンフォード・ソーシャルイノベーション・レビュー 日本版 03
　　科学技術とインクルージョン」SSIR Japan, 11 月．

渡邊奈々（2000）「ソーシャル・アントレプレナー（社会的起業家）とは何か？」
　　『PEN』2000 年 10 月 1 日号．

渡邊奈々（2005）『チェンジメーカー──社会起業家が世の中を変える』日経 BP.

＊なお，「スタンフォード・ソーシャルイノベーション・レビュー日本版」の記事
　の多くは，下記の Web サイトで公開されている。http://ssir-j.org

【編著者】

木村福成（きむら　ふくなり）［第 1 章］

慶應義塾大学名誉教授・シニア教授および独立行政法人日本貿易振興機構アジア経済研究所（IDE-JETRO）所長。

1991 年ウィスコンシン大学 Ph.D.（経済学）取得。専門は国際貿易論，開発経済学。1982 年東京大学法学部卒業後，（財）国際開発センター研究助手として政府開発援助関連の調査研究に従事，その後ウィスコンシン大学にて経済学を学んだ。ニューヨーク州立大学オルバニー校経済学部助教授を経て，1994 年より 30 年間，慶應義塾大学経済学部助教授・教授として三田で研究・教育に携わった。2008 年から 2024 年まで，インドネシア・ジャカルタに設立された東アジア・アセアン経済研究センター（ERIA）のチーフエコノミストも兼任した。専門は国際貿易論，開発経済学。著書に『国際経済学入門』（日本評論社），共著に『実証　国際経済入門』（小浜裕久との共著，日本評論社），編著に『国際経済学のフロンティア』（椋寛との編著，東京大学出版会）他多数。

清田耕造（きよた　こうぞう）［第 8 章］

慶應義塾大学産業研究所教授。

慶應義塾大学で博士（経済学）取得。

慶應義塾大学経済学部卒業。木村福成研究会 1 期生。専門は木村福成先生と同じ国際経済学。学部・大学院（修士・博士課程）を通じて木村先生よりご指導頂きました。日本国際経済学会より 2013 年に特定領域研究奨励賞（小田賞），2020 年に小島清賞研究奨励賞を，日本経済学会より 2017 年に石川賞を受賞。著書に『拡大する直接投資と日本企業』（NTT 出版，2015 年日経経済図書文化賞受賞），『日本の比較優位』（慶應義塾大学出版会）がある。

安藤光代（あんどう　みつよ）［第 3 章］

慶應義塾大学商学部教授。

慶應義塾大学で博士（経済学）取得。国際分野，特に発展途上国に興味があったことから木村福成研究会（4 期生）に所属し，恩師の仕事ぶりを見て，実務面も含めて学術面から発展途上国に関わるという選択肢があることを知る。そんな学部ゼミから大学院まで，木村先生の温かくも厳しい指導を受けて，国際貿易論の研究者へと成長し，その後は数多くの共同研究を行う。最近では，本書の他の執筆者との共同研究も多い。国際機関（米州開発銀行や世界銀行研究所）での経験や一橋大学を経て，慶應大学に戻り，現在に至る。

小橋文子（おばし　あやこ）［第 6 章］

慶應義塾大学経済学部教授。

慶應義塾大学で博士（経済学），ウィスコンシン大学で Ph.D.（経済学）取得。学部時代，湘南藤沢キャンパス（SFC）から三田へ経済学を学ぶため足を運び，木村福成研究会（通称「キムケン」）に所属したこと（11 期生）が，国際貿易論の研究者としての歩みを始める契機となる。木村先生の温かいご指導のもとで修士・博士課程を修め，恩師が辿られた学問の足跡を追うように渡米。帰国後は白山や青山を経て，再び三田の山へ戻り，現在に至る。

【執筆者（執筆順)】

入山章栄（いりやま　あきえ）［第 2 章］

早稲田大学大学院経営管理研究科教授。

ピッツバーグ大学で Ph.D.（経営学）取得。木村福成研究会 1 期生。大学入学からの 2 年間は不真面目な学生だったが，木村先生との出会いをきっかけに研究の面白さに目覚める。その後，三菱総研を経て米国に留学し，経営学に転向。木村先生と同じニューヨーク州立大学系列のバッファロー校のアシスタント・プロフェッサーを務める。2013 年に帰国後に現職。主な著書に『世界標準の経営理論』（ダイヤモンド社）などがある。

早川和伸（はやかわ　かずのぶ）［第 4 章］

日本貿易振興機構　アジア経済研究所主任研究員。

慶應義塾大学で博士（経済学）取得。学部生時代に日本にとって初めての自由貿易協定（FTA）である，日シンガポール FTA が発効したことにより，FTA に興味を持ち，2003 年から大学院（修士・博士課程）で FTA を専門とされていた木村先生の研究室に所属する。博士課程修了後も共同研究などで接する機会は多かったが，2024 年からはアジア経済研究所の所長になられたことで，現在では木村先生が勤務地の上長にもなる。

久野新（くの　あらた）［第 5 章］

亜細亜大学国際関係学部教授。

慶應義塾大学で博士（経済学）取得。慶應義塾大学経済学部卒業，同大学院政策メディア研究科修士課程修了，三菱 UFJ リサーチ＆コンサルティング，経済産業省通商政策局（出向）などを経て現職。専門は国際貿易論，経済安全保障など。会社員時代に初めて木村先生と初めてお会いした際，経済学の視点から，まるで鋭い刃物のように複雑な政策課題の本質を抉り出す先生の姿に衝撃と深い感銘を受け，即座に弟子入りを決断。会社を休職し，2006 年から博士課程にて木村先生にご指導を頂いた後にアカデミアに転身，現在に至る。

山ノ内健太（やまのうち　けんた）［第 7 章］

香川大学経済学部准教授。
慶應義塾大学で博士（経済学）取得。慶應義塾大学商学部卒業。学部生の頃は安藤光代研究会に所属し，2011 年，修士課程から木村福成先生に御指導いただく。在学中から現在まで，木村先生には温かい指導と数多くの成長の機会をいただいている。慶應義塾大学助教（有期）を務めた後，2020 年には出身の愛媛県に近い香川大学に赴任して現在に至る。

渡部雄太（わたべ　ゆうた）［第 9 章］

日本貿易振興機構　アジア経済研究所研究員。
ペンシルベニア州立大学 Ph.D.（経済学）。木村福成研究会 17 期生。専門は国際貿易，環境経済学，多国籍企業。学部・大学院（修士課程）において木村先生に師事。博士取得後は厦門大学を経て現職。現在はアジア経済研究所の所長になられた木村先生と研究についての議論を重ねている。

マテウス　シルバ　シャンギ（Mateus Silva Chang）［第 10 章］

慶應義塾大学経済学部附属経済研究所パネルデータ設計・解析センター特任助教。
慶應義塾大学で博士（経済学）取得。サンパウロ大学ルイス・デ・ケイロス農学部で大学院（応用経済学の修士課程）の時期に日本に留学，1 年間，木村先生の指導を受け，その後，奨学金を受け，2011 年に再来日し，木村先生の温かいご指導のもとで博士課程を修めた。卒業後，身に受けた知識を活かし，慶應義塾大学経済学部附属経済研究所パネルデータ設計・解析センターに勤め，現在に至る。

林晋禾（りん　ちんほ）［第 11 章］

国立中山大学企業管理学系准教授（台湾）。
慶應義塾大学で博士（経済学）取得，慶應義塾大学卒業。木村先生が指導された唯一の台湾人博士課程生です。2013 年より博士課程で木村先生の指導を受け，研究における論理性を重視し，専門分野である国際貿易に取り組んでいます。2018 年に慶應義塾大学で博士課程を修了後，逢甲大学でキャリアをスタートさせ，2023 年に国立中山大学に移籍しました。現在は教育と研究に専念し，学生に対して実践的な研究能力の育成を目指しています。また，学際的な視点を取り入れながら，研究成果を実社会に応用することにも関心を持っています。

中川宏道（なかがわ　ひろみち）［第 12 章］

名城大学経営学部教授。
九州大学大学院人間環境学府博士後期課程修了。博士（心理学）。木村福成研究会 3 期生。経済発展にともなう人々の意識や意欲の変化（今から考えれば広い意味で心理学）に興味を持ち，木村福成ゼミの門をたたく。修士課程修了後に民間企業に就職し，マーケティングの部署に配属されたことをきっかけにマーケティングに出会う。その後，シンクタンク（財団法人流通経済研究所）に転職し，さらに大学業界に転じて現在に至る。

井上英之（いのうえ　ひでゆき）［第 13 章］

さとのば大学名誉学長（Chief Co-Learner「共に学ぶ人の代表」）。
「スタンフォード・ソーシャルイノベーション・レビュー日本版」共同発起人。慶應義塾大学，ジョージワシントン大学大学院卒業後，外資系コンサルティング会社を経て，2003 年に社会起業向け投資団体「ソーシャルベンチャー・パートナーズ（SVP）東京」を設立。若い社会起業家の育成や，新しい試みの生まれる生態系づくりに取り組む。2009 年に世界経済フォーラム「Young Global Leader」に選出。2021 年まで，慶應義塾大学政策・メディア研究科特別招聘教授。2024 年，カナダに Just Be Capital Inc を設立。米国から帰国して間もない木村先生の研究会の紹介の文章と，先生のゼミ紹介スピーチにワクワクが止まらずゼミに応募。最初のゼミ代表として，まだ何もなかった木村ゼミに集まった 1 期生の仲間たちと共に，キムケンの土を耕し，最初の生態系をつくる。

国際貿易論の包絡線

2025 年 3 月 25 日　初版第 1 刷発行

編著者─────木村福成・清田耕造・安藤光代・小橋文子
発行者─────大野友寛
発行所─────慶應義塾大学出版会株式会社
　　　　　　〒108-8346　東京都港区三田 2-19-30
　　　　　　TEL　〔編集部〕03-3451-0931
　　　　　　　　　〔営業部〕03-3451-3584〈ご注文〉
　　　　　　　　　〔　〃　〕03-3451-6926
　　　　　　FAX〔営業部〕03-3451-3122
　　　　　　振替　00190-8-155497
　　　　　　https://www.keio-up.co.jp/
装　丁─────Boogie Design
印刷・製本──藤原印刷株式会社
カバー印刷──株式会社太平印刷社

©2025 Fukunari Kimura, Kozo Kiyota, Mitsuyo Ando and Ayako Obashi
Printed in Japan ISBN978-4-7664-3018-9